# 迈向高质量的城镇化

## 中国经验及对非洲的启示

中国国际发展知识中心 ◎ 编著

# Towards High-quality Urbanization

China's Experience and Its Implications for Africa

**图书在版编目(CIP)数据**

迈向高质量的城镇化:中国经验及对非洲的启示/中国国际发展知识中心编著.—北京:北京大学出版社,2023.10
ISBN 978-7-301-34342-5

Ⅰ.①迈… Ⅱ.①中… Ⅲ.①城市化—发展—研究—中国 Ⅳ.①F299.21

中国国家版本馆 CIP 数据核字(2023)第 163717 号

| | |
|---|---|
| 书　　　名 | 迈向高质量的城镇化:中国经验及对非洲的启示<br>MAIXIANG GAOZHILIANG DE CHENGZHENHUA:<br>ZHONGGUO JINGYAN JI DUI FEIZHOU DE QISHI |
| 著作责任者 | 中国国际发展知识中心　编著 |
| 策划编辑 | 张　燕 |
| 责任编辑 | 闫静雅 |
| 标准书号 | ISBN 978-7-301-34342-5 |
| 出版发行 | 北京大学出版社 |
| 地　　　址 | 北京市海淀区成府路 205 号　100871 |
| 网　　　址 | http://www.pup.cn |
| 微信公众号 | 北京大学经管书苑(pupembook) |
| 电子邮箱 | 编辑部 em@pup.cn　总编室 zpup@pup.cn |
| 电　　　话 | 邮购部 010-62752015　发行部 010-62750672　编辑部 010-62752926 |
| 印　刷　者 | 涿州市星河印刷有限公司 |
| 经　销　者 | 新华书店 |
| | 730 毫米×1020 毫米　16 开本　16.25 印张　218 千字<br>2023 年 10 月第 1 版　2023 年 10 月第 1 次印刷 |
| 定　　　价 | 58.00 元 |

未经许可,不得以任何方式复制或抄袭本书之部分或全部内容。
**版权所有,侵权必究**
举报电话: 010-62752024　电子邮箱: fd@pup.cn
图书如有印装质量问题,请与出版部联系,电话: 010-62756370

# 前　言

　　城镇化是现代化的必由之路。推进城镇化是一国挖掘内需潜力、提升发展动能，进而增进人民生活福祉的关键所在。对于企业而言，成功的城市可以为企业搭建聚集和创新的平台，使其靠近市场，资源共享，互学互鉴；对于个人而言，成功的城市能够为人们提供更合适、多元的就业机会。城市的密度也影响宜居程度，当人口聚集时，政府可以用更实惠、更有效的方式为其提供基础设施和公共服务。过去几十年来，城镇化成为人类发展的重要趋势，城市人口保持持续增长。

　　当前，大多数非洲国家仍处于城镇化的早期阶段，但随着经济的发展，这种格局将会快速改变。20 世纪 50 年代，非洲大陆的城镇化率只有 15%，2010 年增长到 40%。1990 年以来，非洲城市数量翻了一倍，从约 3 300 个增加到约 7 600 个，城市人口新增约 5 亿。经济合作与发展组织等机构的一项研究显示，城镇化给非洲带来了更好的经济发展和更高的生活水平，2020 年以来，城镇化对非洲人均 GDP（国内生产总值）增长的贡献率约为 33%；在多个社会经济维度，非洲城市都远高于国家平均水平，并在人口快速增长的背景下一直维持着较好的经济表现，为数百万人提供了更好的就业，改善了公共服务和基础设施。

尽管如此，非洲城镇化率仍远低于世界城镇化平均水平。非洲城市对经济增长和社会发展的贡献也较为有限，且在质量方面仍有较大提升空间。截至目前，很少有非洲城市同时满足提供就业和宜居这两个条件。多数非洲农村人口因为农村发展停滞和人口增长而蜂拥至城市，但城市经济活力不足以提供足够的就业岗位。同时，由于缺乏储蓄，很多流动人口自建房屋，导致城市不断向外蔓延。大量人口在缺乏清晰所有权的土地上定居，导致土地难以得到有效使用，限制了结构性投资和基础设施发展。此外，连通性匮乏使得商业性组织陷入"非正规"发展，城市生产率较低，无法带来足够的税收基础，反过来又限制了对基础设施的投入。如果以目前的形态快速发展，非洲有可能会形成一些超级贫民窟。

中国的城镇化也经历了大规模的、快速的发展阶段。1978年后，中国见证了大规模人口从农村地区迁往城市的过程，且在近年来达到了较高的城镇化水平。但与非洲国家不同的是，中国在推动城镇化进程的同时，有效实现了工业基础设施、农业现代化、信息化等方面的协调发展，人民生活水平显著改善。鉴于中国城镇化的成就及其经验的相关性和鲜活性，非洲决策者期待了解中国城镇化的历程和实践，从而获得塑造非洲城市更美好的未来的启示和借鉴。

鉴于此，在中英发展知识伙伴关系项目的支持下，中国国际发展知识中心从2018年开始联合英国牛津大学、英国国际发展研究院等机构以及埃塞俄比亚、肯尼亚、加纳等国相关部门共同开展了"中非城镇化"三方合作知识伙伴项目，对中非城镇化发展的相关理论与实践问题进行了梳理和研究。本书作为该项目的主要研究成果，力图在融合中外多方视角的基础上，在充分对比中非城镇化异同的前提下，通过梳理中国城镇化的历程与主要经验、分析非洲城镇化面临的重大现实问题，深入探讨中国城镇化经验对非洲国家的借鉴意义。

除前言外，本书由导论、上篇、下篇和结语共 4 大部分 9 个章节构成。导论系统分析了中非城镇化在进度、动力与挑战等方面的异同，为后文的比较分析奠定基础。上篇包括 4 章，先总体概述了中国城镇化的历程和成就，并从政府与市场关系、政府管理以及土地资源配置三个角度详细剖析中国经验。下篇包括 3 章，从非洲城镇化目前在公民参与、非正规发展、科技创新三大方面所面临的重大挑战出发，基于中国实践，探讨可能的解决方案。结语基于前文分析，分析中国在经贸合作和经验分享上已经或可能对非洲城镇化做出的贡献。

本书汇集了中国、英国和非洲多国专家的智慧。各章节执笔人是：导论，国务院发展研究中心发展战略和区域经济研究部副部长、研究员卓贤；第一章，国务院发展研究中心中国国际发展知识中心副研究员余璐；第二章，国务院发展研究中心市场经济研究所研究员邵挺；第三章，农业农村部政策与改革司副司长金三林；第四章，国务院发展研究中心公共管理与人力资源研究所副所长、研究员张亮，天津市发展和改革委员会经济学博士刘义成；第五章至第七章，英国发展研究院"中非城镇化"研究团队和英国牛津大学"中非城镇化"研究团队；结语，中国国际发展知识中心副主任周太东。全书由中国国际发展知识中心主任赵昌文、副主任周太东和余璐统稿。此外，部分非洲国家相关政府部门、组织和机构提供了重要资料信息和修改建议，在此对以上专家学者一并表达诚挚谢意！

本书是我们进行多方知识合作的一次尝试，书中难免有错漏或不准确之处，欢迎给予宝贵建议和指正。

中国国际发展知识中心

2022 年 9 月

# 目　录

**导论　中非城镇化比较：进展、动力与挑战 / 001**

　　第一节　中非城镇化的发展进度 / 002

　　第二节　中非城镇化的发展动力 / 006

　　第三节　中非城镇化面临的问题 / 009

　　第四节　中非城镇化的前景与机遇 / 013

## 上篇　中国历程与经验
### ——迈向以人为核心的城镇化

**第一章　中国城镇化发展成就及历程 / 021**

　　第一节　中国城镇化的主要成就 / 022

　　第二节　中国城镇化的主要发展历程 / 028

　　第三节　经验总结与展望 / 041

## 第二章　中国城镇化进程中的政府与市场关系 / 047

第一节　大政府、小市场：计划经济体制下的起步
（1949—1977）/ 048

第二节　强政府、弱市场：经济转轨与就地城镇化
（1978—1991）/ 051

第三节　强政府、大市场：地方竞争、园区工业化
与城镇化提速（1992—2012）/ 057

第四节　强政府、强市场：迈向以人为核心的
新型城镇化（2013年至今）/ 063

第五节　中国城镇化进程中处理政府与市场关系的
主要经验 / 071

## 第三章　中国城镇化进程中的有效政府管理 / 076

第一节　对城乡人口迁徙的管理：农村人口适时适度
向城市转移 / 077

第二节　对城镇化格局的管理：以城市群推动大中小
城市和小城镇协调发展 / 084

第三节　对城市空间的管理：通过规划实现城市健康发展 / 090

第四节　中国城镇化进程中政府管理的主要经验 / 099

## 第四章　中国城镇化进程中的土地资源优化配置 / 104

第一节　中国城镇化中土地利用的基本历程 / 104

第二节　各地优化土地资源配置的实践探索 / 109

第三节　中国优化土地资源配置的借鉴启示 / 132

## 下篇　非洲现状与困局
### ——如何实现更高质量的城镇化？

**第五章　非洲城镇化进程中的公众参与** / 137
　　第一节　城镇化进程中的公众参与 / 138
　　第二节　加纳城镇化进程中公众参与面临的机遇和挑战 / 144
　　第三节　肯尼亚城镇化进程中公众参与面临的机遇和挑战 / 152
　　第四节　中国城镇化进程中公众参与的实践与主要经验 / 155
　　第五节　本章小结 / 164

**第六章　非洲城镇化进程中的非正规发展** / 170
　　第一节　城镇化进程中的非正规发展 / 170
　　第二节　非洲城镇化进程中空间布局的非正规发展 / 172
　　第三节　非洲城镇化进程中经济领域的非正规发展 / 178
　　第四节　非洲城镇化进程中交通服务的非正规发展 / 183
　　第五节　本章小结 / 189

**第七章　非洲城镇化进程中的科技创新** / 195
　　第一节　城镇化进程中的科技创新 / 195
　　第二节　非洲国家科技创新的发展现状 / 196
　　第三节　非洲城镇化进程中的科技创新与就业 / 203
　　第四节　非洲城镇化进程中的科技创新与社会排斥 / 212
　　第五节　本章小结 / 221

**结语　中国助推非洲城镇化：贡献与经验借鉴** / 229
　　第一节　中非经贸合作为非洲城镇化注入强劲动力 / 229
　　第二节　中国城镇化的实践经验为非洲提供有益借鉴 / 235
　　第三节　充分考虑中国的特殊国情与制度条件 / 246

# 导论　中非城镇化比较：进展、动力与挑战

城镇化，又称城市化、都市化，是人口向城市聚集、城市规模扩大以及由此引起一系列经济社会变化的过程，是传统农业社会向现代城市社会发展的必经之路。过去几十年来，城镇化成为人类发展的重要趋势，城市人口多年来保持增长，从 1950 年的 7.51 亿增长到 2020 年的约 43.79 亿。

快速增长的城市人口持续深刻影响着发展中国家的发展前景。历史表明，没有任何国家在实现成功的城镇化转型前就实现了中等或高等收入的发展或繁荣。城市是经济增长的引擎，对国家发展至关重要，大多数国家的多数财富都产生和集中于城市。成功的城镇化可以实现以下方面的优势：一是为人口和企业聚集、实现规模经济和提高生产力提供平台；二是城市的高密度为廉价和有效的公共服务供给提供了条件。同时，随着农村人口向城市流动，农村人均占有土地量以及对

农产品的需求都会上升,因此城镇化也有助于提升农村居民的收入。

近40年来,中国和非洲国家都经历了大规模且高速发展的城镇化。1980年至2020年,中国城镇人口从1.91亿增加到9.02亿,城镇化率从19.4%提高到63.9%;而非洲国家同期城镇人口增加了3.6倍,达到5.88亿,城镇化率从26.7%提高到43.8%。[1] 根据联合国经济和社会事务部发布的《2018年世界城镇化展望》报告,到2050年,全球城市人口总量将增加25亿,新增城市人口有近九成将居住在亚洲和非洲(United Nations Department of Economic and Social Affairs,2018)。因此,推动中国和非洲国家实现可持续、包容的城镇化,不仅对于深化中非合作、构建中非命运共同体具有重要意义,也将为落实联合国2030年可持续发展议程和非洲联盟《2063年议程》提供重大机遇。中国与非洲在城镇化发展过程中面临着相似又不同的问题。对两者的进度、动力和挑战进行比较,有利于推动双方经验互鉴、共商对策,从而迈向更高质量的城镇化。[2]

## 第一节　中非城镇化的发展进度

过去40年,中国的城镇化成为人类社会有史以来规模最大的现代化转型过程,所取得的非凡成就和所创造的巨额财富,超过过去4 000年中国城市文明成果和物质财富的总和。非洲现代意义上的城镇化在20世纪五六十年代起步,20世纪70年代以来推进较快,但与世界其他大陆相比城镇化率还较低。

---

[1] 数据来源:世界银行,https://data.worldbank.org/topic/16,访问日期:2022年9月25日。

[2] 需要指出的是,中国是一个有着数百个城市的大国,非洲是一个拥有众多国家的大陆,本报告所概括的分别是中国和非洲城镇化的一般道路、特征和挑战,并不一定适用于中国的每个城市或非洲的每个国家。

## 一、大规模且高速的城镇化

过去 40 年，中国顺利完成了世界历史上速度最快、规模最大的城镇化进程，一个 14 亿人口的大国完成了西方国家 200 年才完成的城镇化进程，创造了世界城镇化发展史上的奇迹。在改革开放初期的 1980 年，我国城镇化水平只有 19.4%，比同期世界平均城镇化水平低 20.1 个百分点，到 2013 年我国城镇化水平首次超过世界平均城镇化水平 0.3 个百分点，到 2017 年超过后者 3.72 个百分点。从 1978 年到 2018 年，我国城镇化率年均提高 1 个多百分点，2018 年年底城镇化率达 59.58%，超过了世界平均城镇化水平 3.7 个百分点，城市数量由 193 个增加到 657 个（方创琳，2018）。过去 40 年，我国城镇常住人口由 1.7 亿人增加到 8.3 亿人，每年平均净增加 1 600 万人以上，约占同期世界新增城镇人口的 26%（苏红键等，2018），目前我国的城镇人口规模远远超过人口总量居世界第二、第三的印度和美国的城镇人口的总和（李通屏，2018），对世界城镇化起到了极大的促进作用。

近几十年非洲城市人口增长速度也颇为引人注目。1950 年非洲城市人口占总人口的 14.4%，仅为同期世界平均水平（28.4%）的一半左右。此后，非洲城市人口迅速增长，1990 年城镇化率上升至 31%，2020 年达到 43.8%。与中国不同的是，非洲城市人口自然增长率比农村高。1970 年以前，非洲男性到城市打工而女性继续留在农村，造成男女比例失衡和出生率低下（王战等，2018）。非洲城市在粮食供应、卫生保障和科技进步等方面均优于农村，客观条件的差异使得城市死亡率较低、生育率偏高，城市人口得以迅速增加。

## 二、不同的城镇化发展质量

中国城镇化进程在改革开放后重启，并经历了从速度追赶阶段到质量提升阶段的转变。改革开放后，城镇化首先进入数量增多和规模扩张阶段，新城市大量设立，大中城市、全国和区域的中心城市的新城区成为发展的热点。截至2013年年底，全国各省市（包括县级市）规划有超过3000个新城新区（倪鹏飞，2018）。在"物的城镇化"迅速发展之后，中国越来越关注"人的城镇化"。城乡居民在城镇化过程中分享到越来越丰富的物质文化成果，务工收入成为农村居民收入的主要来源，城乡居民收入比1978年增长10倍以上（侯永志等，2017）。近年来，提高质量成为中国城镇化的战略重点，户籍壁垒的减弱以及公共服务的日趋均等化，提高了劳动力资源配置效率，使中国避免了很多发展中国家在城镇化过程中出现的贫民窟现象。

非洲城镇化的蔓延源自人口的过快涌入。非洲城市人口增长超过了城市产业发展速度和公共服务供给能力，过快的城镇化造成粮食和住房紧缺。非洲国家粮食产量与人口需求之间的巨大缺口，导致众多国家粮食进口额连年增加。在某些城镇化水平较高的国家，建筑业发展速度滞后于居民涌向城市的速度，城市住房状况普遍恶化。拥挤不堪、缺乏基本生活配套设施的棚户区、贫民窟在非洲国家大量存在。与此同时，由于非洲内部的经济社会发展基础不同，各区域、国家之间乃至国家内部城镇化进程出现明显分化。分地区看，东非地区的城镇化基础薄弱，而西非地区的城镇化水平却比世界平均水平高出15个百分点。分国别看，城镇化水平较高的国家集中在沿海地区、交通发达地区和工矿地带，阿尔及利亚、刚果共和国、南非等10个国家的城镇化率高于60%，而津巴布韦、卢旺达、乌干达等内陆国家的城镇化率不足30%。

### 三、各具特色的城市体系

中国形成了较为完善的城市体系。中国目前城市数量约660个，其中城区人口超过1000万的超大城市7个、人口在500万～1000万的特大城市9个、人口在100万～500万的大城市124个、人口在50

万~100万的中等城市138个、人口在50万以下的小城市380个，还有20 117个建制小城镇，其中300多个是镇区人口超过10万人的特大镇（徐林，2018）。在城市体系中，人口向一二线城市和大都市圈集聚的趋势更为明显，三线城市的人口流入流出基本平衡，四线城市的人口持续流出，以城市群为主体、大中小城市竞合发展的网络体系正在形成，城镇化的集聚效应日益显现。根据方创琳（2018）的估算，1980—2016年，中国19个城市群的面积占全国的比重由19.26%增加到29.12%，总人口占全国的比重由50.07%增加到75.19%，城镇人口占全国的比重由58.38%增加到72%，社会从业人员占全国的比重由43.37%增加到67.32%，现价GDP占全国的比重由70.42%增加到80.05%。其中，中国五大城市群（珠三角、长三角、京津冀、长江中游城市群、成渝城市群）总面积占全国的11%，但却集中了全国55%的经济总量和40%的总人口，是中国经济发展最具活力的地区（宋冬林等，2018）。

非洲城市体系表现出"大城市集中效应显著、中小城市迅速崛起"的特征。近代以来，在殖民者的统治下，非洲大批交通和人口条件较好的村庄慢慢发展为城市，并逐渐成为后来的商业、工矿、交通中心，如雅温得、金沙萨、达喀尔等。非洲拥有为数不多但规模较大的超大城市，对人口的集聚作用明显，如埃及的开罗、尼日利亚的拉各斯等。港口城市在非洲城市体系中也占据重要地位，吸引了大量人口聚集。近年来，大城市在非洲城市体系中的相对重要性开始减弱，中小城市已现迅速崛起的趋势。目前非洲新增城市人口的三分之二左右都被人口50万以下的中小城镇所吸纳（敏赛特等，2018）。许多非洲国家为了缓解首都人口压力，在城市外围兴建大批卫星城，中小城市在生产、分配、商贸以及生活等方面所承担的职能逐渐增强。城市发展还扩散到村庄和城镇的边缘，"城市村庄"等新的城镇化形式不断涌现。

## 第二节　中非城镇化的发展动力

在城镇化发展过程中，工业化所创造出的就业机会和城市公共服务是使人口向城市集聚的两大吸引力，而城市之间和城市内部交通基础设施的发展则加速了人口向城市集聚。还需要指出的是，在中国城镇化过程中，地方政府发挥了重要的推动作用。

### 一、工业化的拉力

中国的工业化与城镇化形成了双向正反馈。城镇化与工业化是一个硬币的两面。中国城镇化高速发展得益于工业化的高歌猛进和产业结构的持续升级，总体与经济发展的追赶过程相吻合。在城镇化进程中，中国经历了轻工业主导的工业化初期、重工业主导的工业化中期和服务业主导的工业化后期这三个阶段。在工业化初期，乡镇企业异军突起，从业人员占全国非农就业人员的比重由1980年的23.9%持续上升到1985年的35.8%，并在1989年达到最高值40.9%（陈甫军等，2009），大约有75%的农业转移人口都在家乡附近的乡镇企业实现了就业，实现了"离土不离乡"的就近城镇化。在工业化中期，广东、上海、浙江、江苏等沿海省市凭借自身区位地理条件和政策体制优势，大力承接国际产业转移，有效带动了生产要素的流动与集聚，中国的沿海城市于是迅速成长为世界制造业中心（曾青春等，2006）。在工业化后期，中国更加深度地融入全球产业链，特别是那些离大港口较近的城市有着较好的人力资本基础，又在经济开放条件下产生了较高的人力资本回报，吸引了更多高技能人力资本的流入，中国由此形成了以北京、深圳、杭州等为核心的城市创新网络。

在非洲，城市也为农村转移人口提供了更多的就业机会。非洲国家的大多数首位城市集工业、商业、交通运输、对外贸易等功能于一体（姜忠尽等，2007），劳动密集型和出口导向型产业较发达，可提供更多的就业机会。产业发展和就业增长刺激了消费需求，服务业在城市范围内得以发展。相比农村地区依靠扩大耕地面积、提高单产能够增加的就业岗位，城市的集聚效应为农村人口创造了更大的就业空间。但总体而言，非洲工业化程度远远滞后于城镇人口增长水平。

## 二、城市公共服务的吸引力

中国不断完善促进城乡要素流动的制度基础，降低了人口向城市集聚的成本。渐进式改革清除了劳动力进入城市的体制障碍，降低了制度性交易成本，促进了城乡要素的自由流动和市场化配置。随着工业化和城乡体制改革的不断深入，城乡二元结构的内涵和性质发生了巨大变化。农民在获得自由进城就业和居住权利的同时，继续在农村享有获得基本生产生活资料的身份，以城乡间双向流动和代际接力的方式实现快速城镇化（夏柱智等，2017）。同时，我国城市承载力不断增强、公共服务水平不断提高，促进了人口向城镇的大规模流动。随着城市人口规模和密度的增加，新增人口所需增加的公共服务和基础设施投入呈边际递减趋势，因此公共服务和基础设施得以在城市空间内发挥更显著的规模经济效应（张晓晶等，2018）。基础设施和产业投资的迅速增加，促进了城市空间的延伸，并在集聚效应的作用下不断提高城市承载力（张平等，2011）。

非洲国家城镇化的高速发展，更多源自农村居民逃避饥荒、灾害和战乱的动机，而非农业劳动生产率提高所带来的人口迁移。过去30年间，非洲农业部门只经历了较小幅度的结构转型，平均劳动生产率增幅缓慢。非洲城市人口增长的一个重要原因，在于撒哈拉以南非洲地区经常性和持续性的内部冲突（Alhadji et al.，2008）。战争造成的破坏和内部冲突引发的动荡，加上低下的农业生产率以及长期的自然灾害，使得大量农村人口被迫向城市转移谋求活路。农村地区法律和秩序的崩溃给人们带来了极大的不安全感，因此大量居住在农村地区的难民和贫困人口迁徙到城市以寻求更好的粮食和安全保障（Alhadji et al.，2008）。这些人口以非正规就业的形式集中到基础设施和公共服务相对完善的城市。

## 三、基础设施的推动力

交通基础设施互联互通促进了中国大规模的人口流动。改革开放后的四十多年间，不断升级的基础设施网络大大缩短了城市之间、区域之间和城乡之间的时空距离，深刻改变了中国的国土空间格局，也深刻改变了人们的时空观念。交通基础设施建设降低了要素流通环节的运输成本以及企业的运营成本，使城市投资环境得到改善。1978年我国公路密度仅为9公里/百平方公里，2020年为54公里/百平方公里。1988年全国民用机场总数为143个，2020年全国民用机场总数已多达241个。交通，电信、互联网、物联网等通信信息基础设施与水电煤气等公用基础设施，在城市之间以及城乡之间初步形成多个网络化和一体化的体系，提高了资源配置效率。

交通基础设施建设也促进了非洲人口向城市流动。非洲在部分荒漠地区开辟了高速公路，这带动了地价上涨和商贸服务的发展；中心城市的周边地区依托城市走廊形成了通达性较强的交通运输网络，吸引了人口集聚，如埃及北部三角洲城市走廊（李晶等，2013）。但非洲地区交通运输、通信工程、电力工程等基础设施仍然匮乏，各种交通运输方式缺乏有效连接。以西非区域为例，西非地区的陆路运输占比90%，公路网十分薄弱；铁路网落后老化，每1000平方公里仅有铁路线1.9公里；港口运输发展受限，西非12个港口均未列入世界前70位港口。国际组织的相关数据显示，由于交通基础设施落后，非洲城市的经商和生活成本居高不下，在部分非洲国家，物流成本占到商品总成本的75%，电力短缺造成的经济损失占非洲经济的2%~4%。同时，许多城市的"非正式定居"现象导致城市基础设施建设成本高昂，且修建基础设施不可避免地会造成"干扰"，因而容易引起抗议和反对。例如，塞拉利昂弗里敦市在内战期间取得了快速发展，但当时政府不能提供新的基础设施。待人们在这些城市空间定居后，当地对修建基础设施的反对导致公路建设不足，严重阻碍了城市连通性的提升和生产力的提高。

### 四、地方政府的作用

政府主导机制是中国城镇化快速发展的最突出特征。一些地方政府有扩大城市规模、做大经济总量的强烈动机（周黎安，2007）。不少研究表明，地方政府通过大量出让土地使用权实现城市的原始资本积累，土地财政和土地融资全方位嵌入基础设施和开发区建设，形成路径依赖（郑思齐等，2014；郭庆旺等，2006）。此外，政府还通过税收优惠、隐性担保和放松环境规制标准等手段争取资本和技术要素资源，提升城市吸引要素集聚的软环境。此外，金融机构的资金运用也受到一定的行政干预，以服务于城镇化的资金需求（张璟等，2008）。

多数非洲国家的地方政府行政能力低下，权责不清晰，在制定有效的经济发展政策方面面临困难。同时，很多非洲地方政府的财政资源和预算极为有限，上级政府转移支付很少且不稳定，多数地方政府还缺乏有效的投融资渠道。另外，许多非洲城市仍在使用殖民地时期遗留的规划模式和监管规定，或者毫无批判性地引进了发达国家的有关制度，缺乏制定符合自身国情的规划的能力。

## 第三节 中非城镇化面临的问题

中国城镇化尽管成绩显著，但在从高速度发展到高质量发展转变的过程中，也出现了公共服务不均等、城市体系不够健全、交通拥堵、空气污染等问题。而由于城镇化与经济发展长期不同步，畸形发展的城镇化使得非洲城市长期处于困境，失业率高企、公共设施不足、城乡差距过大等问题较为明显。

## 一、城市产业发展存在问题

中国的城镇化进程体现出明显的政府主导型特征，不合理的产业结构降低了人口城镇化的潜力。政府对城市基础设施建设的偏向性配置激化了产业结构刚性，抑制了城市的多样化发展（邵朝对等，2016）。实证研究还表明，政府过多利用行政权力干预产业发展，导致资本密集型产业比重过高，降低了中国经济的就业弹性，延缓了人口城镇化的步伐（陈斌开等，2013；陆铭等，2011）。同时，中国城乡发展协调性差。"自上而下"的体制安排导致各类资源向行政级别高的城市集中，城乡统筹发展和城市群内部协调相对薄弱，延缓了人口城镇化的进程。

与中国不同，非洲人口城镇化的速度远快于工业化的速度。非洲的城镇化就业基础脆弱，非正规就业问题突出。大部分非洲国家的城镇化首先依靠出口工业、农业等原材料获得财富，再进一步发展服务业和零售业（党营营等，2018）。工业在非洲国内生产总值中的占比由1981年的18%降至2017年的10%，尽管2018年以来有所回升，但2021年也仅为12%。[①] 除南非外，多数撒哈拉以南非洲国家没有建立起强大的工业部门。缺乏生产力增长潜能和空间的产业能提供的正规就业岗位有限，因此失业率高企（Alhadji et al.，2008）。薄弱的就业基础还加剧了社会动荡、暴力和犯罪活动。

---

① 数据来源：世界银行，https：//data.worldbank.org/indicator/NV.IND.MANF.ZS?locations=ZG，访问日期：2022年9月25日。

## 二、城市内部和城乡二元结构突出

中国的户籍制度与城乡二元结构问题依然突出。户籍、土地等制度原因以及信息不对称，造成了城乡间的二元分割和城市内部的"新二元结构"分割，以致劳动力流动受阻，影响了城市体系的构建。从劳动力方来看，多数农业转移人口进入低技能、低收入部门就业，无法享受与城镇居民同等的基本公共服务，城镇化缺乏包容性，并引发留守儿童、空巢老人等社会问题。从用工需求方来看，企业的所有制结构及其对劳动雇工的需求影响了城镇化进程，国有企业存在资本投入偏好，导致就业弹性降低；劳动就业中的户籍歧视依然存在，缺乏对农民工的就业保障。此外，户籍制度难以实现转移人口的"安居"，降低了居民的消费倾向（梁文泉，2018）。

非洲的城乡差距加大，城市内部的社会分化明显。大部分非洲国家的人口向少数较大的城市流动，甚至在有些国家，大量人口集中在一个城市，形成了非均衡型城镇化模式。由于缺乏有效的政府宏观调控和城市规划，有些非洲大城市不顾生产力水平、社会软环境的构建和公共服务的改善，疯狂追求"造城运动"，使得城乡差距不断扩大。同时，青壮年农民的流失使农村缺乏人力资本的支持，限制了对先进科技的引进和应用，造成农业发展停滞不前，也使城市未来的发展缺乏稳固支撑。

## 三、城市体系有待优化

中国呈现出大城市和超大城市不断扩张、中小城市迅速崛起的发展态势，但不同规模的城市间未实现良性互动和合理分工。城市最优规模应由其产业结构和产业关联所决定，而这取决于发展阶段和比较优势。由于公共资源配置主要被行政权力主导，行政等级更高的城市往往得到更多公共资源，会有更好的公共服务、更强的政治和政策影响力，高等级城市对低等级城市的虹吸效应仍在加剧（江艇等，2018）；相反，其他众多城市因规模较小而损失效率，城市中心与周边形成断档，难以发挥要素集聚的正外部性以提高城市竞争力。北京、上海、广州的中心城区人口密度均超过了每平方公里 20 000 人，而郊区人口密度却大都徘徊在每平方公里 600 人左右，前者是后者的 33 倍（汪来喜等，2018）。大中小城市间互动不够，有紧密内在联系或互补性分工关系的城市群不多，城市分割导致经济、社会与环境内部的失衡和分化。

非洲的城镇化缺乏长远战略，城市体系和功能混乱。受政府治理能力限制，非洲各国对城市发展缺少清晰而长远的规划。一方面，很多国家缺乏工业化战略和产业布局的整体规划，城市体系混乱，难以吸收劳动力红利；少数大城市人口过度集中却缺乏就业基础，基础设施和公共服务发展滞后；发展规划、立法体系和建筑标准等滞后于现实需求，建筑质量低劣且监管措施缺位，大城市抗灾能力极为有限。另一方面，城市内部功能区划分不科学，土地产权不明晰，城市建设随意性大；为满足不断增长和涌入的人口的需要，一些城市向周围无序蔓延，并逐渐处于失控状态。

## 四、城市规划不合理引发"城市病"

中国许多大城市的"城市病"日益突出。首先，部分中国城市资源利用和配置效率不高，"摊大饼"式的扩张使得土地、水、能源等资源利用粗放，环境污染、资源短缺、交通拥堵影响着城市的运行效率和质量（宣宇，2016）。传统城镇化模式与资源、环境约束及人们对城镇化的期望和需求之间的矛盾越来越凸显，城镇化可持续发展的基础脆弱，大气污染和土壤污染成为中国城镇化面临的巨大挑战。其次，有些城市功能划分不清、存在同质化倾向。城市间区域分割、条块分割依然存在，未能较好形成产业和职能上的分工与协作，产业结构严重趋同，偏向于经济效益高、见效快的工业和房地产业（汪来喜等，2018）。由于缺乏基于要素禀赋特点的城市产业发展规划与区域间协作，低水平重复建设屡见不鲜，产能过剩有待进一步治理，一定程度上影响了经济增长效率（范剑勇等，2014）。

非洲的基础设施建设滞后于城市人口增长。非洲的基础设施建设与城市扩张的严重不同步，已成为制约其经济社会发展的主要瓶颈之一。一是城市交通基础设施不足且建设混乱。二是电力基础设施不足。三是城市上下水基础设施不足。据非洲开发银行统计，40%的非洲居民缺乏安全饮用水。四是非洲的电话和互联网普及率处于世界最低水平。城市人口过快膨胀超越了城市的承载能力，使得贫穷与生活环境恶劣成为非洲城市的特征（刘悦等，2014）。

## 第四节 中非城镇化的前景与机遇

尽管中国和非洲国家的城镇化都面临着巨大压力，但城镇化仍然是中国和非洲国家未来发展最重要的引擎。毫无疑问，中国和非洲的城镇化对各自经济社会的预期贡献仍然是可观的。未来，中国的城镇化速度将从高速转向中高速。徐林（2018）指出，按照城镇化表现出的一般规律，中国仍处于城镇化率30%～70%的较快发展阶段，与发达国家90%左右的城镇化水平相比，还有较大差距。卓贤等（2019）采用过去40年的城镇化率历史数据，利用Logistic模型预测中国城镇化速度将从高速向中高速转变，预计2027年城镇化率达67.52%，2032年突破70%，未来10年平均每年提高0.9个百分点。非洲国家的城镇化也仍将持续发展，到2025年，非洲超过100万人口的城市将超过100个。到2050年，非洲城镇化率将达到56%，非洲城市人口也有望从2015年的4.71亿人增加至2050年的13.3亿人，占全球城市人口的近20%（Muggah et al.，2018）。非洲不仅城市数量全球增长最快，且人口也最年轻。

在城镇化与工业化的互动方面，中国城市经济发展已经进入了以服务业为主导和创新驱动的时代，将更注重发挥城市在创新中的作用。各类创新要素在城市平台聚集组合，提高了知识扩散带动的创新创业效果，企业和个人在知识溢出效应的驱动下逐渐向城市靠拢，各类生产要素组合成更加高效的新技术、新产品、新商业模式，形成中国城市增长的不竭动力（徐林，2018）。非洲则将进一步推动工业化，使之成为驱动城镇化的主导力量。尽管非洲国家曾经历经济的快速增长，但多数国家的经济结构至今没有实质性改变，陷入"有增长无发展"或"有增长少发展"的尴尬局面（李智彪，2016）。实现工业化已成为非洲国家的共识，没有工业化，非洲就无法实现真正的经济转型和经济独立。一方面，非洲国家应制定并实施促进工业化发展的产业政策，为工业化发展提供技术、资金、人才支持，并致力于推动非洲一体化进程。另一方面，非洲国家应协调推动城镇化与工业化同步发展，发展以工业为依托的城镇化，避免对低端服务业扩张的过度依赖。

在城市基础设施和公共服务体系完善方面，中国将更加注重人的城镇化。新型城镇化的本质含义是"人的城镇化"，人的城镇化就是要让为居住地城镇化做出贡献的劳动者同权享有当地经济发展成果，将符合条件的农业转移人口均纳入当地社会保障体系，保障同工同酬及基本公共服务均等化（宣宇，2016）。未来，中国各类城市政府将进一步放宽落户条件，降低落户门槛，加快制定公开透明的落户标准，让那些有稳定就业和落户意愿的常住人口及其随迁家属能够在常住地落户，并享受与本地户籍居民同等的公共服务（徐林，2018）。中国还将以智慧城市建设化解"城市病"。信息技术、互联网、大数据、云计算、人工智能等智慧技术领域的快速进步，使其可以与城市经济社会发展、生态环境保护、基础设施运营、能源调度和节能、社保体系运营、治安网格化监控等广泛领域深度融合，为智慧化城市管理提供强有力的技术支撑。信息技术的广泛应用和智慧城市的建设，将进一步便利人民生活，改善城镇公共服务和社会管理，增强防灾减灾能力，有效治理"城市病"，促进我国城市可持续发展。非洲城市还有三分之二的基础设施项目有待投资。为此，各国将基础设施建设列为发展的首要议题。埃塞俄比亚提出第二期"增长与转型计划"，肯尼亚提出"四大发展目标"，乌干达提出第二期"国家发展计划"，坦桑尼亚提出"国民发展五年计划"，埃及推出"埃及新行政首都"和"苏伊士运河走廊经济带"等政府重大计划，赞比亚实施"第七个国家发展规划"，等等。非洲也将以交通基础设施网络为基础促进区域、跨国城市走廊的进一步发展，推动城市走廊建设迈上新台阶。

## 参考文献

草苍, 2018. 中国对非洲工业化的影响 [J]. 文化纵横（02）：17.

陈斌开, 林毅夫, 2013. 发展战略、城镇化与中国城乡收入差距 [J]. 中国社会科学（4）：81-102.

陈甬军, 景普秋, 陈爱民, 2009. 中国城市化道路新论 [M]. 北京：商务印书馆.

党营营, 郭杰, 2018. 非洲城镇化发展现状与前景 [J]. 中国国情国力（3）：28-31.

范剑勇, 莫家伟, 2014. 地方债务、土地市场与地区工业增长 [J]. 经济研究（1）：41-55.

方创琳, 2018. 改革开放40年来中国城镇化与城市群取得的重要进展与展望 [J]. 经济地理（9）：1-9.

郭庆旺, 贾俊雪, 2006. 地方政府行为、投资冲动与宏观经济稳定 [J]. 管理世界（5）：19-25.

国务院发展研究中心, 世界银行, 2014. 中国：推进高效、包容、可持续的城镇化 [J]. 管理世界（4）：5-41.

侯永志, 卓贤, 2017. 中国城镇化的道路、模式和政策 [M]//城市发展的挑战与改革：中国与新加坡的治理经验．北京：中国发展出版社．

江艇，孙鲲鹏，聂辉华，2018. 城市级别、全要素生产率和资源错配［J］. 管理世界（3）：38-50.

姜忠尽，王婵婵，朱丽娜，2007. 非洲城镇化特征与驱动力因素浅析［J］. 西亚非洲（1）：21-26.

李晶，车效梅，2013. 非洲城市化的现状、特点和发展趋势［J］. 非洲研究，4（00）：260-273.

李强，陈宇琳，刘精明，2012. 中国城镇化"推进模式"研究［J］. 中国社会科学（7）：82-100.

李通屏，2018. 中国城镇化四十年：关键事实与未来选择［J］. 人口研究（6）：15-24.

李智彪，2016. 非洲工业化战略与中非工业化合作战略思考［J］. 西亚非洲（05）：107-137.

梁文泉，2018. 不安居，则不消费：为什么排斥外来人口不利于提高本地人口的收入？［J］. 管理世界（1）：78-87.

刘悦，李白鹭，张博一，等，2014. 与非洲城镇化一路同行——论中非城镇化合作［J］. 城市发展研究（11）：24-28.

陆铭，欧海军，2011. 高增长与低就业：政府干预与就业弹性的经验研究［J］. 世界经济（12）：3-31.

孟加，沈晓雷，2016. 通往和平与繁荣之路——非洲工业化的全球红利［J］. 国际社会科学杂志（中文版）（4）：30-50.

敏赛特，曹康，刘梦琳，2018. 中小城市是非洲可持续发展成败的关键［J］. 国际城市规划（5）：1-28.

倪鹏飞，2018. 中国城市竞争力报告 No.16：40年：城市星火已燎原［M］. 北京：中国社会科学出版社．

邵朝对，苏丹妮，邓宏图，2016. 房价、土地财政与城市集聚特征：中国式城市发展之路［J］. 管理世界（2）：19-31.

宋冬林，姚常成，2018. 改革开放四十年：中国城镇化与城市群的道路选择［J］. 辽宁大学学报（哲学社会科学版）（5）：45-52.

苏红键，魏后凯，2018. 改革开放 40 年中国城镇化历程、启示与展望 [J]. 改革（11）：49-59.

汪来喜，郭力，2018.40 年来我国城镇化的演变特征及未来发展思考——基于产业转移与劳动力流动的视角 [J]. 中州学刊（11）：17-21.

王战，王泽宇，2018. 撒哈拉以南非洲的城镇化之路 [J]. 中国投资（22）：48-49.

夏柱智，贺雪峰，2017. 半工半耕与中国渐进城镇化模式 [J]. 中国社会科学（12）：117-137.

徐林，2018. 深度城镇化如何推进 [EB/OL]. (2018-07-30) [2022-09-25]. http://opinion.caixin.com/2018-07-30/101309737.html.

宣宇，2016. 新型城镇化内生机制与政策保障的关联度 [J]. 改革（7）：46-54.

曾青春，刘科学，2006. 中国城镇化与经济增长的省际差异分析 [J]. 城市问题（8）：58-63.

张璟，沈坤荣，2008. 地方政府干预、区域金融发展与中国经济增长方式转型——基于财政分权背景的实证研究 [J]. 南开经济研究（6）：122-141.

张平，刘霞辉，2011. 城镇化、财政扩张与经济增长 [J]. 经济研究（11）：4-20.

张晓晶，李成，李育，2018. 扭曲、赶超与可持续增长——对政府与市场关系的重新审视 [J]. 经济研究（1）：4-20.

郑思齐，孙伟增，吴璟，等，2014."以地生财，以财养地"——中国特色城市建设投融资模式研究 [J]. 经济研究（8）：14-27.

周黎安，2007. 中国地方官员的晋升锦标赛模式研究 [J]. 经济研究（7）：36-50.

卓贤，张颖，2019. 城镇化：城市人口分布与流动的新变局 [M]//刘世锦. 中国经济增长十年展望（2019—2028）：建立高标准市场经济. 北京：中信出版社.

Alhadji C D，丁金宏，Mariam C，2008. 当代非洲城镇化的动因与困境 [J]. 世界地理研究（2）：47-55.

Glaeser E L, Ponzetto G A M, Zou Y, 2015. Urban Networks: Connecting

Markets, People, and Ideas [J]. Regional Science, 95 (1): 17-59.

Muggah R, Hill K, 2018. African cities will double in population by 2050. Here are 4 ways to make sure they thrive [C/OL]. (2018-06-27) [2022-09-25]. https://www.weforum.org/agenda/2018/06/Africa-urbanization-cities-double-population-2050-4%20ways-thrive/.

United Nations Department of Economic and Social Affairs, 2018. World Urbanization Prospects: The 2018 Revision [R]. New York: United Nations.

## 上 篇

# 中国历程与经验
## ——迈向以人为核心的城镇化

# 第一章　中国城镇化发展成就及历程

一般而言，城镇化是伴随工业化进程，非农产业在城镇集聚、农村人口向城镇集中的自然历史过程，是人类社会发展的客观趋势，是国家现代化的重要标志。城镇化是一个十分复杂的综合过程，从大的方面来看，涉及如何处理与工业化、农业现代化、信息化等方面的关系；从小的方面来看，涉及人口转移安置、土地资源使用等方面的问题。

中华人民共和国成立后，我国开启了对城镇化的初步探索。改革开放后，我国进入了以人口从农村向城市迁移、劳动力从农业向非农产业重新配置、城市空间逐渐扩大为主要内容的快速城镇化进程。对我国七十多年来城镇化的发展成就和历程进行回顾，有助于充分刻画相关改革如何消除阻碍生产要素流动和重新配置的体制障碍，把有利的人口特征转化为高速经济增长、显著结构调整和深刻社会变革。换句话说，城镇化推进的过程及其揭示的体制变革、结构转变、增长贡献和分享效应，可以成为我国改革开放以来经济社会发展的一个全方位缩影。在此基础上对我国城镇化经验进行总结，或许能够为那些仍在"城市病"中挣扎、努力追求更高质量城镇化的发展中国家提供一些借鉴经验。

## 第一节　中国城镇化的主要成就

城镇化是工业化和现代化的必然结果，城市的发展水平是衡量一国经济社会发展水平的重要指标。中华人民共和国刚成立时，我国城市建设百废待兴，城镇化率不到11%。七十多年来，我国经历了世界近现代史上规模最大、速度最快的城镇化进程，取得了巨大发展成就，主要表现为发展理念发生重要转变、发展水平得到大幅提高、规划布局更加协调完善、城乡关系更加紧密和谐。

### 一、对城镇化的认识显著深化

实践是认识的基础，认识是实践的先导。各国在推动城镇化发展过程中必然要遵守一些普遍规律，对这些规律的认识程度会影响实践的效果。我国的城镇化发展过程，是在不断解决新问题中逐步深化对城镇化发展规律的认识的过程。这些认识包括城镇化的本质、城镇化与工业化和经济发展的关系以及城镇化的推进原则等等，它们反过来推动我国的城镇化道路走得更平稳、更健康。

第一，城镇化本质上是满足人的美好生活需求，以实现人的幸福为目的。城市是人的城市。要实现成功的城镇化，最根本的是要做到"以人为核心"。换句话说，认识到"人"在城镇化过程中的主体地位，是成功城镇化的必要条件。因此，城镇化并不意味着城市规模的无限扩张、城市数量的大幅增加，不能将城镇化发展目标锁定为对各项城镇化指标的简单追求，而是要以城乡居民能否成为城镇化的积极参与者和真正受益者为最终评判标准。

党和政府在推进城镇化的过程中,始终以维护最广大人民的利益为底线红线,以实现共同富裕目标为根本旨归,及时对城镇化过程中出现的新问题进行治理纠偏。尤其是党的十八大以来,党和政府提出了新型城镇化和城乡一体化等新的城镇化理念。新型城镇化,除了其主要衡量指标为城镇化水平,更将基本公共服务、基础设施、资源环境等置于重要位置,这是对城镇化本质的深刻认识的直接彰显。这种认识也体现在具体政策措施的调整中:从允许农业人口流动、促进农业转移人口增收,到推进农业转移人口市民化;从扩大城市规模,到注重增强城市宜居性;从"农业支持工业",到提出补齐农业短板、全面推进乡村振兴,无一不指向人民。更直接来说,"以人为核心"是我国在推进城镇化过程中没有出现大面积贫民窟现象的根本原因。

第二,城镇化不是工业化和经济发展的被动结果,而是与两者互为因果。城镇化既是发展的结果,也是发展的手段。一方面,工业化在逻辑上能够带动城镇化发展。工业化需要借助规模经济和集聚效应,引起产业和人口的聚集,推动服务业、城市基础设施、公共服务供给的发展,从而提高城镇化水平。另一方面,城镇化带来的效率提升是推动经济发展的原动力。较高的城镇化水平意味着产业集聚、人口集中、创意迸发以及更有效率的公共产品供给,这为促进创业和创新活动打造了良好平台,从而提高了经济发展的可持续性和共享性。

因此,城镇化要与工业化相协调,不可过于超前或滞后。如果工业化滞后于城镇化,会造成就业机会不足、失业现象普遍,进而导致城市贫困和城市犯罪。如果城市建设包括基础设施建设、政府治理水平、公共服务供给能力等严重滞后于工业化程度,就会造成交通拥堵、环境污染、生活质量恶化等"城市病"。这两种现象在发达国家的城镇化历史上并不少见,如今更成为困扰正处于快速城镇化过程中的一些非洲国家的主要问题。

第三,推动城镇化发展既要遵循普遍规律,也要充分尊重本国国情。城镇化受制于不同国家的基本国情,以及在不同发展阶段的经济社会条件,因此不能忽略或无视本国城镇化过程的特殊性。譬如,户籍制度作为我国在特定历史背景下的一项特殊制度产物,从根本上决定了我国城镇化的起点和推进方式与其他国家有所不同。户籍制度改革是城镇化发展的主要内容,其所带来的农村人口迁移是我国城市人口增长的重要途径。再如,我国的土地制度使得很长一段时期内农村人口迁移呈现出"候鸟式"特征,这也保证了城镇化过程的渐进性和有序性。此外,与城镇化过程相伴生的社会保障制度等方面的改革也具有很强的中国特色。

## 二、城镇化发展水平大幅提高

城镇化率即城镇人口占总人口的比重,是衡量城镇化发展水平的最直接、最主要的指标。根据其不同含义,该指标又分为常住人口城镇化率和户籍人口城镇化率。[①] 七十多年来,我国常住人口城镇化率从1949年的10.46%提高到2021年的64.72%,共提高54.26个百分点;尤其是1978年至今,我国常住人口城镇化率年均提高约1.09个百分点。2020年,我国户籍人口城镇化率提高到45.40%。

城镇数量和占地面积是衡量城镇化水平的另两项指标。城镇数量方面,1949年年末,我国城市数量共132个,其中地级以上城市65个,县级市67个;建制镇2 000个左右。到2020年,我国城市数量增长到687个,其中地级以上城市297个,县级市390个;建制镇数量增长到2.1万多个。城市占地面积方面,从1981年至2020年,我国城市建成区面积从7 438平方公里增加到60 721平方公里,增长了7.16倍。

通过国际比较可以发现,七十多年间,我国城镇化水平虽然低于

---

① 根据国家统计局的定义,常住人口城镇化率是指城镇中的常住人口占全部人口的比重;户籍人口城镇化率是指具有城镇户籍的人口占全部人口的比重。

同等收入水平国家,但总体实现了快速追赶(见表1.1)。在21世纪以前,即我国还属于低收入国家期间,除个别年份外,我国城镇化水平基本一直居于该组别平均水平之上,逐渐接近中等偏下收入国家水平;到2000年,我国城镇化水平已经超过中等偏下收入国家平均水平,并在此后十年内逐渐拉大差距。从2010年开始,我国稳定迈入中等偏上收入国家行列,相应地,城镇化发展又开始追赶中等偏上收入国家水平,且差距逐渐缩小。

表1.1  1950—2020年不同收入水平国家的城镇化水平

(单位:%)

| 年份 | 高收入国家 | 中等偏上收入国家 | 中等偏下收入国家 | 低收入国家 | 中国 |
| --- | --- | --- | --- | --- | --- |
| 1950 | 58.51 | 22.08 | 17.21 | 9.32 | 11.18 |
| 1955 | 61.14 | 25.08 | 18.56 | 10.39 | 13.48 |
| 1960 | 63.76 | 28.40 | 19.85 | 11.90 | 19.75 |
| 1965 | 66.25 | 31.26 | 21.17 | 13.47 | 17.98 |
| 1970 | 68.68 | 32.19 | 22.59 | 15.66 | 17.83 |
| 1975 | 70.45 | 33.59 | 24.33 | 17.47 | 17.34 |
| 1980 | 71.85 | 36.28 | 26.35 | 19.11 | 19.39 |
| 1985 | 73.11 | 39.79 | 28.16 | 20.89 | 23.71 |
| 1990 | 74.43 | 42.91 | 30.02 | 22.76 | 26.41 |
| 1995 | 75.67 | 46.44 | 31.59 | 24.35 | 29.04 |
| **2000** | **76.80** | **50.26** | **33.14** | **25.68** | **36.22** |
| 2005 | 78.59 | 55.02 | 35.02 | 27.16 | 42.99 |
| **2010** | **80.05** | **59.76** | **37.12** | **28.91** | **49.95** |
| 2015 | 80.95 | 64.12 | 39.25 | 30.93 | 57.33 |
| 2020 | 81.85 | 68.20 | 41.60 | 33.17 | 63.89 |

数据来源:中国数据来自国家统计局;其他数据来自联合国经济和社会事务部。

## 三、城市布局更加有序完善

在城市之间,不同等级的城市层次分明、结构有序。我国于2004

年提出"组团式城市群"的概念；2011年发布的《全国主体功能区规划》成为国土空间开发的战略性、基础性和约束性规划；此后，经过《国家新型城镇化规划（2014—2020年）》和"十三五"规划的全面部署谋划，我国逐渐形成了以城市群为主体、以都市圈为依托、大中小城市和小城镇协调发展的城镇体系。目前我国已初步打造"两纵三横"城镇化战略格局，"19＋2"的城市群格局[①]基本形成并稳定发展，成为国家城镇化战略核心区，为推动高质量发展、促进科技创新、保障产业链供应链、释放内需潜力以及畅通经济循环等提供了重要动力。

在城市内部，城市的现代化水平显著提升。在计划经济体制下，城市的传统管理体制具有明显的刚性特点，不够灵活。改革开放后，农村人口流入城市，倒逼城市进行调整和改革，从而顺应市场经济发展的要求。此时的城市治理改革带有被动性，即在解决问题的探索中调整治理思路和体制。近些年来，城市治理者在相互竞争中，为了吸引更多外来劳动力、人才和资本等重要生产要素，越来越从"人"的主体性地位着手，主动优化城市"硬"和"软"两方面的条件。在硬件方面，城市的供水、供热、供气、道路、电信、环境卫生等基础设施不断改善，宜居性稳步提升。据统计，2020年，城市供水普及率和燃气普及率分别为99%和97.9%，城市集中供热面积达到98.82亿平方米，城市污水处理率和生活垃圾无害化处理率分别为97.5%和99.7%。在软件方面，城市治理水平、公共服务水平、精神文化水平等显著提高，越来越多的城市注重打造特色化"名片"，走向良性循环的现代化发展方向。

---

[①] 京津冀、长三角、珠三角、哈长、辽中南、山西中部盆地、山东半岛、中原、长江中游、海峡西岸、北部湾、呼包鄂榆、宁夏沿黄、兰西、关中平原、成渝、黔中、滇中、天山北坡等19个城市群，再加上新疆喀什和西藏拉萨城市圈，构成了"19＋2"的城市群格局。城市圈又称"都市圈"，是核心城区与周围地区之间基于一定的职住分离、经由一定通勤联系组成的功能性城市。

## 四、城乡关系日益紧密协调

党和政府在探索中越来越深刻地认识到，城镇化与农业农村发展不是此消彼长的关系，只有达到相互协调，才能实现健康、可持续的城镇化。改革开放后，伴随着农村劳动力向城市大规模转移，计划经济体制下农业部门和非农业部门、农村与城市之间二元分割的格局被打破。此后，党和政府通过建立健全城乡融合发展的体制机制，不断提升城乡居民权利均等化程度，促进了城乡之间劳动力、资本、技术和人才等要素的流动，异质的城乡二元结构逐渐向同质的城乡一元结构不断演进（乔艺波，2020）。

改革开放后以劳动力和经济资源为主的要素双向流动，促进了农村地区的发展。改革开放初期，城乡要素流动主要是农村剩余劳动力迁移到城市，赚取收入后再寄回农村，也将城市的技术、观念、生活方式等带回农村。这种以劳动力和经济资源为主的城乡双向流动，彻底改变了农村家庭以农业经营为主的传统收入结构，极大提升了农村人口的消费水平。从更一般的意义上来说，农村劳动力大规模流向城市，是我国取得消除绝对贫困的历史性成就的重要原因，也是促进我国形成城乡融合发展的新型城乡关系的重要纽带。

近年来，除了以农民工收入为主的经济资源，城乡之间的其他要素流动变得更加经常化和多样化。国家的城镇化战略从发展城镇为主转变为城乡发展并举，尤其是通过各项惠农支农政策，促进城乡要素平等交换、双向流动，实现乡村全面振兴和城乡融合。一方面，进一步打破城乡劳动力流动壁垒。比如，持续深化户籍制度改革，推动城乡居民社会保障制度衔接与并轨，等等。另一方面，促进城乡之间其他要素流动。比如，科技方面，通过组织乡村振兴重点帮扶县科技特派团等方式，推动科技下乡；再如，人才方面，将人才作为乡村振兴的关键，鼓励各地出台政策促进人才下乡，比如江西赣州的"人才新政 30 条"①、重庆的 26 条措施②，等等。

## 第二节　中国城镇化的主要发展历程

根据我国不同时期经济社会发展总体状况、城镇化发展水平以及城镇化发展战略，大概可将城镇化分为中华人民共和国成立至改革开放的曲折探索、改革开放后的重启与快速发展以及 2012 年以来的质量提升等三个阶段。

### 一、中华人民共和国成立后城镇化的曲折探索（1949—1977）

中华人民共和国成立初期，我国是工业基础非常薄弱的农业大国。1952 年，按照当年价格，农业部门增加值占国内生产总值的比重为 50.96%，农业部门吸纳了全国 83.54% 的就业。③ 我国城镇化率起点很低，1949 年仅为 10.64%，同期发达国家的城镇化率平均水平已超过 50%。受到其他发达国家现代化经验的影响，同时鉴于当时的国内外形势以及维护国家安全的迫切需要，党和国家意识到，必须要走一条以重工业为优先的工业化道路。1953 年，我国实施的第一个五年计划（1953—1957）主要围绕工业化建设展开。其中指出，要将社会主义工业化作为过渡时期的中心任务，而社会主义工业化的中心环节，是优先发展包括钢铁、机器制造、电力、燃料、有色金属、基本化学

---

① 为了推进人才强市战略，加快培养集聚各类人才，赣州市委市政府于 2017 年 7 月印发了《关于创新人才政策、推动人才发展体制机制改革的若干意见》，提出包括目标任务、明晰人才类别、引才育才办法、推进校（院）地合作、人才待遇支持、人才发展平台建设、营造尊才爱才氛围、夯实人才工作基础等共 8 个方面 30 条的意见。

② 为了鼓励和引导各类人才投身乡村建设，加快培育造就一支懂农业、爱农村、爱农民的乡村振兴人才队伍，重庆市于 2021 年 9 月发布了《加快推进乡村人才振兴的重点措施》，提出了加强乡村产业人才培育、加强农业科技人才培育、加强乡村公共服务人才培育、加强乡村人才集聚、完善乡村人才支持政策、加强乡村人才组织保障等 6 大方面共 26 条重点政策措施。

③ 国家统计局国民经济综合统计司，2012. 新中国六十年统计资料汇编[M]. 北京：中国统计出版社.

等在内的重工业；基本建设投资上，工业部门占比达 58.2%。[①] 1956 年，毛泽东同志在《论十大关系》的讲话中再次强调"重工业是我国建设的重点"。因此，这一时期我国城镇化发展呈现出以下特点。

第一，从属性。城镇化发展从属于重工业优先的工业化发展战略。这一时期，国家发展战略中并没有关于城镇化的专门内容，城市建设被明确定位为"从属于社会主义工业的建设和发展"。譬如，《人民日报》刊文明确提出，"必须认真贯彻国家'重点建设，稳步推进'的方针，把城市建设的投资，首先用在工业建设比重大的城市中去，至于工业比重小的一般中小城市，在第一个五年建设计划期内，应采取暂时维持的方针，一般不再扩大基本建设"[②]。因此，城市建设投资主要是以工业基础较好的大城市和特大城市为主，中小城市基本维持不变。在最初的 10 年间，城市数量从 132 个增长到 179 个，其中地级市由 53 个增加到 74 个，县级市由 67 个增加到 103 个。

第二，缓滞性。如图 1.1 所示，1949—1977 年，我国城镇化水平从 10.64% 提高到 17.55%，共增长约 7 个百分点，年均增长仅约 0.25 个百分点，总体增速缓慢。其中，1949—1957 年，作为工业发展的自然结果，城镇化水平缓速提高；1958—1960 年，进入工业化建设高潮和超理性的"大跃进"时期，劳动力和人口发生了较大规模的跨地区迁移，城镇化率从 16.25% 迅速提高到 19.75%。自此以后，伴随着"大跃进"运动失败以及大批知识青年上山下乡，出现了"逆城镇化"现象，我国城镇率从 1960 年的 19.75% 急速下降到 1963 年的 16.84%，此后一直停滞在 17%～18% 的水平。值得说明的是，虽然这种情况无法脱离当时的政治背景，但根本上是因为以重工业为主的工业体系无法提供足够多的就业岗位。

---

① 1955 年国务院政府工作报告 [EB/OL]. （2010-03-07）［2022-09-25］. http://cn.chinagate.cn/reports/2010-03/07/content_19546603.htm.
② 改进和加强城市建设工作 [N]. 人民日报，1953-11-22（2）.

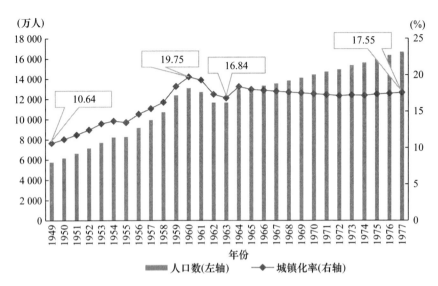

**图 1.1　我国城镇常住人口数量和城镇化率（1949—1977）**
数据来源：国家统计局相关年份监测数据。

第三，管控性。这一时期的工业化发展以高度集中的计划经济体制为支撑。管控性是计划经济的显著特征，传导到城镇化发展上，具体表现为对农产品价格和农村人口迁徙的管控。一方面，为了加快工业化积累，就要压低工资，降低重工业发展的劳动力成本，并在保障农产品供给的情况下，压低农产品价格，从而实现"以农补工"。因此，1953 年开始实行粮食的计划收购和计划供应制度，此后随着其他重要农产品的纳入，农产品统购统销①制度逐渐形成。另一方面，在农产品价格偏低的情况下，大量农民开始流向城市。② 鉴于农村劳动力大规模向城市流动不仅会影响农业生产和农产品供给，还会产生就业困

---

① 所谓农产品统购统销，就是在非粮食产区（城镇、工矿区和专门从事非粮食生产的农牧渔业地区，等等），按照可用的粮食数量和确定的人口数量，或由企业和机构统一供应，或由家庭凭票证购买。

② 中华人民共和国成立之初，并未对人口迁徙进行限制。1949 年 9 月通过的《中国人民政治协商会议共同纲领》和 1954 年通过的《中华人民共和国宪法》均将迁徙自由列为人民的基本权利之一。

难的问题,相关政府部门先后发布了《关于劝止农民盲目流入城市的指示》(1953)、《关于继续贯彻"劝止农民盲目流入城市"的指示》(1954)、《关于办理户口迁移的注意事项的联合通知》(1955)以及《关于防止农村人口盲目外流的指示》(1956)等文件,对农村劳动力向城市迁移进行初步限制。1958年通过的《中华人民共和国户口登记条例》规定:"公民由农村迁往城市,必须持有城市劳动部门的录用证明,学校的录取证明,或者城市户口登记机关的准予迁入的证明,向常住地户口登记机关申请办理迁出手续。"这标志着户籍制度的正式形成,此后农村居民迁往城市受到限制,同时国家通过组织集体化生产和人民公社体制,将农民固定在农村和农业生产中。

总体而言,这一时期,党和国家决定优先发展重工业,这是迫于当时国内外严峻局势的选择,也构成了我国城镇化发展的逻辑起点。重工业具有自我服务、自我循环的特点,对周边地区辐射功能较弱,与上下游产业的关联程度较低。这就意味着,这种工业结构只能带动少量大中城市发展,无法引起全面的城镇化过程,也无法创造足够的就业岗位,城镇化发展缓慢、限制城乡人口迁徙的结果就在所难免。工业化进程未能带来非农就业增加的自然结果,农业生产效率低下,人民生活改善缓慢,改革开放成为具有强烈必要性和深切现实性的必然之举。

## 二、改革开放后城镇化的重启与扩张(1978—2011)

1978年,始于中国农民自发探索的改革开放,将市场经济元素引入计划经济体系,由此带来了土地制度、户籍制度、要素价格等全方位的松动与改革,我国城镇化掀开了新的发展篇章。如图1.2所示,从1978年至2011年,我国城镇化水平提高了33.91个百分点,年均提高1.03个百分点。根据不同时期的内容、特点,这一时期的城镇化可分为以下三个阶段。

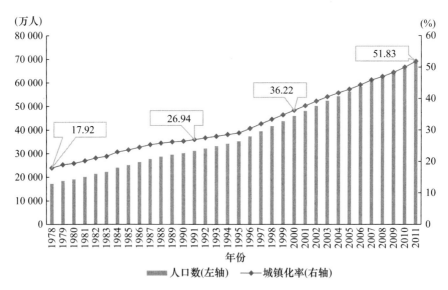

图 1.2 我国城镇常住人口数量和城镇化率（1978—2011）
数据来源：国家统计局相关年份监测数据。

## （一）1978—1991 年，以人口就地转移为主要形式的城镇化

农村家庭联产承包责任制使得农民生产积极性和农业生产效率空前提高，由此也带来了农村剩余劳动力的安置问题。在城市经济体制改革尚未开启的情况下，通过鼓励农村非农经济发展来引导农村劳动力就地转移显然更加可行。改革开放前就存在于农村的社队企业为这种方案提供了基础。

因此，1979 年，国务院颁布了《国务院关于发展社队企业若干问题的规定（试行草案）》，对社队企业的发展做出全面部署，推动社队企业在此后一段时期内快速发展。1984 年，社队企业正式更名为乡镇企业。① 与此同时，对于农村人口流动的控制开始松动。1984 年，政府发布《国务院关于农民进入集镇落户问题的通知》，提出允许农民自

---

① 1984 年 3 月，中共中央、国务院转发农牧渔业部《关于开创社队企业新局面的报告》，同意报告提出的将"社队企业"正式更名为"乡镇企业"的建议。

筹资金、自理口粮进入县城以下的城镇、集镇务工经商。农民开始可以有限度地流动,"离土不离乡,进厂不进城"。国家统计局数据显示,1978—1986年,乡镇企业产值在整个非农经济中的比重从26.2%提高到33.4%;乡镇企业吸纳的劳动力数量也从2826万人增加到7937万人,增加了1.8倍。

城市建设布局方面,乡镇企业异军突起也对以往城乡完全割裂的格局产生冲击。为了顺应乡村工业化带来的城镇化需求,小城镇战略应运而生。早在1979年,党的十一届四中全会通过的《中共中央关于加快农业发展若干问题的决定》就指出:"我们一定要十分注意加强小城镇的建设。"1980年,当时的国家建设委员会提出了"控制大城市规模,合理发展中等城市,积极发展小城市"的城市发展方针。同年的《全国城市规划工作会议纪要》提出积极合理地发展小城市和中等城市。"八五"计划重申了"合理发展中等城市和小城市"的精神。随后,1989年12月颁布的《中华人民共和国城市规划法》将城镇化方针定为"严格控制大城市规模、合理发展中等城市和小城市"。

这一阶段,小城镇和乡镇企业的发展是我国经济社会发展的最大亮点。1978—1991年,我国常住人口城镇化率从17.92%提高到26.94%,共提高了9.02个百分点,年均提高约0.69个百分点。城镇化的主要形式是农业人口就地转移为非农就业人口。在城市规划和布局方面,小城镇得到快速发展,尤其是在1984—1986年,通过"撤社建乡"、修改建制镇标准,全国的建制镇数目增加了7750个(朱守银,2001)。需要说明的是,虽然国家出台了一系列政策鼓励小城镇发展,但并没有出台促进小城镇发展的一揽子综合政策。换言之,在这一时期,小城镇的主要功能被定位为"就地吸收农业剩余劳动力",小城镇实现了数量上的增长,但在规划布局、社会事业、整体环境等方面,仍存在较大发展空间。

## （二）1992—2001年，跨区域流动兴起，就地城镇化和异地城镇化并存

1992年，邓小平同志发表南方谈话，进一步明确了扩大开放的方向；同年，党的十四大正式确立了建立社会主义市场经济体制的目标。我国向市场经济转轨，非农经济进入快速发展阶段，农业转移人口快速增加，城镇化水平迅速提高。如图1.2所示，1992—2001年，我国城镇化率从27.46%提高到37.66%，共提高了10.2个百分点，年均提高1.13个百分点；其中1995—2001年，城镇化率年均提高1.44个百分点。这一时期的城镇化政策主要包括以下两方面内容。

在人口流动方面，就地人口转移和跨区域人口流动并存。这一时期，沿海地区积极承接港台地区及发达国家的制造业产业转移，创造了大量就业岗位。与此同时，乡镇企业发展受限于小城镇不够充分的生产要素流动，在走过黄金时代后开始式微，吸纳农村剩余劳动力的能力逐渐饱和。农民跨区域流动开始兴起。在此背景下，各地放宽人口流动政策限制，20世纪80年代后期个别省市开始施行的"暂住证制度"被全国各大省市广泛采用，农业剩余劳动力能够合法"持证流动"。从90年代中期开始，以乡镇企业为主的农村劳动力转移模式发生转变，大量农村剩余劳动力开始流向东部沿海大中城市。90年代后期，一些城市为了缓解外来农民工带来的就业压力，对招用农民工采取限制性措施，导致农业转移人口增速放缓。这种状况很快被相关部门扭转，国家"十五"计划明确提出"取消对农村劳动力流入城镇就业的不合理限制，引导农村富余劳动力在城乡、地区间的有序流动"。进入21世纪后，农业人口转移经历了补偿性反弹（魏后凯等，2013），此后跨区域人口流动越来越普遍。

在城市建设方面，对小城镇进行改革试点，大中城市迅速扩张。一方面，随着小城镇生产要素的集中与集约程度较低、产业发展缺乏可持续性、基础设施投入落后、进一步吸引投资和劳动力等生产要素

的能力不足等弱势显现，11部委于1995年联合印发《小城镇综合改革试点指导意见》，这成为促进小城镇发展的第一项一揽子综合政策。1998年，党的十五届三中全会提出"发展小城镇，是带动农村经济和社会发展的一个大战略"。2000年，中共中央、国务院下发《关于促进小城镇健康发展的若干意见》，小城镇的经济、社会、环境、基础设施进入快速发展阶段。此后，发展小城镇一直是我国城镇化战略的重要组成部分，这也是在多种语境下以"城镇化"代替"城市化"的重要原因（蔡昉等，2019）。在此期间，由于大规模实施"撤乡设镇"，全国建制镇规模进一步增长，2000年达到19 780个。另一方面，20世纪90年代后，地方政府为了推动本地GDP和财政收入增长，通过土地城镇化来吸引、留住投资者和企业，大城市的规模经济效应开始得到重视，主要表现为城市规模扩张、工业区建设与快速工业化。

### （三）2002—2011年，人口大规模跨区域流动，异地城镇化成为主要形式

进入21世纪，我国经济市场化程度进一步提高，市场在资源配置中的基础性作用明显增强。2001年，我国加入世界贸易组织，开始融入全球化进程，对外开放进入一个新阶段，开放型经济迅速发展。在此背景下，我国城镇化也得到快速推进。如图1.2所示，2002—2011年，我国城镇化率从39.09%提高到51.83%，共提高了12.74个百分点，年均提高约1.42个百分点，是城镇化水平提高最快的阶段。这一时期的城镇化政策主要包括以下两方面内容。

在人口流动方面，大规模农业人口跨区域流动，农民工权益保护工作受到重视。一方面，在各部门支持农村富余劳动力外出务工政策的鼓励下，外出务工人口规模快速扩大。国家统计局监测数据显示，2002年，外出务工人口为10 470万人，此后以年均500多万人的增速增长到2011年的15 863万人。其中，2003—2007年，外出务工人口的

年均增速为5.54%；随着我国经济跨越刘易斯拐点，农村劳动力的转移速度显著放缓，2008—2012年的年均增速下降为3.59%（蔡昉等，2019）。国家统计局从2008年开始对农民工这一群体进行专项统计监测调查，以准确反映全国农民工规模、流向、分布等情况，并将农民工按照本地农民工、外出农民工、进城农民工等类别进行细分。① 另一方面，随着我国进一步融入全球经济体系，户籍制度导致的城乡居民权益和社会福利差异日渐成为经济社会发展的桎梏，政府愈发重视农民工社会权益的保障工作，致力于消除就业歧视、推进基本公共服务均等化。譬如，2006年发布的《国务院关于解决农民工问题的若干意见》是第一个关于农民工问题的系统性、全面性文件，提出公平对待农民工，使农民工享受和城市职工一样的权利。

在城市建设方面，这一阶段的中央战略导向是"大中小城市和小城镇协调发展"。2002年，党的十六大报告指出，坚持大中小城市和小城镇协调发展的城镇化道路；2007年党的十七大再次提出以大代小"促进大中小城市和小城镇协调发展"。然而在现实中，由于迁移人口主要流向东部沿海发达城市，再加上地方政府具有强烈的招商引资动力，这一阶段的城市建设实际上表现为大城市扩张的偏向。譬如，2002年，"大上海国际都市圈"研究报告首次提出走"以大城市为主的城镇化发展道路"；2004年，全国183个城市提出建设"国际化大都市"（刘士林，2016）。地方政府以扩大城市规模为主要目标，导致生产用地/工业用地过度膨胀，土地低效利用。

总体而言，1978年改革开放重启了我国的城镇化进程。此后，随着我国深入推进经济体制改革以及逐渐融入全球经济体系，城镇化进入快速发展阶段。然而，在此过程中，城镇化发展也出现了一些问题。

---

① 农民工是指户籍仍在农村、年内在本地从事非农产业或外出从业6个月及以上的劳动者。其中，本地农民工是指户籍所在乡镇地域以内从业的农民工；外出农民工指户籍所在乡镇地域外从业的农民工；进城农民工指年末居住在城镇地域内的农民工。

譬如，由于与城镇化相关的户籍制度、社会保障等方面改革的渐进性和滞后性，不少进城务工人口难以真正融入城市，在城市生活的安全感、获得感和幸福感不强，无法实现真正、稳定的转移。又如，地方政府在市场化、全球化和分权竞争的条件下，多走向以房地产和基础设施建设为主的投资驱动型经济发展模式，大力开发土地、开展城市建设。这虽然推动了资本积累和经济增长，是造就我国经济快速发展奇迹的主要原因之一，但也带来严重的土地城镇化快于人口城镇化的问题。再如，部分农村地区出现空心化、老龄化的现象，农业农村发展和农民生活改善滞后于经济社会整体发展水平。当经济发展进入新阶段后，这些问题的解决成为关系整体发展格局的关键所在。

## 三、城镇化迈向高质量发展阶段（2012年至今）

进入新时代，我国经济增速放缓，以往依靠劳动密集型产业和初级生产要素出口的经济发展模式越来越难以为继，需要转向创新和内需驱动型的经济发展模式。与此同时，常住人口城镇化率与户籍人口城镇化率的差距越来越大，因户籍身份带来的社会福利不均等即所谓的"不完全城镇化""半城镇化"等问题受到重视。社会主要矛盾已经转化为人民日益增长的美好生活需要和不平衡不充分的发展之间的矛盾。在此背景下，党的十八大提出"走中国特色新型城镇化道路"；党的十八届三中全会强调"坚持走中国特色新型城镇化道路，推动以人为核心的城镇化"。2014年，《国家新型城镇化规划（2014—2020年）》发布，明确了我国提高城镇化质量的发展路径、主要目标和战略任务，成为指导我国城镇化健康发展的宏观性、战略性、基础性规划。

这一时期，我国城镇化发展的主要特点是减速提质。如图1.3所示，2012—2021年，我国常住人口城镇化率从53.10%提高到64.72%，共提高了11.62个百分点，年均提高约1.29个百分点，人口转移速度较上一阶段有所放缓；与此同时，户籍人口城镇化率从

2013年的35.93%提升到2020年的45.40%。政府的工作重点主要围绕新型人口城镇化、城市群与都市圈发展以及乡村振兴战略三大方面。

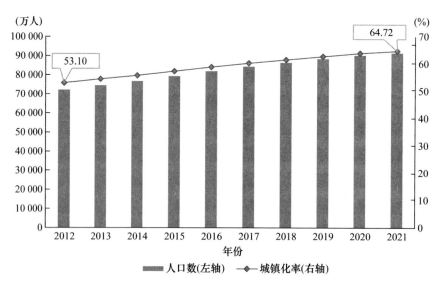

图1.3 我国城镇常住人口数量和城镇化率（2012—2021）
数据来源：国家统计局相关年份监测数据。

第一，在人口流动方面，农民工数量增速放缓，国家更加注重人口城镇化。一方面，随着国家鼓励外出务工人员返乡创业就业、引导支持就地就近城镇化以及实施乡村振兴战略，农民工总量基本保持稳定，增速放缓，其中外出农民工仍占主体地位（见图1.4）。另一方面，国家开始强调人口城镇化，即农民工在城市的融入程度，重点工作是使进城务工人员享受与户籍市民均等化的权利，包括平等就业、居住条件、社会保障、公共服务等。人口城镇化既是我国"以人民为中心"的发展思路的要求和表现，也是促进经济结构转型的关键之举。这是因为，充分的就业权利和社会保障能够提高农民工的生活水平和消费能力，培育和壮大中等收入群体，从而扩大内需；同时，农民工在子女教育、公共卫生等方面享受均等化的公共服务，可以为经济创新发展增加人力资本积累。为有序推进农业转移人口市民化，2016年《居住证暂行条例》正式开始实施，以"居住证"取代"暂住证"，各省市也开始稳步推进农民工市民权利均等化工作。国家统计局农民工市民化进程动态监测调查①结果显示，自2015年起，进城农民工的居住状况持续变好，随迁儿童教育问题有所改善，社会融合程度明显提高。

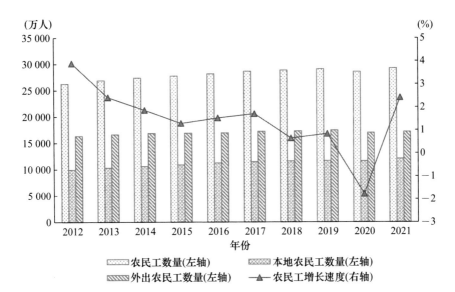

图 1.4 我国农民工规模及增速 （2012—2021）
数据来源：国家统计局相关年份监测数据。

第二，在城市建设和布局方面，以推动国土空间高质量一体化发展为方向，切实促进大中小城市和小城镇协调发展，"大处着眼、各处着手"。所谓"大处着眼"，是指从国土空间高质量一体化的发展目标出发，将城乡、主体功能区、土地利用等空间规划融合为统一的"五级三类"规划，实现"多规合一"。所谓"各处着手"，是指针对不同城市的问题，"通、疏、促"相结合。一是推动城市群一体化和都市

---

① 为准确反映在新型城镇化建设中农民工在城镇就业生活、居住状况和社会融合等基本情况，国家统计局于2015年建立农民工市民化进程动态监测调查制度，简称农民工市民化调查。

圈①发展，在城市间构建良好的分工体系和层级关系；二是疏解人口密度高的超大特大城市功能，降低承载压力，提高健康宜居安全水平；三是支持促进县城、小镇规范健康发展，补短板、强弱项，增强对产业、资金、劳动力的吸引力。我国进入地域集中化与分散化、城镇化与"逆城镇化"、都市圈化相得益彰、相辅相成的阶段（蔡昉等，2019）。

第三，全面推动乡村振兴，促进城乡深度融合。城镇化本质上是重新塑造城乡关系。在工业化发展早期、城镇化水平较低的阶段，城镇化常常表现为城市从农村汲取生产要素，以加快工业化积累。随着我国经济进入高质量发展阶段，开始强调工业对农业、城市对农村的支持和反哺。党的十八大提出要统筹城乡发展，推动城乡发展一体化；党的十九大正式提出乡村振兴战略，此后中共中央、国务院将乡村振兴作为头等要事，发布多项1号文件做出全面部署，要求在优化农村就业、教育、医疗、基础设施、社会保障、公共服务、卫生防疫、治安消防等人居条件的基础上，保持农村地区风貌，使劳动力、资本、技术等在城乡间自由流动，在更大范围内促进资源的有效配置，从而实现城市宜居、乡村繁荣。

总体而言，这一阶段，我国对城镇化发展的理念、认识和实践都达到了一个新高度。在理念上，"以人民为中心"的发展思路深刻灌注到城镇化发展领域，构成推动城镇化走向健康发展的基本保障；在认识上，明确指出"城镇化是一个自然历史过程"，强调必须充分尊重城镇化发展规律，不可超前或者滞后而要适度有序，不可片面地单刀独进而要有联系思维；在实践中，中央和地方各级政府在认识、尊重、顺应城市发展规律的基础上，积极调整战略政策、对症下药，推动解决城镇化中的各种现实问题，我国城镇化正朝着更加稳定健康可持续的方向发展。

---

① 都市圈即都市区，是核心城区与周围地区之间基于一定的职住分离、经由一定通勤联系组成的功能性城市。

## 第三节　经验总结与展望

高质量的城镇化是各国现代化过程中的共同追求，但是各国实现这个目标的具体战略、路径和措施，却会因本国具体国情而有所差异。换句话说，就城镇化而言，可以有而且必然有推进过程中的中国特色，却不会有也不应有最终目标上的中国例外。因此，基于上述的分阶段梳理，分析总结我国城镇化经验，并基于其他国家城镇化发展成就以及我国城镇化面临的现实问题，对未来发展道路进行展望，是很有必要的。

### 一、始终坚持以人为本

人民立场是中国共产党的根本政治立场，也是党和政府制定各项战略政策的根本出发点和落脚点。从20世纪80年代以来，我国大规模人群受益于以土地制度和户籍制度为核心内容的城镇化改革。更确切地说，改革开放以来我国经济社会的快速发展、人民生活水平的极大提高，本身就嵌在城镇化改革的进程中，这背后的逻辑起点是党和政府以人民为中心的发展思路。

一方面，改革开放的伟大决定以及随后允许和鼓励农民进城务工，是为了满足人民对美好生活的向往，极大提高了农村人口的生活水平。改革开放前，我国农民普遍生活在贫困中，按照2010年农村贫困标准，1978年年末，我国农村贫困发生率高达97.5%。面对人民日益增长的物质文化需要，党和政府毅然决然进行改革。农民大规模进城务工后，农户家庭的收入水平得到显著提升，收入构成发生明显变化。1990年，农村居民家庭人均纯收入仅为686元，其中工资性收入为139元，占20.26%，家庭经营收入为519元，占75.66%。2013年，农户家庭人均纯收入为8 896元，其中工资性收入为4 025元，占

45.25%，家庭经营收入为 3 793 元，占 42.64%，工资性收入首次超过家庭经营收入。[①] 2021 年，我国如期打赢脱贫攻坚战，现行标准下 9 899 万农村贫困人口全部脱贫。可以说，以允许农村人口向城市迁移为主要内容的城镇化改革是我国取得彻底消除绝对贫困的历史性成就的一大动力，也为全世界的减贫事业做出了重要贡献。有人将我国城镇化过程中的"民工潮"看作一种社会问题，甚至将农民视为工业化过程的牺牲者，这种说法在理论和事实上都毫无根据。

另一方面，政府着眼于进城务工人口的生活需求，不断改善其就业、社会保障、公共服务等方面的权利，提高进城务工人员的安全感、获得感和幸福感。以随迁子女教育为例，随着进城务工人口规模的扩大，政府及时对随迁子女教育问题进行探索改革。从 1992 年《义务教育法实施细则》提出"适龄儿童、少年到非户籍所在地接受义务教育的，经户籍所在地的县级教育主管部门或者乡级人民政府批准，可以按居住地人民政府的有关规定申请借读"，到 2003 年《国务院办公厅关于做好农民进城务工就业管理和服务工作的通知》明确提出"保障农民工子女接受义务教育的权利"，到 2010 年《国家中长期教育改革和发展规划纲要（2010—2020 年）》提出"研究制定进城务工人员随迁子女接受义务教育后在当地参加升学考试的办法"，再到 2016 年《居住证暂行条例》要求研究建立以居住证为主要依据的流动人口随迁子女入学政策，随迁子女受教育权利不断得到保障。2020 年，义务教育阶段随迁子女人数达到 1 429.7 万人，其中 85.8% 的随迁子女在公办学校就读或享受政府购买学位服务。

## 二、基于国情，渐进改革

我国在工业化和城镇化加速时期始终没有出现大规模的贫民窟，在全球发展中人口大国里仅此一例（温铁军，2009）。之所以能够取得

---

[①] 数据来源：《中国统计年鉴》相关年份。

这项成就，在于我国并不追求一蹴而就的"完全城镇化"，而是基于国情尤其是土地制度，使农民在城乡之间实现进退有据的双向流动，自主稳妥地安排进城节奏，由此形成了独特的"渐进城镇化"模式（夏柱智等，2017）。这种模式通常表现为家庭内部青壮年劳动力外出务工、老一代从事农耕，或者主要劳动力在农忙时返乡农耕、农闲时外出务工，因此被称为"半工半耕"的城镇化模式。

这种模式意味着在一定时期内，"半城镇化"的农民工在劳动技能、职业分工、收入水平、社会保障权益以及生活习惯等方面不能立刻融入城市社会，因此受到部分学者批评。然而，换个角度来看，这种农民工自主理性选择的"候鸟式"流动，一方面可以使其通过代际分工的方式同时获得城市工商业和农业两份收入，稳定改善家庭生活；另一方面缓解了城市在短期内为大规模迁入的农民工提供均等化公共服务的巨大压力。此外，土地作为农民的基本生活保障，还避免了农民在外出务工失败情况下可能面临的衣食无着、进退两难的困境。这是我国城镇化的独具特色之处，也从一个角度上解释了为何我国能够实现有序城镇化，而没有出现不少发展中国家在城镇化过程中的贫民窟现象。

当然，城镇化是现代化的必然结果，"半城镇化"也只能是历史性和过程性的。因此我们可以看到，随着我国工业化和城镇化进程的推进，农民工在城市中的融入程度在不断加深。政府在坚持"以人为本"根本理念的前提下，持续渐进地深化户籍制度改革，从20世纪90年代后期小城镇户籍管理制度改革，到2014年全面实施居住证制度，再到2016年实施《居住证暂行条例》，农村劳动力迁移越来越自由，农业转移人口在平等就业、社会保障、公共服务等方面的权益也得到显著改善。可以预见，"半城镇化"在未来将成为一种历史。然而，在我国城镇化发展的客观历史进程中，这种基于国情的渐进化改革方式具有十分重要的积极意义。

## 三、鼓励探索，多点试验

我国地域辽阔且内在异质化程度较高，这就决定了既不能在城镇化速度和水平上强求一致，也不能在城镇化路径和方式上"一刀切"。目前，我国各地的城镇化率仍存在较大差距。2020年，上海、北京、天津的城镇化水平最高，分别达到89.30%、87.55%和84.70%；西藏的城镇化水平最低，为35.73%；其余省份多保持在50%～75%。① 这种差异是客观存在、不可避免的。在推进城镇化的方式上，我国主要采取鼓励地方自主探索、中央牵头设计试验两种方式，城镇化表现出多元化特征。

一是留出政策空间，鼓励地方层面自主创新。我国对复杂事宜进行综合改革时，在战略政策设计上的一个显著特点是，中央层面负责方向引领、战略指导，但在具体的实践方式上不会做过多详细要求，给地方政府以自主探索的空间。在推进城镇化的过程中，需要同时处理户籍、人口安置、公共服务、城市规划改造、农村产业发展等多方面问题，国内外没有现成的经验可以照搬，各地在中央制定的大方向下"摸着石头过河"尤为必要。譬如，在户籍制度改革方面，国务院通过发布文件，把握改革总体节奏，从逐步放开小城镇户籍管理，到有序放开中等城市落户限制、合理确定大城市落户条件，再到全面实施居住证制度；各地政府再根据实际情况因地制宜，分别出台相应的户籍制度改革实施意见。其中，城乡差异较小、改革基础较好的省市往往步伐更快，能为其他地方提供一定的实践经验。

二是中央政府牵头，开展多点试验后再推广。在正式进行一项区域性或全国性改革之前，为了降低政策风险，中央政府通常会选择一个或多个地方，组织开展试验，在试验中暴露和发现问题、总结经验、优化政策，如此反复几轮后，再进行推广。譬如，在《国家新型城镇

---

① 具体参考《中国统计年鉴2021》。

化规划（2014—2020年）》的基础上，2014年起，国家发展和改革委员会会同有关部门分3批将2个省和246个城市（镇）列为国家新型城镇化综合试点，围绕城镇化进程中的"人往哪里去、地从何处来、钱从哪里出"的核心问题，进行新型城镇化体制机制创新，在农业转移人口市民化、农村产权制度改革、城镇化投融资机制、城乡融合发展、行政管理体制等方面形成了一批可借鉴和推广的经验（苏红键等，2018）。

当今世界正经历百年未有之大变局，新一轮科技革命、工业化、信息化交叠作用、影响深远；我国正迈向实现第二个百年奋斗目标的新征程。与此同时，城镇化进入高质量发展阶段，与之相关的土地制度、户籍制度、社会保障制度改革等都进入攻坚克难的关键时期，改革越往深处走，难度越大，重要性也越大。面向未来，需要统筹中华民族伟大复兴战略全局和世界百年未有之大变局，重点做好以下几项工作：

一是着力破解当前城镇化面临的堵点、痛点、难点，尤其是持续深化户籍制度改革，推进农业转移人口市民化、基本公共服务均等化；优化城市空间布局，提高城市综合治理水平，等等。二是以创新、协调、绿色、开放、共享的新发展理念为指引；推动体制机制创新；追求城乡、区域以及产城人协调发展；优化"三生"空间，走绿色城镇化道路；进一步加强城市群—都市圈—县城—乡镇等各级城镇之间的联动，以及国内城市与全球城市的开放合作；最终，使最广大人民共享城镇化发展红利。三是放眼长远发展，继续探索与新型工业化、信息化、农业现代化同步发展的新型城镇化道路。

## 参考文献

蔡昉，都阳，杨开忠，等，2019. 新中国城镇化发展70年 [M]. 北京：人民出版社.

国家统计局，2019. 城镇化水平不断提升 城市发展阔步前进——新中国成立70周年经济社会发展成就系列报告之十七［R/OL］.（2019-08-15）［2023-08-15］. http：//www.stats.gov.cn/sj/zxfb/202302/t20230203_1900425.html.

刘秉镰，朱俊丰，2019. 新中国70年城镇化发展：历程、问题与展望［J］. 经济与管理研究（11）：3-14.

刘培林，2013. 小城镇依然是大问题［J］. 甘肃社会科学（3）：1-4.

刘士林，2016."19＋2"："十三五"时期新型城镇化的战略框架［EB/OL］.（2016-03-15）［2022-09-25］. http：//theory.people.com.cn/n1/2016/0315/c49154-28201528.html.

乔艺波，2020. 改革开放以来中国城镇化的演进历程、特征与方向——基于人口、经济与制度视角［J］. 城市规划（1）：44-51.

苏红键，魏后凯，2018. 改革开放40年中国城镇化历程、启示与展望［J］. 改革（11）：49-59.

魏后凯，苏红键，2013. 中国农业转移人口市民化进程研究［J］. 中国人口科学（5）：21-29＋126.

温铁军，2009. 我国为什么不能实行农村土地私有化［J］. 红旗文稿（2）：43-46.

夏柱智，贺雪峰，2017. 半工半耕与中国渐进城镇化模式［J］. 中国社会科学（12）：117-137＋207-208.

中国农民工战略问题研究课题组，2009. 中国农民工现状及其发展趋势总报告［J］. 改革（2）：5-27.

朱守银，2001. 中国农村城镇化进程中的改革问题研究［J］. 经济研究参考（6）：36-48.

# 第二章　中国城镇化进程中的政府与市场关系

　　城镇化是复杂的经济社会过程，本质上是土地、劳动力和资本等生产要素从农村向城市转移和集聚（United Nations，2019）。作为经济增长过程中最重要的经济现象，城镇化率跟经济发展水平密切相关，很少有国家在城镇化率达到60%之前人均收入达到1万美元（斯彭斯等，2016）。1949—2019年，中国城镇化率从10.6%提高到60.6%，人均GDP迈上1万美元的台阶，成为中等收入经济体。

　　政府"有形之手"与市场"无形之手"作为此消彼长的两种力量，在土地、劳动力、资本等要素从农村向城市的集聚过程中，经历了从互相排斥到形成合力的长期探索。中华人民共和国成立初期，一度忽视和排斥市场的作用，完全由政府主导，实施重工业优先发展战略。由于不符合中国劳动力充足、资本稀缺的比较优势，快速工业化并未同步提高城镇化水平，自由市场极度萎缩，城乡居民收入增长缓慢。

改革开放后,中国采取渐进式战略推动计划经济体制向市场经济体制转型,政府与市场的关系不断调整优化,并最终发展到党的十九大以来构建"以人为核心、共享繁荣"的新型城镇化。

## 第一节 大政府、小市场:计划经济体制下的起步(1949—1977)

中华人民共和国成立之初,为了从农业国尽快变成工业国,中国选择了重工业优先发展战略,将工业化目标置于城镇化目标之前。但是,重工业是资本密集型产业,建设周期长,初始投资大,大部分设备需要从国外引进。而当时的中国仍然以传统的小农经济为主,资金积累能力很弱,以致资金短缺,外汇更短缺。这使得重工业优先发展的战略不可能通过市场配置资源的方式推进,政府成为全社会资源配置的主导力量,城乡、城市间的人口流动受到严格限制,城镇化进程缓慢。

在这个阶段,由于市场机制无法将资源配置到重化工业,政府不得不人为压低汇率、利率、能源与原材料价格等,实施由政府直接掌控资源配置方式的计划体制(林毅夫等,2012)。政府在城市建立国有企业,人为压低粮食等农产品价格,为城市居民提供低价农产品。1953年,中国政府启动第一个国民经济五年计划,并在五年内迅速完成了对农业、手工业和资本主义工商业的社会主义改造,国民经济结构发生了重大变化(图2.1)。到1957年年底,参加互助合作组织的农户比重达97.5%,参加手工业合作社的从业人员比重达90.2%,工业产值中社会主义工业产值比重为68.2%,国家资本主义工业(包括公私合营与加工订货两类)产值比重为31.7%,两者合计高达99.9%。自由市场极度萎缩,体现市场配置资源的私营工业基本不存在了。

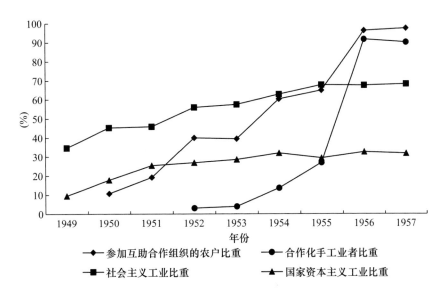

**图 2.1 国民经济的结构变化（1949—1957）**

数据来源：《当代中国》丛书编辑委员会，2021. 当代中国的经济体制改革[M]. 北京：中国社会科学出版社，26-29.

政府主导资源配置的重工业优先发展战略，对这一时期的城镇化产生了深刻影响。重工业优先发展战略使得中国迅速地建立起比较完整的工业体系，但片面依赖重工业，并不能产生各产业协调发展条件下的经济增长效果和城镇化推进过程。由于资本密集的重工业对就业人口的吸纳非常有限，加上农业生产效率不高，粮食养不活太多城镇人口，政府不得不实施严格的户籍制度控制农村人口进城。市场的作用难以发挥，农村人口只能通过考学、招工等有限途径进入城市，城镇化进程缓慢，严重滞后于工业化。1949—1977年，虽然制造业的比重从20.8%迅速提高到46.7%，提升了约26个百分点，但城镇化率仅从10.64%提高到17.55%（见图2.2），仅提升了约7个百分点。

值得注意的是，这一时期还出现过"逆城镇化"现象。与欧美发达国家的逆城镇化原因不同，中国的城市居民并不是出于寻求更加舒适的生活环境等市场原因主动去农村，而是资源配置扭曲带来的低效率导致城市承载力不足,尤其是食物供应不能完全满足城市居民需求。政府主导资源配置带来的重工业高速发展,并没有创造足够的就业岗位,难以吸收大量农村进城人口,甚至连城市自然增长的人口都难以完全吸纳,城市有大量劳动力找不到工作。中国城镇化率在1960—1963年显著下降(见图2.2),城市数量也从208个减少到171个。

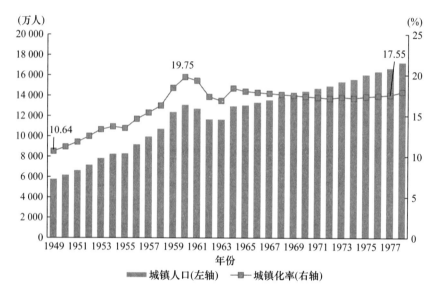

**图 2.2　中国城镇化率变动(1949—1978)**
数据来源:Wind 经济数据库。

此外,由于政府主导城市资源配置,国有企业普遍实施低工资政策,城市服务业发展严重停滞甚至出现倒退。1952—1977年,中国服务业增加值在 GDP 中的占比不升反降,下降了近4个百分点(见图2.3)。

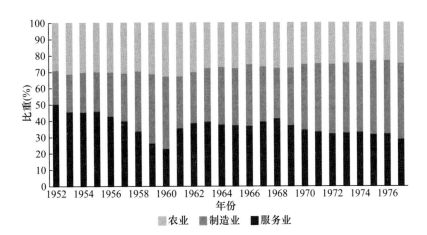

图 2.3　中国产业结构变动情况（1952—1977）
数据来源：Wind 经济数据库。

## 第二节　强政府、弱市场：经济转轨与就地城镇化（1978—1991）

1978 年，中国开启了改革开放进程。始于农村的家庭联产承包制改革（专栏 2-1）有效解决了农民生产激励不足的问题，农业生产效率大幅度提升，粮食产量迅速增加，既释放出大量农村剩余劳动力，也为其就地从事非农产业提供了必要的食物保障。

**专栏 2-1**

**家庭联产承包责任制**

家庭联产承包责任制是中国农民对政府直接主导农业生产的自发性变革，是为了解决计划经济体制下农民从事农业生产的激励不足问题。在计划经济体制下，政府主导农业生产决策与过程，农民实际上是政府的农业产业工人。但是由于农业劳动难以监督，农民的劳动付出与收获很难有效挂钩，农民失去激励，积极性不高，农业生产长期处于低效率状态。家庭联产承包责任制通过将集体所有的土地承包给个体的农民，实现农民个体付出的劳动与所得之间的良好对应，本质上是政府直接配置农业生产要素的模式从农业生产过程中退出。农民多劳多得，得到了有效激励。

由于恢复高考政策等因素，大量城市人口从农村返回，城市新增劳动力就业压力很大，也推动政府进行经济体制改革，利用市场机制来鼓励引导城市个体经济的发展，允许其从事修理、服务、餐饮、手工业等，尽可能多地提供城市就业岗位。到1979年年底，中国城市个体工商户就达到了31万户，比1978年增长了一倍多，1980年再次翻一番多，达到81万户（李晓西，2008）。中央政府还要求各地政府对城市个体户在场地、货源、资金、税收、市场管理等方面提供必要的支持（专栏2-2）。

### 专栏 2-2

## 政府对城市"非正式就业"个体户的政策支持

城镇非农业的个体经济，是指城镇非农业人口个人经营的各种小型的手工业、零售商业、饮食业、服务业、修理业、非机动工具的运输业、房屋修缮业等。国家鼓励和支持待业青年经营那些群众需要而国营和集体企业未经营或经营不足的行业，以发挥其拾遗补阙的作用。各地政府和有关部门对于发展个体经济所需的铺面、网点、场所、摊位，应当统筹规划，积极安排。允许个体经营户采取多种多样的经营方式，如来料加工、自产自销、经销代销、摆摊设点、走街串巷、流动售货等。政策允许自由购销的一些鲜活商品、农副土特产品，个体经营户可以在规定经营范围内从事城乡运销，但不准从事批发活动。个体经营户所需资金，自筹不足的，当地政府和有关部门可以设法帮助筹措；资金周转有困难的，可以向银行申请贷款。

为了鼓励个体经营户从事社会急需而又紧缺的修理、加工、饮食和服务业，国家在税收方面可酌情给予适当减免。广大群众需要但经营确有困难和盈利微薄的，可以申请免税。国家保护个体经营户的正当经营、合法收益和资产。

资料来源：国务院，1981. 国务院关于城镇非农业个体经济若干政策性规定[EB/OL]. (1981-07-07) [2023-04-05]. http://fgcx.bjcourt.gov.cn：4601/law?fn=chl005s154.txt&dbt=chl.

从政府与市场的关系来看，这个阶段可称为"强政府、弱市场"，即政府仍然垄断上游的能源、重化工行业，但放松了对下游的消费品等轻工业的管制，城市非正式部门与轻工业市场首先发展起来（图2.4）。中国开始发挥劳动力丰富的比较优势，众多劳动力密集的行业创造了大量的就业机会与收入，既提高了行业生产能力，也使得收入增加后的城乡居民对社会消费品需求逐步上升。与苏联、东欧国家同时解除产业上下游管制、全面推动私有化的做法不同，这一时期的中国政府与市场关系的变革呈现出渐进式的双轨制特征，市场配置资源的范围和作用不断扩大，但并没有完全取消国家配置资源的计划体制，市场力量总体不强。

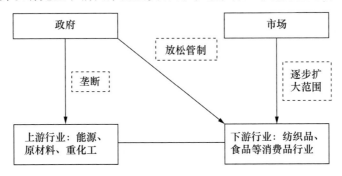

图 2.4　经济转轨时期的政府与市场关系

在经济转轨期,中央和地方政府的财政体制还一度实行过"分灶吃饭",即中央政府与地方政府签订财政承包合同,约定地方政府向中央政府上缴的财政收入总额,其余部分归地方政府所支配,这一制度极大调动了地方政府发展经济的积极性。因此,除了扶持本地企业,县及县以上的政府大办地方国有企业,特别是设立生产如自行车、电视机、摩托等消费品的装配线,而乡镇政府则大办乡镇、村集体所有制企业(专栏2-3)。这些政府所属的企业税收和利润都成为财政收入的一部分。各地为获取本地财源,往往禁止外地产品进入,且热衷于发展纳税多、利润高的产业,诸如小酒厂、小烟厂之类的企业遍地开花。因此,经济转轨期的政府,既是上游能源、重化工产业的垄断者,也是包括部分乡镇企业和城市轻工业国有企业的所有者,还是新兴的私营企业的征税者。

### 专栏 2-3

## 经济转轨期的乡镇企业

改革开放以后,一方面,家庭联产承包责任制的全面推行使农民的生产积极性及劳动热情空前提高,农业生产迅速增长,为非农产品的发展提供了良好的物质条件;另一方面,农业劳动生产率的迅速提高又使大量农村劳动力从土地的束缚中解放出来,迫切需要大力发展非农产业予以吸收。

在这种情况下,从1978到1983年,社队企业在全国各地广泛地兴办了起来。到1983年,社队企业共吸收农村劳动力3 235万人,比1978年增长14.4%;总产值从1978年的493亿元增加到1983年的1 017亿元,年均增长速度为21%。与此同时,农村个体、联户办企业也悄然兴起并逐渐发展壮大。1984年中央4号文件将社队企业正式改称为乡镇企业,对家庭办和联户办企业及时给予了充分的肯定。国家对乡镇企业采取了更加积极扶持的政策，企业在组织生产、产品销售等方面获得了较大的自主权，乡镇企业进入了第一个全面发展的高峰期。1986年、1987年仅用2年的时间，就超额完成了"七五"计划的产值目标。到1988年企业个数达1888万个，从业人数达9546万人，总收入达4232亿元，4年间乡镇企业数平均每年增长52.8%，从业人数平均每年增长20.8%，总收入平均每年增长58.4%。

乡镇企业的发展对充分利用乡村地区的自然及社会经济资源，促进乡村经济繁荣和人们物质文化生活水平的提高，改变单一的产业结构，吸收数量众多的乡村剩余劳动力，以及改善工业布局、逐步缩小城乡差别和工农差别都具有重要意义。

资料来源：国家统计局，2020. 乡镇企业异军突起［EB/OL］. （2020-06-05）［2023-04-05］. http：//www.stats.gov.cn/zt 18555/ztfx/xzg50nxlfxbg/202303/t20230301_1920 444.html.

---

这一时期的城镇化以农民"离土不离乡"的就地城镇化为主，农民离开了耕作的土地，但仍然在乡村从事非农产业，加上地方保护主义严重，跨区域的城乡人口流动并不普遍，城镇化尚未成为经济增长的主要动力。城市激活市场与新增的轻工业国有企业，以吸纳从农村地区返回的城市人口与城市本地的新增劳动力为主。大量农业剩余劳动力主要依靠生产消费品等轻工业产品的乡镇企业来吸纳，形成了这个阶段特有的就地城镇化模式。如图2.5所示，1978—1991年，中国的城镇化率从17.92%提升到26.94%，农村劳动力转移数量由3298万人增长到10623万人，农村非农就业人数从3150万人增长到8906万人。

为提高城市经济的发展活力，政府适当放松了小城市、小城镇的户籍限制，允许"自理口粮"的农村人口进城。这些进城的农民并不享受城市政府的粮食和食品供应，需要自己解决吃饭问题，小城镇中

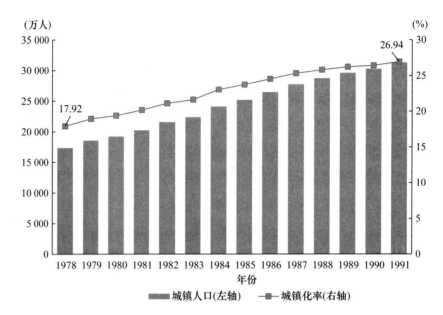

**图 2.5　中国城镇化率变动（1978—1991）**
数据来源：Wind 经济数据库。

还集聚了大量户口未迁入的流动人口。东南沿海的不少地方，农民开始尝试自筹资金建设小城镇。比如，浙江省温州市龙港镇的农民自筹资金建房，乡镇企业集资建设城镇投资基础设施，推动镇区建设快速发展，成为中国著名小城镇。

总的来看，1978—1991 年，中国城乡二元体制没有根本取消，政府与市场职能交叉模糊。这一时期的城镇化进程中，许多企业承担了本应由政府承担的职责。这一转轨时期的特定现象，与短缺经济的时代大背景密切相关。一旦告别短缺，地方政府大办国有企业、乡镇企业就不再有利可图，政府的职能将转变成为企业提供服务并收取税收的发展型政府，政府承担的基础设施建设职能优势将逐步凸显，城乡人口的跨区域大规模流动也将加速。

## 第三节　强政府、大市场：地方竞争、园区工业化与城镇化提速（1992—2012）

20世纪90年代以来，中国逐步告别短缺经济。特别是1992年邓小平南方谈话以后，中国确定了建立社会主义市场经济体制的目标，新一轮市场化改革开始提速，产品市场竞争日益激烈。这些变化迅速压缩了地方国有企业和乡镇企业的发展空间，政府不得不通过改变这些企业的经营管理制度将其推向市场。政府从国有企业的所有者与征税者的双重角色向征税者的单一角色转变。

20世纪90年代后期以来，地方政府特别是沿海地区的地方政府，开始大规模建设工业开发区。地区间招商引资竞争日益激烈，通过政府补贴工业用地与加强园区基础设施建设，再叠加劳动力低成本优势，中国制造业进入大发展时期。2001年中国加入世界贸易组织（WTO）以后，逐步成为"世界工厂"，为全世界提供大量制造业产品。政府间财政关系的改革进一步影响了政府与市场关系的调整，土地与房地产制度的市场化改革释放了增长活力，城镇化成为经济增长的引擎，城市面貌与居民住房条件显著改善。

从政府与市场的关系来看，这一时期最显著的变化就是政府从国有企业的所有者向企业的征税者与服务者转变，但政府仍是强政府，工业化与城镇化进程仍然被地方政府所主导。1994年中央政府推行的分税制改革，深刻影响了政府与市场的关系。分税制大幅提高了中央政府的财政收入，但中央和地方政府间支出责任的划分没有太多变化。20世纪90年代中后期以来的地方国有和乡镇企业大规模改制、重组和破产，大幅增加了社会保障支出的压力。收入上移和支出责任的增加，迫使地方政府不得不全力增加本地财源。除了强化新税制下对属于地方独享税的营业税、所得税的征收，地方政府开始通过大规模招商引资来争夺制造业投资，同时积极寻找以土地出让、各种行政事业性收费为主体的预算外收入来源。

在这一阶段，地方政府在经济发展中所扮演的角色逐渐从地方国有、乡镇企业的所有者转变为本地企业的征税者。作为税收征收者，地方政府必须为所有潜在制造业纳税者（包括民营与外资企业）提供基础设施等公共服务。相比于原先那种地方政府所有、必须在本地生产并作为地方政府财源的国有、乡镇企业，民营和外资企业有更大的流动性和根据各地政府提供的优惠投资条件来选择投资地的主动性，从而导致为扩大地方税基而争夺外来投资的激烈地区竞争。

这一时期的城镇化模式也发生重大变化，从前一阶段"离土不离乡"的就近城镇化模式向劳动力跨区域大规模流动的城镇化模式转变。当时的中国土地制度安排规定了"农村土地归集体所有、城市土地归国家所有"，这使得城市建设只能在国有建设用地上进行，当城市扩张需要占用农村土地时，则由地方政府征地。垄断的征地权赋予了地方政府很大权力。土地成为地方政府主导城镇化与经济发展的工具。中国政府呈现出典型的发展型政府特征[1]。为吸引社会投资，地方政府主导的工业园区进行"三通一平"[2]等配套基础设施投资，制定各种优惠政策招商引资（专栏2-4）。基础设施齐全的工业用地仅以名义价格，甚至是所谓的"零地价"长期出让给投资者（一般是30年）。开发区在全国遍地开花，几乎每个县级行政单位都至少有两个开发区。在较发达的县市，大部分乡镇都设有开发区或所谓的"城镇工业功能区"。从乡镇企业脱离出来的农村劳动力涌向东南沿海的开发区，出现了"离土又离乡"的民工潮（周飞舟等，2018），即大量农民离开乡村，前往城市打工。制造业发展对服务业发展产生了强大的溢出效应，尤其

---

[1] 发展型政府具有如下特征：第一，政府具有持续的发展意愿；第二，政府具有很强的"国家自主性"（state autonomy），独立自主地制定出具有前瞻性的发展战略；第三，合作式的政商关系，即政府与商界保持紧密的统合主义（或法团主义）合作关系；第四，国家与市场的相互依赖，即政府有能力、有渠道动员经济资源（例如信贷）并改变其配置方向，从而有效地落实产业政策（顾昕，2013）。

[2] "三通一平"即通水、通路、通电和土地平整。

是1998年中国住房制度市场化改革后房地产业高速发展，地方政府虽然在工业用地出让上蒙受了一定损失，但通过高价"招拍挂"出让商业和住房用地获得了超额收益，房地产业逐步成为国民经济的支柱产业。

### 专栏2-4

### 江苏省昆山市政府为企业提供"保姆式服务"

紧邻上海的江苏省昆山市，是中国最发达的县级市之一。政府为招商引资，为企业提供"保姆式服务"。第一，优化政策环境，要求各级干部都要有当好"保姆"的观念，对外来投资经营者做到"有事即办、急事快办、特事特办、难事帮办"。第二，优化法治环境，"让经营投资者怎么安心怎么办"。特别提出要使外资企业"社会上有地位、政治上有荣誉、经济上有实惠、法律上有地位"。第三，优化人文环境，"让经营投资者怎么舒心怎么办"。进一步完善昆山生活娱乐设施，兴建了4个高尔夫球场，开设了400多家酒吧，建立了新昆山人家园，为外来投资者打造舒心环境。第四，优化服务环境，"让经营投资者怎么开心怎么办"。在创造优质服务环境中，昆山逐步建立健全了外商投资项目审批一条龙服务体系、项目在建设过程中的全方位服务体系、企业开工投产后的经常性服务体系、安全舒适的环境体系等四个服务体系，提出无微不至的"保姆式服务"、随叫随到的"宾馆式服务"、责权利相统一的"契约式服务"、项目联系人维持不变的"终身服务制"。设立了园区中小企业服务中心，推行全国唯一的授权审批模式，即所有审批业务授权给一站式服务机构，业务受理权、签字权、公章三同步。

资料来源：招商引资经典9方法！[EB/OL]. (2018-12-19) [2022-09-25]. https://www.sohu.com/a/283088034_100010904.

与早期的工业化国家城镇化进程中基础设施滞后于产业发展与人口集聚不同，中国由政府而非市场主导土地要素配置的特定安排，使得城市建设尤其是公共基础设施得以"先行"甚至远远超前。地方政府以"土地财政"为支撑，尤其是以未出让土地（主要是储备商住用地）为抵押，搭建地方政府投融资平台筹集资金，为城镇化基础设施建设融资。土地抵押贷款为地方融资平台公司运营开发区的基础设施投入、开发园区发展等发挥了重要作用，甚至房地产企业也从经营性土地抵押中获得了开发所需的资金。贷款的偿还除了依靠项目本身产生的收益（基础设施等公益性项目的收益很低），更主要是通过开发区招商引资，带动当地工业、商业的发展，通过未来土地相关税收和土地增值带来的土地出让收入来获得收益（见图2.6）。

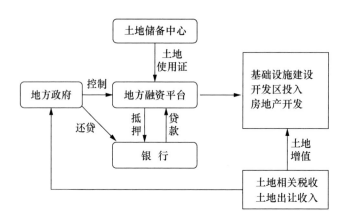

**图 2.6　用土地资本化撬动城镇化建设**
资料来源：陶然等（2013）。

随着人口跨区域流动加速，中国城镇化进程显著加快。每年从农村向城市迁移的人口超过1500万，城镇化率从2000年的36.22%上升到2012年的53.1%，2012年城镇人口达到7.12亿，但城镇户籍人口大概只有3.7亿（3.4亿农村户籍人口已被统计为城镇人口，但尚未获得城镇户籍）。由于土地资本化撬动的城镇基础设施超前建设，中国城市扩张速度明显加快。城镇人口增长速度显著慢于城市空间扩张速度，2000—2012年中国城镇人口年均增长率为3.7%，城市建成区面积却以年均6.1%的速度进行扩张，城市建设用地面积年均6.3%的增长率也超过城镇化率提升速度（见图2.7）。城镇建设用地迅速扩张，主要表现在以工业开发区为主体的工业用地，以交通、市政用地为主的基础设施用地，以及为既有城市居民改善住房的房地产用地这三类用地的同步扩张。

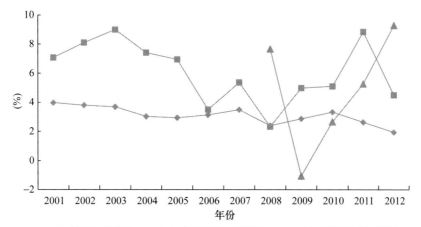

**图 2.7　中国城镇化率、城市建成区面积、城市建设用地面积增速（2001—2012）**
数据来源：Wind 经济数据库，其中 2001 年至 2007 年城市建设用地面积数据缺失。

地方政府的主导以及市场力量的推动导致城镇空间快速持续扩张，也引起中央政府对于城市发展占用农地并进一步影响粮食安全的忧虑。考虑到市场力量没有动力在城市扩张进程中保护农田，中央政府基于大国粮食安全的考虑，在这一阶段建立了"世界上最严格的耕地保护制度"，划定了18亿亩的耕地红线（专栏2-5）。1994年开始，中国实施基本农田保护政策。2008年，中央政府进一步提出"永久基本农田"概念，即无论什么情况下都不能改变其用途，不得以任何方式挪作他用的基本农田。到2017年9月，全国永久基本农田划毕，保护面积高达15.5亿亩。其中，城市周边新划入3135万亩，平均保护比例从45%上升到60%；水田、水浇地面积占48%。2019年8月新修订的《土地管理法》继续强化了永久基本农田管理。其中第34条规定，永久基本农田落实到地块，纳入国家永久基本农田数据库严格管理，乡（镇）政府将永久基本农田的位置、范围向社会公告，并设立保护标志。

## 专栏 2-5

### 为什么中国要划定18亿亩耕地红线？

在高速城镇化阶段，中国政府建立了"世界上最严格的耕地保护制度"，并划定18亿亩的耕地红线，主要是基于以下两点考虑：一是中国的粮食安全战略。早在20世纪90年代，美国学者Lester Brown就提出"谁来养活中国"的疑问，声称中国必将出现粮食短缺，并引发世界性的粮食危机。这一关切显然加深了中国政府对粮食安全的顾虑。中国政府认为粮食安全不能寄希望于国际市场，而应坚持粮食基本自给，中国领导人提出"中国人的饭碗要牢牢地端在自己手上"。这意味着，要严格控制耕地的非农化。加之当时农村乡镇企业遍地开花，农民盖房也侵占大量耕地，促成了中央政府实施"世界上最严厉的耕地保护制度"，并将其上升为基本国策。二是应对中国的人口高峰。18亿亩耕地红线，是根据到2030年左右16亿人的人口高峰测算的。根据联合国粮食及农业组织的研究，养活16亿人至少需要18.5亿亩耕地。这是把保证粮食基本自给的耕地红线定在"18亿亩"的重要依据。

资料来源：课题组根据公开资料整理。

## 第四节　强政府、强市场：迈向以人为核心的新型城镇化（2013年至今）

在长期高速增长阶段后，2013年以来中国经济增速开始回落，进入产业升级、结构调整的新常态，城镇化进程也进入速度放缓的中后期。"强政府、大市场"时期，地方政府相对忽视了由农村进入城市就业的农村转移人口的公共服务需求，这进一步加剧了城乡二元分割体制。仍然严格的户籍制度阻碍了劳动力自由流动，尤其是城市流动人口不能享受与拥有城市户口的家庭同等的城市公共服务，加上城市房价上涨较快，导致流动人口家庭难以实现永久迁移和完全融入城市。此外，农村的留守儿童、妇女和老人问题也日益突出。

中央政府意识到这一问题的严重性，在政府与市场关系安排上提出"必须更加尊重市场规律，更好发挥政府作用"。政府与市场形成合力，呈现出"双强"格局，并及时调整城镇化政策，2014年提出"以人的城镇化为核心"（专栏2-6），加快补齐公共服务短板，进一步改革户籍制度，降低户籍制度对劳动力流动的阻滞，扩大非户籍常住人口享有城市公共服务的范围，提升城镇化质量。与此同时，为充分发挥大城市的集聚效应，政府制定了一系列前瞻性的战略规划，相继提出了主体功能区、自由贸易区、城市群发展战略，优化城镇化空间格局，提高城镇化效率和城市包容性。

**专栏 2-6**

### 走向新型城镇化

《国家新型城镇化规划（2014—2020年）》提出，中国城镇化必须进入以提升质量为主的转型发展新阶段。城镇化发展方式由速度型向质量型转型，意味着改变以往主要依靠劳动力廉价供给、土地资源粗放消耗、非均等化基本公共服务压低成本等来推动城镇化快速发展的模式，紧紧围绕全面提高城镇化质量，以人的城镇化为核心，有序推进农业转移人口市民化；以城市群为主体形态，推动大中小城市和小城镇协调发展；以综合承载能力为支撑，提升城市可持续发展水平；以体制机制创新为保障，通过改革释放城镇化发展潜力，走以人为本、优化布局、生态文明、文化传承的中国特色新型城镇化道路。

资料来源：中共中央、国务院，2014. 国家新型城镇化规划（2014—2020年）[EB/OL].（2014-03-16）[2023-03-23］. http：//www.gov.cn/gongbao/content/2014/content_2644805.htm.

从政府与市场的关系来看，这一阶段最突出的变化是政府的角色向公共服务提供者转变，即建立服务型政府。政府依然为企业提供优惠的工业用地以及税收优惠，并且开始注重解决城镇化进程中新市民的公共服务问题。由于公共服务的非排他性、信息不对称以及外部性特征，以价格机制为核心的市场体制难以使新市民的公共服务供给达到最优，存在市场失灵。同时，流动人口多的地方政府在提供公共服务方面仍然以面向户籍人口为主，缺乏为流动人口提供公共服务的激励与财力保障。针对上述困局，中央政府通过推动流动人口落户数量与新增建设用地指标数量、财政转移支付水平等相挂钩的办法，为地方政府公共服务均等化提供激励。以"人地挂钩"政策为例，首先是城乡之间"人地挂钩"，即城镇建设用地指标的增加规模与吸纳农村人口进入城市定居的规模挂钩；其次是地区之间"人地挂钩"，即城镇化地区建设用地指标的增加规模与吸纳外来人口定居的规模挂钩（专栏2-7）。中央政府通过建设用地指标的倾斜配置激励地方政府为新市民提供公共服务。

## 专栏 2-7

### "人地挂钩"政策的出发点和主要内容

2016年,原国土资源部等五部委共同发布《关于建立城镇建设用地增加规模同吸纳农业转移人口落户数量挂钩机制的实施意见》,"人地挂钩"机制初步形成。主要内容:一是差别化的用地标准,按照超大城市、特大城市、大中小城市和小城镇协调发展的要求,实行差别化进城落户人口城镇新增建设用地标准①人均不超过100平方米,各省可根据实际情况在上下10%的范围内进行微调。二是规划统筹管控,要求各级土地利用规划编制时特别考虑进城落户人口数量和流向,科学测算和合理安排城镇新增建设用地规模。原有用地规模确实无法满足进城落户人口用地需求的,可对土地利用总体规划进行适当调整。三是用地计划安排,上一年度进城落户人口数量将影响到本年度的建设用地计划安排,城市土地供应中也会向进城落户人口倾斜,保障其基本公共服务。四是允许进城落户人员自愿有偿退出农村宅基地,促进农村土地利用效率提升。

据不完全统计,中央政府专门拿出1200万亩新增建设用地指标用于1亿农业转移人口落户城镇,约占2015—2020年的3900万亩新增建设用地总指标的1/3。按以往规划编制方法,中国农村流动人口的用地计划是按照城镇人均建设用地标准的60%来安排,1亿农村流动人口用地约为720万亩,土地供应能够保障"人地挂钩"政策的实施。河南、重庆等地进行了城乡之间、地区之间"人地挂钩"试点,并出

---

① 根据《国家新型城镇化规划(2014—2020年)》提出的人均城镇建设用地控制目标,综合考虑人均城镇建设用地存量水平等因素,确定进城落户人口新增城镇建设用地标准为:现状人均城镇建设用地不超过100平方米的城镇,按照人均100平方米标准安排;在100~150平方米之间的城镇,按照人均80平方米标准安排;超过150平方米的城镇,按照人均50平方米标准安排。超大和特大城市的中心城区原则上不因吸纳农业转移人口安排新增建设用地。

台了相应配套政策。重庆多部门联动以确定区县吸纳转移落户人口的数量，差异化配置规划计划指标，将增加的城镇建设用地规划计划指标细化到各业各类用地需求上，并按年度进行核算与调剂。

2019年，中央进一步提出"在安排各地区城镇新增建设用地规模时，进一步增加上年度农业转移人口落户数量的权重，探索落户城镇的农村贫困人口在原籍宅基地复垦腾退的建设用地指标由输入地使用"，鼓励贫困人口带着指标进城。

资料来源：课题组根据公开资料整理。

这一时期，中国政府采取了一系列政策措施，城镇化质量与效率显著提升。**首先，政府进一步放权，户籍制度改革加速，公共服务短板逐步补齐，促进了城乡要素流动，大城市以外的中小城市的户籍限制基本消除**。2014年7月，国务院出台《关于进一步推进户籍制度改革的意见》，指出进一步调整户口迁移政策，统一城乡户口登记制度。随后各地分别出台了具体的户籍改革方案。2016年9月，中央政府印发《推动1亿非户籍人口在城市落户方案》，提出建立进城落户农民"三权"[①]维护和自愿有偿退出机制，将进城落户农民完全纳入城镇住房保障体系（专栏2-8）。2018年7月，中共中央办公厅、国务院办公厅印发《关于建立健全基本公共服务标准体系的指导意见》，进一步提出建立健全基本公共服务标准体系，明确中央与地方提供基本公共服务的质量水平和支出责任，以标准化促进基本公共服务均等化、普惠化、便捷化，到2035年总体实现基本公共服务均等化。

---

① "三权"指进城落户农民的农村土地承包权、宅基地使用权和集体收益分配权。

专栏 2-8

## 中国推动 1 亿非户籍人口在城市落户方案

2016 年 9 月，国务院办公厅印发《推动 1 亿非户籍人口在城市落户方案》，提出 2016—2020 年，户籍人口城镇化率年均提高 1 个百分点以上，年均转户 1 300 万人以上。到 2020 年，全国户籍人口城镇化率提高到 45%，各地区户籍人口城镇化率与常住人口城镇化率差距比 2013 年缩小 2 个百分点以上。主要政策措施如下：

第一，全面放开放宽重点群体落户限制。除极少数超大城市外，全面放宽农业转移人口落户条件。以农村学生升学和参军进入城镇的人口、在城镇就业居住 5 年以上和举家迁徙的农业转移人口以及新生代农民工为重点，促进有能力在城镇稳定就业和生活的农业转移人口举家进城落户。省会及以下城市要全面放开对高校毕业生、技术工人、职业院校毕业生、留学归国人员的落户限制。省会及以下城市要探索实行农村籍高校学生来去自由的落户政策，高校录取的农村籍学生可根据本人意愿，将户口迁至高校所在地；毕业后可根据本人意愿，将户口迁回原籍地或迁入就（创）业地。

第二，调整完善超大城市和特大城市落户政策。超大城市和特大城市要以具有合法稳定就业和合法稳定住所（含租赁）、参加城镇社会保险年限、连续居住年限等为主要依据，区分城市的主城区、郊区、新区等区域，分类制定落户政策，重点解决符合条件的普通劳动者落户问题。户籍人口比重低的超大城市和特大城市，要进一步放宽外来人口落户指标控制，加快提高户籍人口城镇化率。

第三，调整完善大中城市落户政策。大中城市均不得采取购买房屋、投资纳税等方式设置落户限制。城区常住人口 300 万以下的城市不得采取积分落户方式。大城市落户条件中对参加城镇社会保险的年限要求不得超过 5 年，中等城市不得超过 3 年。

资料来源：国务院办公厅，2016. 国务院办公厅关于印发推动 1 亿非户籍人口在城市落户方案的通知（国办发〔2016〕72 号）[EB/OL]．（2016-09-30）[2023-04-11]. http：//www.gov.cn/zhengce/content/2016-10/11/content_5117442.htm.

2016 年，中国居住证制度开始全面实施，就业、社保、医疗等公共服务已经与城镇户籍脱钩，常住流动人口可以持有居住证享有居住地教育、就业等公共服务。2019 年，有意愿未落户的常住人口可全部持有居住证。北京、上海、广州、深圳等特大城市还明确了居住证持有人通过积分等方式落户的通道。流动人口与本地人口享有的基本公共服务呈现出不断缩小的趋势，表 2.1 显示了西部某省会城市居住证享有的服务与便利。

表 2.1　西部某省会城市居住证享有的服务与便利

| 类别 | 内容 |
| --- | --- |
| 享有的服务 | 平等享有劳动就业权利，依法参加社会保险，缴存、提取和使用住房公积金，接受义务教育，基本公共就业服务，基本公共卫生服务，计划生育服务，公共文化体育服务，法律援助，办理我市《敬老优待证》并享有同等的优待政策，参加居民委员会选举和享受其他法律服务以及国家规定的其他基本公共服务。 |
| 享有的便利 | 在居住地享受按照国家有关规定办理出入境证件，换领、补领居民身份证，机动车登记，申领机动车驾驶证，报名参加职业资格考试、申请授予职业资格，办理生育服务登记和其他生育证明材料，民办养老机构提供养老服务，企业、个体工商户注册登记，就业，消费维权，商标申请，评优，股权出质、动产抵押、商标质押以及国家规定的其他便利。 |
| 未来逐步享有的服务与便利 | 中等职业教育资助、就业扶持、住房保障、养老服务、社会福利、社会救助、居民委员会选举、人民调解员选聘、随迁子女在当地参加中考和高考的资格及办理婚姻登记等公共服务和便利。 |

其次，一直由政府主导配置的土地要素市场化程度有所提升，集体建设用地进入市场取得较大突破。中共十八届三中全会提出，建立

城乡统一的建设用地市场,"在符合规划和用途管制前提下,允许农村集体经营性建设用地出让、租赁、入股,实行与国有土地同等入市、同权同价"。2017年7月起,集体建设用地可以被用来建设租赁住房。2018年12月通过的《土地管理法(修正案)》删去了原《土地管理法》中关于从事非农业建设使用土地的,必须使用国有土地或者征为国有的原集体土地的规定。对土地利用总体规划确定为工业、商业等经营性用途,并经依法登记的集体建设用地,允许土地所有权人通过出让、出租等方式交由单位或者个人使用。与过去地方政府完全主导土地市场相比,上述改革放开了集体建设用地直接进入工业、商业用地市场的途径,也允许集体建设用地建设租赁房,使在城镇化进程中至关重要的土地要素市场化得以提速。2018年12月,北京市大兴区出让3块集体建设用地,用于共有产权住房建设,意味着集体土地开始进入政策性住房的土地供应体系。

与此同时,中国政府在城镇化进程中更加重视保护农民权益,积极推动征地制度改革。2019年8月新修正的《土地管理法》,首次对公共利益进行了界定(见表2.2),增加了征地前置程序并提高了补偿标准,突破了按照原用途补偿的方式,以区片综合地价代替年产值倍数法,提高了土地增值收益中农民的分享比例。

表2.2 新《土地管理法》征地制度改革突破

| 突破方向 | 具体内容 |
| --- | --- |
| 首次界定公益用地范围 | 军事和外交、政府组织实施的基础设施、公共事业、扶贫搬迁和保障性安居工程建设需要以及成片开发建设六类。 |
| 增加前置程序 | 将原来的征地批后公告改为征地批前公告,多数被征地的农村集体经济组织成员对征地补偿安置方案有异议的,应当召开听证会修改;征地报批以前,县级以上地方政府必须与拟征收土地的所有权人、使用权人就补偿安置等签订协议。 |
| 提高补偿标准 | 以区片综合地价取代原用途补偿法,增加农村村民住宅补偿费用和将被征地农民社会保障费用。 |

资料来源:课题组整理。

最后，在新的发展阶段，政府更加注重城镇化质量，更加注重提升城市集聚效率，而不是继续强调城镇化的速度。2013—2021 年，中国的城镇化率从 54.49% 提高到 64.72%，城镇化速度较上一个时期（1992—2012）有所放缓（见图 2.8）。但得益于政府开始积极提供依靠市场机制不能自发产生的公共服务，城镇化质量提升较快，更多的农村流动人口开始成为城镇居民。

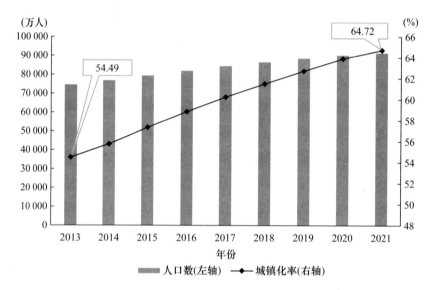

**图 2.8　中国的城镇化率变动（2013—2021）**
数据来源：Wind 经济数据库。

与此同时，中国城镇化空间格局发生重大变化。城市群是在中国城市规模不断扩大、功能不断增强、产业组织不断升级、辐射范围不断扩大的背景下形成的区域形态，是中国城镇化进入中后期阶段的必然结果。2014 年，中国政府在《国家新型城镇化规划（2014—2020年）》中提出促进城市群发展，充分发挥大城市要素集聚能力，释放增长活力。2013 年以来，打造具有竞争力的城市群成为中国城镇化的发展目标和主要模式，国家把城市群作为主体形态，从区域层面加强城镇化进程中的空间优化。从实践看，城市群如果通过好的定价机制来实现有效的水土资源利用、环境保护以及交通流量管理等，就能更好地发挥大城市与特大城市的规模经济与集聚效应，这些城市不仅有经济活力，还有利于节能减排和土地集约利用。从国际经验看，包括美国、英国在内的绝大部分发达国家，即使在工业化之后进入后工业化时代，也仍然出现了人口不断向大城市、特大城市进一步集聚的现象。

## 第五节　中国城镇化进程中处理政府与市场关系的主要经验

中国城镇化是世界城镇化历程中的奇迹，积累了大量经验。其中一条宝贵经验是，从每个城镇化发展阶段面临的现实问题出发，动态调整政府与市场关系。从中国实践看，在政府与市场关系调整中，政府尤其是中央政府占据主导地位，中央政府对地方政府的引导与激励，会进一步带来地方政府与市场关系的重大变化。中国城镇化的快速推进，始终伴随着市场化改革的不断深入。政府渐进放权给市场，确保了市场化进程的平稳推进。这一过程中，政府的作用主要是补齐市场的短板和不足，但绝不是要替代市场的作用，正如中国共产党十九大报告所说的"使市场在资源配置中起决定性作用，更好发挥政府作用"。

### 一、坚持问题导向，动态调整和优化政府与市场的关系

政府与市场都是配置社会资源的方式和手段。政府与市场关系的安排，需要坚持问题导向：市场能够有效配置的要素与提供的产品、服务，应由市场提供；市场无法有效供给的要素、产品和服务，则由政府提供。政府与市场的关系，还需要与特定阶段的比较优势相匹配（见表2.3）。例如，改革开放后，中国城镇化进入快速发展轨道，并成

为经济增长引擎,实际上是重视和发挥了中国劳动力充裕的比较优势,政府把配置资源的权力逐步让渡给市场,积极发展劳动密集型产业,同时政府通过土地要素的倾斜性配置,促进国内产业发展。20世纪90年代后,面对产能过剩,政府从直接开办企业转型为企业提供服务,通过招商引资带来制造业大发展。2013年以来,面对城镇化进程中的公共服务短板,政府开始重视为居民个体尤其是为城镇化做出重大贡献的农民工提供公共服务。

表2.3 城镇化进程中以问题为导向的政府与市场关系安排

| 时期 | 政府与市场关系 | 面临的问题 |
| --- | --- | --- |
| 1949—1977 | 大政府、小市场 | 增强国力,优先发展重工业 |
| 1978—1991 | 强政府、弱市场 | 市场化与城镇化起步,有序扩大市场 |
| 1992—2012 | 强政府、大市场 | 政府为企业提供服务,发展制造业 |
| 2013年至今 | 强政府、强市场 | 政府为居民提供服务,补足市场公共服务短板 |

资料来源:课题组整理。

非洲国家的要素禀赋不同,各自的比较优势也必然存在差异。在政府和市场的关系上,不宜追求统一的模式,而是应该根据其比较优势与发展阶段,以问题为导向,做出相应的安排,并在发展阶段变化后及时动态调整两者的关系。处在城镇化起步阶段(城镇化率低于30%)的国家,其市场机制往往还不健全,应更多地发挥政府的作用,注重城市规划、城镇化基础设施尤其是产业基础设施的建设,从而吸引民间投资和外资进入;处在城镇化加速阶段(城镇化率在30%和70%之间)的国家,则应更多地发挥市场的作用,通过促进市场充分竞争来提高城镇化的活力和包容性,政府的作用要及时转向弥补市场在公共服务提供方面的短板。

## 二、坚持市场化导向,在渐进式改革中逐步增强市场力量

市场化是城镇化的核心动力,城镇化进程应坚持市场化导向。从带动城镇化发展的产业演进规律来看,一般都遵循"轻工业—重化工

业—服务业"的顺序缓慢升级，这是市场配置资源的结果，因为从农业转向非农产业的过程中，剩余的农村劳动力大多进入生产消费品的轻工业，轻工业发展产生一定的资本积累后重化工业得以发展，进而带动生产、生活服务业的发展。我国经历重化工业优先发展的赶超探索后，后期实际上又重新回到了上述的产业演进轨道。改革开放后如雨后春笋般兴起的乡镇企业生产的主要是消费品，轻工业得到了极大发展，并有效地带动了对上游重化工行业的产品需求。但是，城镇化进程中的政府与市场关系改革宜渐进推进，通过政府与市场双轨制的制度安排逐步实现体制外市场化的突破，确保城镇化进程的平稳有序。休克式的政府与市场关系调整模式并不可取，苏联、东欧的休克式转轨导致经济增速快速下滑、城镇化失速，教训不可谓不沉痛。

对于非洲国家而言，市场化也是城镇化的重要推动力，政府的主要作用在于有序地推动市场化，并保障好市场秩序，使得市场的力量能够较好地发挥。对于城镇化水平较低的非洲国家，民间部门在经济发展与城镇化进程中的能力尤其有限，不应简单地将政府与市场视为相互替代的资源配置方式，政府的政策目标应定位于改善民间部门解决城镇化进程中协调失败的问题、提高克服重大市场缺陷的能力，即建设一种"市场增进型"政府，通过政府的力量推动市场的渐进式发展。

## 三、注重发挥工业园区在工业化和城镇化中的作用

一般而言，产业发展是城市增长最主要的动力，多数非洲国家在城镇化进程中都缺乏有效的产业支撑，并未像其他国家一样通过农业生产率和工业化实现城镇化，而是过度依赖非正式部门的扩张。城市的高生产率和规模经济特征并未得到充分体现，城市产业发展缓慢也导致城市对农村的带动力弱。除制度体系薄弱的原因外，非洲国家基础设施大多不完善，产业发展因此受到很大掣肘。根据非洲开发银行

的数据，2050年前，非洲城市中三分之二的基础设施有待投资。[①] 通过发挥政府力量，发挥工业园区在工业化与城镇化进程中的作用，集中建设工业园区，有效吸引投资，促进工业化发展，进而带动城镇化发展，对于非洲国家而言，不失为一个可行的政策选择。

与此同时，考虑到非洲的工业基础设施建设普遍面临资金短缺的挑战，将有限的资金优先用于建设工业园区，并通过园区基础设施的集聚带动产业的集聚，可以更好地发挥政府资金与优惠政策"四两拨千斤"的杠杆作用。工业园区也有利于政府产业政策的实施。政府通过提供土地、税收、金融支持等一揽子政策优惠，可以加速产业的形成与发展壮大，并进一步加速资本积累，为重化工业发展以及城镇化中后期的服务业发展奠定良好的基础。

## 四、政府在城镇化发展中后期积极补上市场短板

城镇化中后期，积极应对城镇化进程中积累的社会矛盾，补上市场无法有效为新市民提供公共服务的短板，平衡区域发展差距，是政府义不容辞的责任。城镇化进程中，市场扩大会带来新的就业机会，吸引农村人口向城市流动，但不会主动也无法有效提供公共服务。如20世纪90年代中国劳动力大规模跨区域流动进入工业园区就业，企业为这些仍然保留农民身份的产业工人提供工作机会与收入，但是不可能为其提供子女就学、住房保障等公共服务，这导致了不完全的城镇化与市民化，不利于新市民定居城市与扩大内需。2012年后中央政府开始推动以人为本的新型城镇化，通过"人地挂钩"等政策激励地方政府补上公共服务短板，提升城镇化的质量。

非洲已经有相当数量的国家进入城镇化发展中后期。但是由于政府的治理能力有限，城市基础设施与公共服务都严重不足，制约了非

---

① 人民网，2017. 城镇化，非洲发展的大趋势[EB/OL]. (2017-03-20) [2023-04-11]. http://house.people.com.cn/n1/2017/0320/c164220-29154777.html?utm_source=UfqiNews.

洲城镇化质量的提升。例如，由于交通基础设施的匮乏，在非洲的城市，无论经商成本还是生活成本均远高于同等收入水平的国家，其中城市商品与服务成本高 30%，家庭生活成本高 20%（党营营等，2018）。在这一阶段，政府如果不能主动补上市场在基础设施与公共服务方面的短板，"城市贫困"将日趋严重，城镇化进程将会受阻，甚至徘徊不前。

## 参考文献

党营营，郭杰，2018. 非洲城市化发展现状与前景［J］. 中国国情国力（03）：28-31.

顾昕，2013. 政府主导型发展模式的兴衰：比较研究视野［J］. 河北学刊，33（06）：119-124.

李晓西，2008. 中国经济改革 30 年：市场化进程卷［M］. 重庆：重庆大学出版社.

林毅夫，蔡昉，李周，2012. 中国的奇迹：发展战略与经济改革. 增订版［M］. 上海：格致出版社.

斯彭斯，安妮兹，巴克利，2016. 城镇化与增长：城市是发展中国家繁荣和发展的发动机吗？［M］. 北京：中国人民大学出版社.

陶然，汪晖，2013. 中国城镇化投融资模式求变［EB/OL］.（2013-03-27）［2022-09-25］. http://naes.cssn.cn/cj_zwz/zt/lhztzjjczysjd/lhztzjjczysjdzjgd/201303/t20130327_4277516.shtml.

周飞舟，吴柳财，左雯敏，等，2018. 从工业城镇化、土地城镇化到人口城镇化：中国特色城镇化道路的社会学考察［J］. 社会发展研究，5（01）：42-64.

United Nations, Department of Economic and Social Affairs, Population Division, 2019. World Urbanization Prospects: The 2018 Revision [R]. New York: United Nations.

# 第三章　中国城镇化进程中的有效政府管理

　　中华人民共和国成立 70 多年来,在中国共产党的坚强领导下,中国城镇化水平显著提高,城市经济社会发展日新月异,可持续发展能力不断增强,市容市貌焕然一新,城镇居民生活幸福美好。2020 年年末,中国常住人口城镇化率超过 60%,比 1949 年（10.64%）提高超 49 个百分点,年均提高约 0.7 个百分点。2018 年年末,中国城市数量达到 672 个,比 1949 年增加 540 个。其中,地级以上城市 297 个、县级市 375 个、建制镇 21 297 个,分别比 1949 年增加 232 个、308 个和近 20 000 个。2017 年,仅地级以上城市地区生产总值就达到 52.1 万亿元,占全国的 63%。70 多年沧桑巨变,中国的城镇化不仅让一个"乡土中国"转变为"城市中国",也避免了其他一些国家城镇化进程中出现的严重社会问题。在此过程中,中国积累了很多成功经验,其中一条重要经验是中国政府对城镇化过程中的人口迁徙、城镇化格局、城市空间等方面实行的科学引导和有效管理。

## 第一节　对城乡人口迁徙的管理：农村人口适时适度向城市转移

城镇化是伴随工业化发展，非农产业在城镇集聚、农村人口向城镇集中的自然历史过程，是个巨大而复杂的系统工程。城镇化的核心是人的城镇化，如何把握好人口转移的节奏非常重要，既要适应人口从低效率部门向高效率部门转移的客观规律，又要避免人口的盲目流动。中国政府适应工业化城镇化的阶段性发展特征，适时改革城乡二元体制，实现人口的有序迁徙。

### 一、形成户籍制度及城乡二元体制（20 世纪 50 年代至 80 年代初）

中国不仅具有一般发展中国家的二元结构，还表现出特有的城乡二元体制。理解中国的城镇化道路，首先要了解这一特殊的二元体制。中华人民共和国成立初期，中国政府为实现赶超目标、集中资源推进工业化，迫切需要农业为工业提供原始积累，先后建立了统购统销制度、户籍管理制度、人民公社制度，并不断强化相关政策，最终形成了中国特色的城乡二元体制[①]（金三林等，2019）。

一是建立统购统销[②]制度，形成二元的商品市场。1951 年国家对棉纱进行统购，1953 年对粮食实行统购，并不断增加统购对象，绝大多数农产品都被纳入统购范围。同时，国家对矿区、城镇人口实行配给制供应。统购统销制度实现了国家对农产品的垄断，城乡商品交换

---

① 在 1956 年以前，中国没有城乡二元的户籍制度，农村居民总体上可以自由进入城市。
② 统购统销是中华人民共和国成立初期的一项控制粮食资源的计划经济政策，统购即计划收购，统销即计划供应。

的市场机制被取代。

二是建立户籍管理制度，形成二元的人口和劳动力市场。为控制农村人口盲目进城，1958年中国颁布了《户口登记条例》，明确将城乡居民区分为"农业户口"和"非农业户口"两种不同户籍，规定农村户籍居民非经政府正式许可不能迁入、进入城市。此后，各种福利制度不断与户籍制度挂钩，使户籍制度成为城乡二元体制的核心制度。

三是建立人民公社制度，形成二元的公共资源配置和基层治理模式。作为社会主义改造的重要一环，农业合作化于20世纪50年代开始兴起。1958年8月，中共中央政治局扩大会议通过《中共中央关于在农村建立人民公社问题的决议》，掀起了各地人民公社化运动的高潮。人民公社对内具有"自给自足"的经济独立性，不仅要组织农民生产、分配，还要承担农村基础设施建设、农村五保户供养、合作医疗等公共服务职能以及社会管理职能；对外具有"万事不求人"的社会独立性，城乡分而治之的格局开始形成。

城乡二元体制的形成，阻止了城乡之间人口的自由迁徙以及要素的平等交换，农村户籍居民除了通过招干、招生、上大学等极少数途径，没有机会迁入城市。20世纪60年代初期到80年代中期，中国的人口城镇化进程基本中断。

## 二、允许农民"离土不离乡，进厂不进城"，客观促进了小城镇发展（20世纪80年代）

改革开放初期，"包产到户"等农村改革大大提升了农业劳动生产率，粮食供应的日益充足，以及乡村工业发展带来的迅速增长的劳动力需求，促使劳动力从农业部门向外转移，共同推动了20世纪80年代中期的人口迁移管理的松动。从1984年开始，国家允许农民自带口粮进城务工。同年，中国社会科学院《社会学通讯》首次把这类农民称为"农民工",随后这一称谓逐渐被广泛使用。

20世纪80年代初期农村人口流动规模很小,流动半径也较小。这一时期,随着农村家庭联产承包责任制的确立,农业生产效率提高,农业劳动力隐性剩余显性化,农民工流动开始产生,但总体上仍处于个别零散状态。

20世纪80年代中期,在国家政策的鼓励下,中国乡镇企业异军突起,数量从1980年的142万家增加到1989年的1868万家,农村人口开始较大规模往乡镇企业流动。1983—1988年,乡镇企业共吸纳农村劳动力6300万人(国务院研究室课题组,2006)。这一时期,大量本地农村剩余劳动力流动到乡镇企业,这种就地转移有力推动了小城镇的发展;跨省流动的农民工人数逐渐增加,但比重较小。

到了20世纪80年代中后期,城市第二、第三产业迅猛发展,产生了对劳动力的旺盛需求,"进厂又进城,离土又离乡"的农民工开始出现。随着沿海地区经济的快速发展,农民工跨省异地就业逐渐增加,但比重仍然较小。1989年,农民工人数为3000万人左右,其中跨省流动的人数约为700万人,占23%。

这一阶段,人口迁移的政策基调是消除农民"离土"的限制,允许农民"离土不离乡,进厂不进城",农民工以就地转移为主,乡镇企业是农民工就业的主要渠道。农民工数量从20世纪80年代初期的200万人左右发展到1989年的3000万人左右,年均增长约50%。

## 三、允许农民跨地区流动和进城就业,农民工开始成为城镇化发展的新兴力量(20世纪90年代)

1992年春,邓小平同志发表了重要的南方谈话,进一步坚定了改革开放的方向,也加快了中国从计划经济体制向市场经济体制转型的步伐。这一阶段,由于乡镇企业发展趋缓,各种限制劳动力跨地区转移的制度逐渐放开,农民得以跨地区流动和进城打工。农民工以跨地区流动为主，城市第二、第三产业成为农民工就业的主要渠道。这一时期的人口流动表现出以下特征。

一是农民工规模迅猛扩张。民营经济迅速发展，外商和港澳台投资快速增长，沿海地区发展尤为迅速。这些非国有经济部门的快速增长产生了巨大的劳动力需求，农民工流动进入了一个高潮期。外出农民工数量从20世纪90年代初期的6 000万人左右发展到21世纪初期的1亿人左右，年均增长15%左右。

二是农民工流动范围扩大，跨省流动比重大幅上升。20世纪90年代，乡镇企业增长放缓，吸纳就业的能力明显下降。受此影响，更多的农村剩余劳动力跨地区流动，农民工流动范围扩大，跨省流动比重大幅上升。1993年，全国跨省流动的农民工比重达到35.5%，2001年又进一步上升到44%，而在县域以内就业的农民工比重下降到1/3以下。

三是农民工流向相对集中。在区域流向方面，主要是从不发达地区流向发达地区。在产业流向方面，95%以上的外出农民工进入城市第二、第三产业。从地域来看，东部沿海地区，尤其是广东、浙江、江苏、北京、上海等沿海发达地区，是农民工流入的主要区域；而中西部地区是主要的流出地，四川、安徽、湖北、湖南、江西、河南等是流出大省。这种流向客观上推动了沿海城市的快速发展。

四是农民工尚难以享受城镇的基本公共服务。尽管农民工在城镇就业，但户籍身份还是农业户口。这一阶段中国的基本公共服务主要由地方财政负担，而且只为户籍人口提供服务，因而农民工很难享有医疗卫生、子女教育等公共服务，以及城市居民的政治权利。

## 四、提升进城农民工公共服务水平，梯度赋予市民权利，农民工成为支撑城镇化发展的主要力量（21世纪初至2013年）

进入21世纪后，中国农民工工作进入了一个重大转折期。中央政府明确了农民工问题是中国全面建成小康社会的核心问题之一，政策基调转向保障进城农民工合法权益和提升基本公共服务水平。2002年，中国政府提出了对农民进城务工就业实行"公平对待，合理引导，完善管理，搞好服务"的方针，2003年以后的历年中央1号文件都对做好农民工工作做出了规定，特别是国务院2006年发布了《关于解决农民工问题的若干意见》，形成了较为完整的农民工工作政策体系。各地区各部门将农民工工作摆在重要位置，重点解决转移培训、权益维护、社会保险、子女入学等农民工最关心、最直接、最现实的利益问题，在推进农民工市民化方面进行了很多有益的探索。

在这一时期，农民工数量总体保持稳定增长。2003—2013年，外出农民工数量从1.14亿人增长到1.66亿人，年均增加520万人左右。如果加上本地农民工（10 284万人），2013年农民工总量达到2.69亿人。尽管受全球金融危机的影响，2008年农民工就业出现较大波动，但很快恢复。从流向看，农民工继续向沿海地区和城市第二、第三产业集中，在服务业就业的比重明显上升，农民工返乡创业开始出现。农民工工资持续快速增长，在城镇享受到的公共服务水平大幅提升，获得的发展红利和改革红利大幅增加。

在这一时期，以农民工为主体的农业转移人口成为支撑中国城镇化发展的主要力量。城镇化水平的提高主要是依靠农业转移人口进城就业，农业转移人口已占到城镇常住人口的1/4以上，农业转移人口增长对城镇化率提高的贡献超过50%。根据第六次全国人口普查数据，2010年按常住人口计算的城镇人口为66 978万人（城镇化率为49.95%），但按户籍人口计算的城镇人口为45 964万人（城镇化率为34.17%），城镇常住人口比城镇户籍人口多21 014万人，这包括

15 335 万外出农民工，约 3 000 万农民工随迁家属子女，其他类型转移人口约 400 万，也包括约 2 000 万本地农民工，农业转移人口使常住人口城镇化率提高了约 15 个百分点。

## 五、改革户籍制度和实施居住证制度，推进农业转移人口市民化，进一步提升城镇化质量（2013 年至今）

党的十八大把新型城镇化作为推进经济结构战略性调整的重要内容，明确提出要加快改革户籍制度，有序推进农业转移人口市民化，努力实现城镇基本公共服务常住人口全覆盖。中共十八届三中全会通过的《中共中央关于全面深化改革若干重大问题的决定》对完善城镇化发展体制机制做出了系统部署，强调要坚持走中国特色新型城镇化道路，推进以人为核心的城镇化，主线是推进农业转移人口市民化，逐步把符合条件的农业转移人口转为城镇居民。党的十九大再次强调，要以城市群为主体构建大中小城市和小城镇协调发展的城镇格局，加快农业转移人口市民化。

2014 年出台的《国家新型城镇化规划（2014—2020 年）》将推进农业转移人口市民化作为新型城镇化四大战略之首，明确了农业转移人口市民化的总目标[①]，并提出了推进符合条件的农业转移人口落户城镇、推进农业转移人口享有城镇基本公共服务、建立健全农业转移人口市民化推进机制三大任务。围绕这三大任务，相关部委先后就户籍制度改革、实施居住证制度、人钱挂钩、人地挂钩、实现基本公共服务向常住人口全覆盖出台了一系列政策措施。国务院 2016 年 2 月印发《关于深入推进新型城镇化建设的若干意见》，进一步要求从两个方面推进农业转移人口市民化：一方面，要落实国务院户籍制度改革意见，为农民落户拓宽渠道；另一方面，要通过居住证制度提高居住证持有

---

① 规划提出，到 2020 年常住人口城镇化率达到 60% 左右，户籍人口城镇化率达到 45%。户籍人口城镇化率与常住人口城镇化率差距缩小 2 个百分点，这意味着到 2020 年需要 1 亿非户籍人口在城市落户。

人的基本公共服务水平。至此,中国农民工市民化的制度体系基本建立,政策环境发生了历史性变化。

在国家不断放宽落户政策的驱动下,这一时期户籍人口城镇化率加快上升。如表3.1所示,2021年户籍人口城镇化率达到46.70%,比2013年提高10.77个百分点,高于常住人口城镇化率10.23个百分点的增幅。常住人口城镇化率与户籍人口城镇化率的差值从2013年的18.56个百分点,缩小到2021年的18.02个百分点。

表3.1 中国城镇化率变化情况(2013—2021)　　　(单位:%)

| 年份 | 2013 | 2014 | 2015 | 2016 | 2017 | 2018 | 2019 | 2020 | 2021 |
| --- | --- | --- | --- | --- | --- | --- | --- | --- | --- |
| 常住人口城镇化率 | 54.49 | 55.75 | 57.33 | 58.84 | 60.24 | 61.50 | 62.71 | 63.89 | 64.72 |
| 户籍人口城镇化率 | 35.93 | 37.00 | 39.90 | 41.20 | 42.35 | 43.37 | 44.38 | 45.40 | 46.70 |
| 两者差值 | 18.56 | 18.75 | 17.43 | 17.64 | 17.89 | 18.13 | 18.33 | 18.49 | 18.02 |

数据来源:Wind经济数据库。

同时,随着中国经济发展进入新常态,经济结构、经济布局出现深刻调整,人口结构和城乡关系出现深刻变化,农民工就业流向也逐步发生变化。基本特征是总量增长继续放缓,本地农民工增长加快,就近就地市民化呈加快发展态势。如表3.2所示,2013—2018年,农民工总数从2.69亿人增加到2.88亿人。其中,外出农民工从1.66亿人增加到1.73亿人,年均增加140万人。[①] 本地农民工年均增长257万人,是外出农民工的2倍左右。本地农民工数量增长,对农民工总数增长的贡献率达到66%,是农民工数量增长的主导力量,也是农民工进城落户的重要贡献力量。

---

[①] 其中2011—2018年,外出农民工增速整体上呈逐年回落趋势,增速分别为3.4%、3.0%、1.7%、1.3%、0.4%、0.3%、1.5%和0.5%。

表 3.2　中国农民工数量变化情况（2008—2021）　（单位：万人）

| 年份 | 农民工总数 | 外出农民工数量 | 本地农民工数量 |
| --- | --- | --- | --- |
| 2008 | 22 542 | 14 041 | 8 501 |
| 2009 | 22 978 | 14 553 | 8 445 |
| 2010 | 24 223 | 15 335 | 8 888 |
| 2011 | 25 278 | 15 863 | 9 415 |
| 2012 | 26 261 | 16 336 | 9 925 |
| 2013 | 26 894 | 16 610 | 10 284 |
| 2014 | 27 395 | 16 821 | 10 574 |
| 2015 | 27 747 | 16 884 | 10 863 |
| 2016 | 28 171 | 16 934 | 11 237 |
| 2017 | 28 652 | 17 185 | 11 467 |
| 2018 | 28 836 | 17 266 | 11 570 |
| 2019 | 29 077 | 17 425 | 11 652 |
| 2020 | 28 560 | 16 959 | 11 601 |
| 2021 | 29 251 | 17 172 | 12 079 |

数据来源：Wind 经济数据库。

# 第二节　对城镇化格局的管理：以城市群推动大中小城市和小城镇协调发展

在城镇化过程中，如何合理布局城镇人口，处理好大中小城市的关系，进而发挥不同规模城市的优势，以及如何确定阶段性发展重点，也是政府管理城镇化的重要内容。中国政府在不同发展阶段提出了相应的发展方针，较好地实现了对城镇化格局的管理。

## 一、鼓励中小城市特别是小城镇发展

早在 20 世纪 50 年代末，中国就提出"城市发展要大中小城市相结合，以发展中小城市为主，要有计划地建设卫星城市作为大城市继续发展的方向"。改革开放以后，中国在一段时间内仍坚持这一方针。

1978年中共中央批准了第三次全国城市工作会议制定的《关于加强城市建设工作的意见》，该意见系统提出控制大城市规模、发展中小城市的目标和方向。1980年，《全国城市规划工作会议纪要》贯彻了这一意见，提出"控制大城市规模，合理发展中等城市，积极发展小城市，是中国城市发展的基本方针"。1984年国务院颁发的《城市规划条例》第一次以行政法规的形式确认这一方针。"八五"计划提出合理发展中等城市和小城市，把中、小城市放到了同等位置。1989年颁布的《中华人民共和国城市规划法》将城镇化方针修改为"严格控制大城市规模，合理发展中等城市和小城市的方针，促进生产力和人口的合理布局"。

20世纪80年代到90年代，中国城镇化的一个鲜明特征是小城镇快速发展。自80年代初中国著名学者费孝通先生提出"小城镇，大问题"这一命题以来，中国领导人肯定了"小城镇，大战略"，此后发展小城镇一直是中国城镇化战略的重要组成部分。中国小城镇在这一时期快速增加，其原因除了超大国家、低收入发展阶段这些客观情况，还有三个因素：一是乡镇企业的异军突起。从1978年到1989年，乡镇企业从业人员数量从2 800多万人上升到6 300多万人。乡镇企业快速发展，促进了农村劳动力就地转移和小城镇的发展，发展小城镇也成为这一时期推进城镇化的主导性政策取向。二是在向开放、统一的市场经济转型的过程中，小城镇受传统经济体制束缚较小，市场化改革和对外开放阻力小，相对中大城市发展会更快一些。三是从经济增长方式看，在主要依靠劳动力等初级要素获取竞争优势的劳动密集型经济的发展中，相对于大城市，农村和小城镇可利用的劳动力、土地相对充裕，具有发展劳动密集型经济的比较优势（蔡昉等，2019）。

同时，小城镇量多面广，具有规模不经济的局限性，导致产业和人口集聚功能弱，对水土资源、生态环境的消耗等"小城镇病"问题也日益突出。为解决这一问题，中共中央、国务院于2000年下发《关于促进小城镇健康发展的若干意见》，提出发展小城镇要遵循"尊重规律，循序渐进；因地制宜，科学规划；深化改革，创新机制；统筹兼顾，协调发展"的原则。《国家新型城镇化规划（2014—2020年）》又提出了"控制数量、提高质量，节约用地、体现特色"的发展方针，要求针对不同类型的小城镇分类施策。大城市周边的重点镇，要加强与城市发展的统筹规划与功能配套，逐步发展成为卫星城；具有特色资源、区位优势的小城镇，要培育成为休闲旅游、商贸物流、智能制造、科技教育、民俗文化传承的专业特色镇；远离中心城市的小城镇，要完善基础设施和公共服务，发展成为服务农村、带动周边的综合性小城镇。特别是2010年以后，随着城乡关系的调整，一些小城镇往专业化方向发展，大量特色小（城）镇不断涌现。截至2018年年底，全国特色小（城）镇共有403个，全国运动休闲特色小（城）镇有62个，国家森林小（城）镇有50个，再加上各地政府创建的省级和市县区级特色小（城）镇，以及市场主体自行命名的特色小（城）镇，特色小（城）镇创建数量有数千个。[①] 很多特色小（城）镇不仅注重产业升级，更关注居民生活品质的提高、完善的设施配置、多元的产业配套，实现生产、生态和生活"三生"融合。

## 二、推动沿海城市和内陆大城市快速发展

进入21世纪以后，中国沿海城市和内陆大城市快速发展，城市数量和人口规模都增长较快。2000年城区常住人口在1 000万人以上的超大城市有2个（上海、北京），城区常住人口500万～1 000万人的特大城市有6个（重庆、广州、天津、武汉、深圳、成都），人口300万～500万人的Ⅰ型大城市有6个，人口100万～300万人的Ⅱ型大城市有105个。到了2010年，超大城市、特大城市与大城市的数量明显增

---

[①] 有些特色小镇，不像传统意义上的小城镇，但仍具备了现代小城镇的基本要素和形态。

加，其中超大城市增加了3个（重庆、深圳和天津），特大城市增加了4个，大城市增加了63个（其中，Ⅰ型大城市增加了17个，Ⅱ型大城市增加了46个）。相反，中等城市和小型城市数量出现下降，特别是Ⅱ型小城市的数量下降明显，从2000年的234个下降到2010年的141个。与此同时，不同规模城市人口占比也发生明显变化。与2000年相比，2010年超大城市与特大城市两类人口占比均有所增加，从14.54%上升到21.26%（其中，超大城市人口占比增长明显，达到了5.5%）。两类（Ⅰ型和Ⅱ型）大城市占全国人口的比例仍然最大，2000年和2010年分别是40.42%和50.26%。其中，Ⅱ型大城市人口占比一直是最大的，2000年和2010年分别为35.06%和37.58%。但中等城市人口占比出现下降，2000—2010年下降了7.17%。Ⅰ型小城市、Ⅱ型小城市与中等城市一样，人口占比均出现下降，降幅分别为5.45%与3.96%（李善同等，2018）。

这一时期，大城市快速发展是中国政府非均衡发展战略和地方政府之间竞争的结果，主要原因有三个方面：

一是沿海沿边开放战略的实施促进了这些地方城市的发展。1979年，中国首次提出开办"出口特区"，同年7月决定在广东省的深圳、珠海、汕头和福建省的厦门建立出口特区，后来又改为经济特区。此后，中国又先后开放沿海城市和沿海省份，进而扩大到沿边和沿江地区。2002年中国加入WTO，沿海沿边地区由于有更好的区位条件和发展基础，工业化进程更快，其城市得以更好地发展。

二是中国的城市行政等级制度决定了大城市能更多地获取资源。在中国，城市划分为直辖市（具有省级管理权限）以及计划单列市（具有副省级管理权限），各省份内部又划分有省会城市、地级市、县级市等。中央政府把较多资源配置在直辖市以及计划单列市，而各省、自治区则把较多的资源配置在省会城市，这直接导致了城市规模的大小及增长速度与其行政等级的高低密切相关。行政等级高的城市，其规模一般较大且增长速度较快；相反，行政等级低的城市，其规模通常较小，增长速度也较慢。因为高行政等级的城市，一方面可以获得更多来自中央政府的资源分配，①另一方面也可利用高行政等级优势，依靠行政手段促使资源由下一行政等级城市流入高行政等级城市，最终提升高行政等级城市的集中程度。

三是城市之间的竞争及市场的力量使大中城市能聚集更多的产业和人口。中国各城市之间，特别是同级别城市之间，具有很强的竞争性，一个城市能否发展主要取决于其在市场竞争中能否获取发展所需要的资源。大城市具有更好的配套基础设施、公共服务和优惠政策，能建设更大规模的工业园区、科技园区、城市新区，吸引更多投资和就业人口。追逐利益最大化的投资者和就业者纷纷涌入这些城市，导致这些城市的集聚效应进一步增强，城市规模快速增长，与小城市的发展差距进一步拉大。

## 三、以城市群为载体推动大中小城市和小城镇协调发展

随着工业化、城镇化和空间一体化的发展，中国逐渐跨入中等收入发展阶段，2000年人均GDP为959美元，常住人口城镇化率达到36.2%，也进入城镇化快速发展阶段。针对此前一段时间日益严重的"大城市病"和"小城镇病"，中国政府对城镇化布局方针进行了调整，日益重视大中小城市和小城镇协调发展。《中华人民共和国国民经济和社会发展第十个五年计划纲要》提出"走符合我国国情、大中小城市和小城镇协调发展的多样化城镇化道路，逐步形成合理的城镇体系"。从"十一五"时期开始强调以城市群为主体形态，促进大中小城市和小城镇协调发展。《中华人民共和国国民经济和社会发展第十二个五年规划纲要》提出"构建以陆桥通道、沿长江通道为两条横轴，以沿海、

---

① 虽然直辖市、计划单列市、副省级市都是由中央直接进行资源再分配的，但中央政府的支持力度是不同的，直辖市最高，其次是副省级市，最后才是其他省会城市。

京哈京广、包昆通道为三条纵轴，以轴线上若干城市群为依托、其他城镇化地区和城市为重要组成部分的城市化战略格局"。《中华人民共和国国民经济和社会发展第十三个五年规划纲要》更进一步提出形成"19＋2"的城市群格局。党的十九大报告指出，"以城市群为主体构建大中小城市和小城镇协调发展的城镇格局"，为新时代推进新型城镇化指明了方向和路径。为了鼓励城市群的发展，中国政府主要采取了以下举措。

一是编制城市群和重点区域发展规划。先后编制了国家级的跨省区城市群规划，以及省域内城市群规划。目前，京津冀城市群、长三角城市群、珠三角城市群、成渝城市群、长江中游城市群等19个城市群规划已基本编制完成，其中跨省区城市群规划均已出台并实施。同时，以城市群为基础，大力推进重点区域发展。2015年中共中央政治局会议审议通过《京津冀协同发展规划纲要》，全力推动京津冀一体化发展。2019年2月中共中央、国务院印发《粤港澳大湾区发展规划纲要》，明确提出将粤港澳大湾区建设成为富有活力和国际影响力的一流湾区和世界级城市群，打造成为高质量发展的典范。同年12月，中共中央、国务院印发《长江三角洲区域一体化发展规划纲要》，对长三角一体化发展进行了顶层设计，要求形成高质量发展的城市集群。

二是大力推进城市群内部交通等基础设施一体化发展。在城市群内部建设以轨道交通和高速公路为骨干，以普通公路为基础，有效衔接大中小城市和小城镇的多层次快速交通运输网络。提升东部地区城市群综合交通运输一体化水平，建成以城际铁路、高速公路为主体的快速客运和大能力货运网络。推进中西部地区城市群内主要城市之间的快速铁路、高速公路建设，逐步形成城市群内快速交通运输网络。同时，推动城市群内供水、供电、供气、供热、排水、第五代移动通信和新一代信息基础设施等合理布局，实现各类管网合理衔接，逐步实现"同城化"管理。

三是重视培育都市圈。随着中心城市辐射带动作用不断增强，城市群内核心城市与周边城市共同参与分工合作、同城化趋势日益明显。中国政府顺应这一趋势，着力促进都市圈发展。2019年国家发展和改革委员会出台《国家发展改革委关于培育发展现代化都市圈的指导意见》，以政策倾斜支持形成以超大或特大城市为核心、一小时通勤范围内的都市圈。培育现代化都市圈已成为中国城镇化发展的重要方向。

目前，中国"19+2"的城市群格局基本形成并稳步发展，核心城市之间以及城市群内部的联系日益紧密，以城市群为主体的城镇化格局不断优化。特别是京津冀、长三角和粤港澳大湾区三大城市群建设正在加快推进，并逐渐成长为世界级城市群。

## 第三节　对城市空间的管理：通过规划实现城市健康发展[①]

规划是实现城市健康发展的重要政策工具。中国政府一方面通过经济社会发展规划、城镇化发展规划对城镇化发展方向、思路、主要目标提出要求，另一方面通过城市总体规划和详细规划对城市发展空间进行合理管控，提升城市建设发展水平。

### 一、通过顶层规划明确城镇化中长期发展方向

关于城镇化的中长期发展方向，主要有两个方面的工作：一是做好城镇化的顶层设计，二是通过国家和地方的五年发展规划对城市发展中期目标任务提出具体要求。

在顶层设计方面，中国先后在1953年、1963年召开了两次中央城市工作会议，中共十八大以后又先后召开了中央城镇化工作会议和中

---

① 中国城市规划设计研究院曹璐高级工程师对本部分提出了重要修改意见。

央城市工作会议,在比较高的层面制定明确城镇化和城市发展的方针政策,提出有关目标任务要求,统筹推进相关配套改革,鼓励各地因地制宜、突出特色、大胆创新。2014年中共中央、国务院印发了《国家新型城镇化规划(2014—2020年)》,成立了推进新型城镇化工作部际联席会议制度,在国务院领导下,统筹推进国家新型城镇化规划实施和政策落实,协调解决新型城镇化工作中的重大问题,提出年度重点工作安排、任务分工。

五年发展规划是中国制定发展战略、指导经济社会发展的重要工具,在中国的五年规划中,城镇化和城市发展也是一项重要内容。如2001年实施的"十五"计划提出"实施城镇化战略",2006年实施的"十一五"规划提出"把城市群作为推进城市化的主体形态",2011年实施的"十二五"规划提出"积极稳妥推进城镇化",2016年实施的"十三五"规划提出"坚持以人的城镇化为核心"等(杨伟民等,2019)。

## 二、适时更新城市规划理念

随着经济发展水平提升和社会主要矛盾的变化,中国城市规划的理念和模式也经历了深刻转型,总体可分为三个阶段:

改革开放前主要是计划驱动型的城市规划。作为国民经济计划的一部分,城市规划是国民经济计划的具体化,以落实工业建设项目以及相关配套设施为主线,将构成城市生产生活环境的工厂、住宅、商店、学校、交通设施以及公园绿地等各项空间建设单元加以合理安排,政府以城市规划为依据,安排城市建设和发展。

改革开放以后30年,中国由计划经济转向市场经济,城市规划理念也逐步转变。随着政府管制的逐步放松,城市土地、建设、劳动力市场逐渐发展起来,政府在城市建设和发展中的作用由全能转向有限。与此相应,作为政府职能的城市规划也由计划指令型转变为指令与指导相结合的宏观规划，重点是对城市开发建设的性质、功能/用途、区位、规模强度、品质和建设时序进行引导和管控。

中共十八大以后，城市规划理念进一步转向满足人民日益增长的美好生活需要，解决发展不平衡不充分问题。中共十八大提出坚持走中国特色新型城镇化道路，推进以人为核心的城镇化。2013年召开的中央城镇化工作会议强调，要以人为本，推进以人为核心的城镇化，提高城镇人口素质和居民生活质量。2015年召开的中央城市工作会议提出，要不断提升城市环境质量、人民生活质量、城市竞争力，建设和谐宜居、富有活力、各具特色的现代化城市，提高新型城镇化水平，走出一条中国特色城市发展道路。2016年2月中共中央、国务院出台的《关于进一步加强城市规划建设管理工作的若干意见》进一步强调，城市规划建设管理工作的总目标是实现城市有序建设、适度开发、高效运行，努力打造和谐宜居、富有活力、各具特色的现代化城市，让人民生活更美好。随着以人民为中心的发展思想的确立，中国城市规划理念也呈现新的特点。① 第一，城市规划以创造优良人居环境为中心。面向现实和潜在的居民，丰富和发展城市间不可移动物的数量、多样性、质量和可及性，提升城市生活品质。第二，更加注重从城乡、区域、全国甚至全球空间互动体系来确定城市发展定位和布局，更加注重上级规划对下级规划的指导。第三，更加注重城市与周边地区、相邻城市、乡村、区域规划的衔接和整合。

## 三、充分发挥城市总体规划的作用

改革开放以来，为了适应市场化和政府职能转变，中国在学习苏

---

① 住房和城乡建设部总经济师杨保军等认为，以人为本、多层级统筹融合是城乡规划一直坚持的工作理念。长期以来，城市政府和规划师一直在此类问题上有不同意见，城市规划因此也做了不少妥协。在中央城市工作会议之后，城市规划所倡导的发展目标、重点关注问题得到拨乱反正式的调整，这些转变包括：城市从经济增长机器转变为以建设美好家园为目标，回归以人为本的本源，注重底线思维等。详细可参考 http://www.nbd.com.cn/articles/2017-12-13/1170965.html。

联及欧美规划体系的基础上,根据自身建设发展需求,逐步建立了自身的城市规划编制体系,通过确定城市性质、预测城市用地规模、划定城市用地属性等手段,强化了城市总体规划在中宏观空间管理中的重要作用。①

1980年国家建设委员会发布的《城市规划编制审批暂行办法》、1991年国家建设部发布的《城市规划编制办法》均强调城市总体规划要确定城市发展方向和目标、城市总体布局和空间发展形态,选择城市发展用地,划定城市规划区范围,编制近期建设规划,确定近期建设目标、内容和实施部署。

2005年国家建设部发布的新一版《城市规划编制办法》要求,城市总体规划要确定市域生态环境、土地和水资源、能源、自然和历史文化遗产保护的综合目标和保护要求,提出空间管制原则,划定禁建区、限建区、适建区并制定空间管制措施,研究中心城区空间增长边界。2007年第十届全国人民代表大会常务委员会第三十次会议通过的《中华人民共和国城乡规划法》在此基础上进一步明确,确定禁止、限制和适宜建设的地域范围,是城市总体规划和村镇总体规划的重要内容。

2013年中央城镇化工作会议和2015年中央城市工作会议更加强调,城市规划要划定"三区三线"(城镇、农业、生态空间和生态保护红线、永久基本农田保护红线、城镇开发边界),强化城市开发的底线刚性约束。2019年《中共中央 国务院关于建立国土空间规划体系并监督实施的若干意见》明确提出科学有序划分"三区三线";在城镇开发边界内的建设实行"详细规划+规划许可"的管制方式;在城镇开发边界外的建设按照主导用途分区,实行"详细规划+规划许可"和

---

① 中国的城市规划编制体系最早学习苏联体系,形成区域规划—总体规划—详细规划三个层级;改革开放后开始学习欧美体系,城市总体规划的编制内容主要对应英国的 master plan(总体规划)和美国的 comprehensive plan(综合规划)。

"约束指标＋分区准入"的管制方式。

应该指出的是，尽管 2002 年后中国政府就开始强调对城市开发的空间约束，但早期真正落实的很少，直到 2012 年以后，以城市规划为基础的城市开发建设底线约束才日趋强化。

## 四、通过详细规划对城市空间进行具体设计

1956 年国家建设委员会发布的《城市规划编制暂行办法》是总体规划的具体化，其中详细规划是规划管理、划分用地的依据，主要任务是解决城市建设中局部性、近期性和具体的空间布局问题，如对建筑形态街道景观、公共服务设施配套、基础设施布局等进行设计。

为适应城市土地和建设市场化发展趋势，20 世纪 80 年代初中国规划工作者开始借鉴美国区划技术（zoning），在原有详细规划基础上探索管控建设用地性质、使用强度和空间环境品质的方法，逐渐提出控制性详细规划。经过近十年探索，1991 年的《城市规划编制办法》将详细规划划分为控制性详细规划和修建性详细规划，控制性详细规划规定建设用地的各项控制与管理要求，修建性详细规划直接对建设做出具体布置，并明确二者的编制依据和办法。2007 年的《城乡规划法》进一步奠定了城市总体规划和城市详细规划的法定地位，明确了控制性详细规划作为城市规划审批和管控的依据，并用于指导修建性详细规划的编制工作。

2010 年 12 月，住房和城乡建设部发布《城市、镇控制性详细规划编制审批办法》，对城市、镇控制性详细规划编制和审批工作进一步进行了系统规范。2019 年 5 月，《中共中央 国务院关于建立国土空间规划体系并监督实施的若干意见》印发，对详细规划做出新的界定，即详细规划是对具体地块用途和开发建设强度等做出的实施性安排，是开展国土空间开发保护活动、实施国土空间用途管制、核发城乡建设

项目规划许可、进行各项建设等的法定依据。

## 五、通过"一书两证"确保规划落实①

中国政府主要是通过规划行政许可制度来保障城市规划的落实，即由规划建设行政主管部门核发选址意见书、建设用地规划许可证、建设工程规划许可证（简称"一书两证"）。

1984年国务院颁布的《城市规划条例》最先规定实行建设用地许可证、建设许可证。在此基础上，1989年第七届全国人民代表大会常务委员会通过的《中华人民共和国城市规划法》系统规定了中国城市规划行政许可"一书两证"制度（专栏3-1）。该法明确规定在城市规划区内建设工程的选址和布局必须符合城市规划；设计任务书报请批准时，必须附有城市规划行政主管部门的选址意见书；进行建设需要申请用地的，必须持国家批准建设项目的有关文件，向城市规划行政主管部门申请定点，由城市规划行政主管部门核定其用地位置和界限，提供规划设计条件，核发建设用地规划许可证；新建、扩建和改建建筑物、构筑物、道路、管线和其他工程设施，必须持有关批准文件向城市规划行政主管部门提出申请，由城市规划行政主管部门根据城市规划提出的规划设计要求，核发建设工程规划许可证件；对乡村规划管理实行乡村建设规划许可证制度。法律规定的选址意见书、建设用地规划许可证、建设工程规划许可证、乡村建设规划许可证构成了中国城乡规划实施管理的主要法定手段和形式，其中核发选址意见书属于行政审批，建设用地规划许可、建设工程规划许可或乡村建设规划许可属于行政许可。

---

① 本部分内容主要参考了楚天骄等著的《中国的城镇化》（北京：人民出版社，2016），并吸收了最新的政策进展。

## 专栏 3-1

## 中国"一书两证"制度的具体规定

**1. 建设项目选址规划管理**

建设项目选址规划管理，是城乡规划行政主管部门根据城乡规划及其有关法律、法规对建设项目地址进行确认或选择，保证各项建设按照城乡规划安排，并核发建设项目选址意见书的行政管理工作。《城乡规划法》明确提出了建设项目选址意见书的使用范围，"按照国家规定需要有关部门批准或者核准的建设项目，以划拨方式提供国有土地使用权的，建设单位在报送有关部门批准或者核准前，应当向城乡规划主管部门申请核发选址意见书"。

**2. 建设用地规划管理**

建设用地规划管理是城乡规划行政主管部门根据城乡规划法律规范及依法制定的城乡规划，确定建设用地定点、位置和范围，审核建设工程总平面，提供土地使用规划设计条件，并核发建设用地规划许可证的行政管理工作。

目前，中国建设单位的土地使用权获得方式主要有两种：土地使用权无偿划拨和有偿出让。土地使用权划拨，是指县级以上人民政府依法批准，在土地使用者缴纳补偿、安置等费用后将该幅土地交付其使用。划拨用地共包括四大类：国家机关用地和军事用地，城市基础设施用地和公益事业用地，国家重点扶持的能源、交通、水利等基础设施用地，以及法律、行政法规规定的其他用地。土地使用权出让，是指国家将国有土地使用权在一定年限内出让给土地使用者，由土地使用者向国家支付土地使用权出让金的行为。土地使用权出让可以采取招标、拍卖、挂牌出让或者双方协议的方式。根据现行法规政策规定，凡商业、旅游、娱乐和商品住宅等各类经营性用地，必须以招标、拍卖或者挂牌方式出让。以不同方式获得的建设用地，在规划管理上也有差异。

在城市、镇规划区内以划拨方式提供国有土地使用权的建设项目，经有关部门批准、核准、备案后，建设单位应当向城市、县人民政府城乡规划主管部门提出建设用地规划许可申请，由城市、县人民政府城乡规划主管部门依据控制性详细规划核定建设用地的位置、面积、允许建设的范围，核发建设用地规划许可证。建设单位在取得建设用地规划许可证后，方可向县级以上地方人民政府土地主管部门申请用地，经县级以上人民政府审批后，由土地主管部门划拨土地。

在城市、镇规划区内以出让方式提供国有土地使用权的建设项目，在国有土地使用权出让前，城市、县人民政府城乡规划主管部门应当依据控制性详细规划，提出出让地块的位置、使用性质、开发强度等规划条件，作为国有土地使用权出让合同的组成部分。以出让方式取得国有土地使用权的建设项目，在签订国有土地使用权出让合同后，建设单位应当持建设项目的批准、核准、备案文件和国有土地使用权出让合同，向城市、县人民政府城乡规划主管部门领取建设用地规划许可证。

**3. 建设工程规划管理**

建设工程规划管理，是城乡规划行政主管部门根据依法制定的城乡规划及城乡规划有关法律规范和技术规范，对各类建设工程进行组织、控制、引导和协调，使其纳入城乡规划的轨道，并核发建设工程规划许可证的行政管理工作。

在城市、镇规划区内进行建筑物、构筑物、道路、管线和其他工程建设的，建设单位或者个人应当向城市、县人民政府城乡规划主管部门或者省、自治区、直辖市人民政府确定的镇人民政府申请办理建设工程规划许可证。

**4. 乡村建设规划管理**

在乡、村庄规划区内进行乡镇企业、乡村公共设施和公益事业建设的，建设单位或者个人应当向乡、镇人民政府提出申请，由乡、镇人民政府报城市、县人民政府城乡规划主管部门核发乡村建设规划许可证。在乡、村庄规划区内进行乡镇企业、乡村公共设施和公益事业建设以及农村村民住宅建设，不得占用农用地；确需占用农用地的，应当依照相关法律规定办理农用地转用审批手续后，由城市、县人民政府城乡规划主管部门核发乡村建设规划许可证。建设单位或个人在取得乡村建设规划许可证后，方可办理用地审批手续。

同时，乡村建设许可首先需要符合土地利用国土空间规划的相关要求。农村集体建设用地分为集体经营性建设用地、集体公益事业建设用地和宅基地，三类用地指标均有具体配置要求。乡镇企业用地属于集体经营性建设用地范畴，乡村公共设施和公益事业建设属于集体公益事业建设用地，农民建房用地属于宅基地。以上三类用地建设均需国土空间规划管理部门予以审批。

## 六、促进"多规合一"

除了城市规划，中国还有主体功能区规划、土地利用规划等空间规划，各类空间规划类型过多、内容重叠冲突、审批流程复杂、规划朝令夕改等问题突出。为了解决这些问题，中国政府积极推进"多规合一"。2013年中央城镇化工作会议要求建立空间规划体系，推进规划体制改革；2014年印发的《国家新型城镇化规划（2014—2020年）》提出推动有条件地区的经济社会发展总体规划、城市规划、土地利用规划等"多规合一"；国家发展改革委、原国土资源部、原环境保护部、住房和城乡建设部联合下发《关于开展市县"多规合一"试点工作的通知》，在全国开展"多规合一"试点工作。2018年中国正式推进"多规合一"，建立国土空间规划体系，并将城乡规划、主体功能区规划、土地利用规划等空间规划融合。在部门关系上，将城乡规划、土地利用规划、主体功能区规划等空间规划在规划管理机构、编制、审批、实施、监督、法规政策和技术标准诸方面融合为统一的国土空间规划；在空间上，实现国土空间全覆盖，相邻规划相互衔接、高度一体化；在上下层级上，自上而下编制规划，上级规划指导下级规划、下级规划落实上级规划。

2018年3月，第十三届全国人民代表大会审议通过国务院机构改革方案，组建自然资源部，将原国土资源部的职责、国家发展和改革委员会的组织编制主体功能区规划职责、住房和城乡建设部的城乡规划管理职责整合划归自然资源部，从而实现了城乡规划、土地利用规划和主体功能区规划等空间性规划行政主管部门的整合。

2019年5月的《关于建立国土空间规划体系并监督实施的若干意见》（以下简称《意见》），把"多规合一"的新国土空间规划体系归纳为"五级三类"编制体系，即全国、省、市、县和乡镇五个层级；总体规划、详细规划、专项规划三类规划。按照《意见》，到2020年，中国要基本建立国土空间规划体系，逐步建立"多规合一"的规划编制审批体系、实施监督体系、法规政策体系和技术标准体系；基本完成市县以上各级国土空间总体规划编制，初步形成全国国土空间开发保护"一张图"。

为了防止随意修改、违规变更规划等情况，中国政府不断强化规划的科学性、权威性、连续性。《意见》强调，规划一经批复，任何部门和个人不得随意修改、违规变更，防止出现换一届党委和政府改一次规划的现象，并建立规划动态监测评估预警和实施监管机制。同时，完善规划动态调整机制，城市人民政府可以根据城市经济和社会发展需要，按照法定程序对城市总体规划进行局部调整。

## 第四节 中国城镇化进程中政府管理的主要经验

中国过去七十多年的城镇化道路充分表明城镇化是一个综合的经

济社会过程,是现代化的必由之路。中国内地在不同历史时期,先后吸纳了苏联、新加坡、日本、美国、英国、中国香港地区的经验,但并没有照抄照搬,而是注重与自身经济社会、历史文化、自然禀赋等结合,探索具有中国特色的城镇化道路,其中的一些经验具有借鉴意义。

**第一,有序实现农业人口向城镇转移。**鼓励农业剩余劳动力向更高效率的非农产业转移,允许农村人口向城市迁徙是城镇化发展的必然要求。如果没有人口从农村进入城市,就不会有生产效率的提高和城市的发展。但这一进程需要有序适度。中国通过渐进式改革,不断放宽农民进城的限制,不断改善农民工在城市的权利,从而实现了城乡人口的有序流动。一是中国政府没有一次性全面放开所有城市的落户限制,而是先放开中小城市,引导人口合理布局;二是没有让农民工及其子女立刻享受与城市居民同等的医疗、教育、养老等社会保障与福利待遇,而是采用居住证等制度工具渐进地为其提供一定的权利和便利。这样既实现了农民有序进入城市,也减轻了政府提供公共服务的负担,从而避免了出现巴西、墨西哥、印度等国家短期内大量农村人口涌入城市、拥挤在贫民窟而带来的城市管理和社会治理难题。

**第二,保持城镇化与工业化、农业现代化协调发展。**中国及其他国家的经验表明,城镇化既是工业化的手段,也是工业化的结果。工业化需要借助规模经济和集聚效应,引起产业的聚集,进而实现人口的集中,推动服务业、城市基础设施和公共服务部门的发展,带来城镇化水平的提高。反过来,与城镇化水平提高相伴而来的产业集聚,人口、人才和创意的集中,以及更有效率的公共产品供给,又为促进创业和创新活动打造了良好平台,也有助于改善居民生活质量,从而提高经济发展的可持续性和共享性。同样,城镇化的速度也必须与农业现代化发展进程、农业劳动生产率提高、农业剩余劳动力释放速度相适应。如果工业化城镇化滞后于农业现代化，耕地分配又严重不均，就会产生大量农业剩余劳动力，进而出现大量农民进城和严重的城镇失业问题；如果农业现代化滞后于工业化城镇化，就会导致农业劳动生产率低、农业转移劳动力少、农民收入低，进而导致农业衰落和农村凋敝。从国际经验看，快速的城镇化都伴随着经济高速增长、非农就业的扩大、产业结构的升级和城乡居民人均收入水平的提高，更高的城镇化水平也是高收入国家的共同特征。

**第三，结合国情和发展阶段科学处理好大中小城市的关系。**一般来说，随着工业化和经济发展，城镇规模分布先趋于集中，达到一定水平后则会转向分散，呈倒 U 形变化，但具体表现往往会受到国家大小的影响。像中国这样的大国，在低收入水平发展阶段，经济内生集聚性比较薄弱，超大国土面积带来的额外分散使城市布局分散更为有效；进入中等收入水平发展阶段以后，随着统一的超大规模国内市场的形成，空间集聚可以更好地实现规模经济，发展大城市更有效率；在进入高收入水平发展阶段以后，空间一体化水平的提高使得规模经济效应弱化，有组织的分散更加有效，城市群和都市圈会快速发展（蔡昉等，2019）。

**第四，注重利用现代交通通信技术增强城市群内部的连通性。**中国的快速城镇化和城市发展与高铁、互联网等新技术应用同向叠加，呈现出新的特点。2018 年年底，中国高铁通车里程达到 2.9 万公里，居世界第一。高铁不仅改变了中国城镇的格局，也改变了城市之间的关系，让城市间联系更加快速、便捷、紧密，使城市群成为城镇化的主体形态。城市轨道交通也得到前所未有的发展。2018 年年底，中国建成轨道交通的城市接近 40 个，城区 200 万人以上的城市都规划建设轨道交通，城市群内部的联系更加紧密。这些举措适应了新时期城镇化空间发展的演变规律，有利于发挥中心城市在汇聚配置高端要素资源中的枢纽作用，发挥城市群对提高生产组织效率和促进经济转型升级的支撑作用。

**第五，重视对城市发展的空间管理。** 受中国传统营城理念影响，中国城市建设中对城市风貌、开发建设的空间规制比较重视。20世纪90年代中后期，中国城镇化开始进入快速发展期，同时，中国也形成了比较完整的城市总体规划、城市控制性详细规划的编制办法。此外，中国在城市交通设施、市政设施、公园绿地等诸多方面都制定了系统的国家标准，这保证了中国城市建设的有序开展。

## 参考文献

蔡昉，都阳，杨开忠，等，2019. 新中国城镇化发展70年［M］. 北京：人民出版社.

楚天骄，王国平，朱远，等，2016. 中国的城镇化［M］. 北京：人民出版社.

国家发展和改革委员会，2015—2018. 国家新型城镇化报告［M］. 北京：中国计划出版社.

国务院研究室课题组，2006. 中国农民工调研报告［M］. 北京：中国言实出版社.

胡博成，朱忆天，2019. 从空间生产到空间共享：新中国70年城镇化发展道路的嬗变逻辑［J］. 西北农林科技大学学报（社会科学），19（04）：28-35.

金三林，曹丹丘，林晓莉，2019. 从城乡二元到城乡融合——新中国成立70年来城乡关系的演进及启示［J］. 经济纵横（08）：13-19.

金三林，2019. 农村劳动力转移就业与农民工市民化［M］//韩俊. 新中国70年农村发展与制度变迁. 北京：人民出版社.

孔德继，2019. 新中国70年国家战略对城镇化的影响［J］. 科学社会主义（05）：108-114.

李善同，等，2018. 城镇化中国：新阶段 新趋势 新思维［M］. 北京：经济科学出版社.

李伟，2019. 新中国70年中国特色城镇化道路的演进与发展［J］. 中国党政干部论坛（6）：6-10.

杨伟民，等，2019.新中国发展规划70年［M］.北京：人民出版社.

中国城镇化70年："城市中国"崛起［EB/OL］.（2019-07-22）［2022-09-25］.https：//baijiahao.baidu.com/s?id=1639753453364682110&wfr=spider&for=pc.

# 第四章 中国城镇化进程中的土地资源优化配置

城镇化伴随工业化,是人类社会发展的客观趋势,也是现代化的必由之路。在中国现有土地制度框架下,优化土地资源配置,促进土地节约集约利用,是事关国民经济和社会发展的重大问题,也是促进城镇化高质量发展的重要支撑。近年来,在国家政策要求下,各地结合自身实际和城市建设用地状况积极探索,在不占用过多耕地的同时,高质量保障城镇化用地需求,形成了不少行之有效的经验做法。

## 第一节 中国城镇化中土地利用的基本历程

中国城镇化中的土地利用始于20世纪80年代初期,源于推动农村结构改革的需要,其内容涉及更多的是农村集体土地,允许其直接进入市场、在土地上办企业(宋娟,2014)。90年代的财税承包责任制改革为地方政府提供了办工业的激励手段。随着地方政府通过园区低价供地、以各种优惠招商引资、大量建设商品住房等工作的推进，城市建设用地的规划及使用成为地方政府工作的重头戏之一。总体来看，中国城镇化中的土地利用与经营也是工业化和城镇化共同发展的客观结果，大体可以分为以下四个阶段。

## 一、20世纪90年代中后期的"以地谋发展"

1995年以后，各地园区数量激增，园区工业化成为主导模式，地方政府将工业发展精力转向园区，不仅所招企业规模较大，税收能力更强，而且通过以地招商获得了土地出让收入。1998年《土地管理法》的修改与实施，为地方政府实行结构转变提供了制度保障，政府获得了垄断土地的权力；地方政府进一步巩固和增强对土地的垄断，不断加大土地有偿使用制度改革，减少划拨用地比重，增加有偿使用比重。这使得园区工业化更加深入，也标志着中国真正进入"以地谋发展"阶段：政府通过土地招商引资，低成本供地，增加就业和未来的税收；通过土地收入和融资开展基础设施建设，优化投资环境，吸引更多投资方，推动实现更大发展。

从这个阶段起，土地利用开始成为中国城镇化进程中的一大主题，各地政府从中获得的收益有效支撑了城镇化的资本循环。这个阶段可以称为起步阶段，其支撑是低价出让工业土地与引资的预期收益。期间，地方政府以招商引资和发展工业园区为主，大规模低价出让土地，从中获取的收益包括两部分：一是一次性收益，即土地出让获得的直接收益，包括地价和税费等；二是可持续的长期收益，主要包括招商引资来的企业提供的税收、带动其他产业的发展与创收等。这些收益除了用于征地、拆迁补偿和土地开发，其他大致可归于政府能掌握的财政收入。政府部门对这些收益通常统筹使用，一般用于市政道路等城市基础设施建设。而随着市政建设的完善，地价进一步上升，又为后续以更高价格出让土地提供了条件，从而形成了相对较长期的土地出让与资本收回的循环。

## 二、2003 年至 2007 年的"以地生财"

2002 年中国开始实行经营性用地招拍挂制度，使土地出让收入全部进入政府的篮子（刘守英，2018）。政府依托这些土地出让收入加快了城市建设步伐。同时，2003 年国家进一步明确了住房的市场化改革方向，住房市场需求大增，房地产业成为支柱产业。土地成交价格不断上升，土地溢价持续上涨，政府推进土地市场化的力度不断加大，从中获得的土地出让收入也更多，开展土地出让工作更加积极。

20 世纪末期开始的住房制度改革不断深化，宣告了住房商品时代的到来。中国百姓普遍性的住房短缺，为开发商提供了巨大商机。而工业用地短期亏损出让对地方财政的掣肘，也使得地方政府通过推动第三产业（商业与房地产业）的成长来平衡自我收支的意愿十分迫切，特别是地方政府还要承担大量基础设施建设并提供其他公共产品、服务等职能，如高铁等国家项目都需要地方巨额补贴，这都增加了地方政府对商业和住房用地的高价出让行为。由此，商业和住房用地出让开始走上舞台，其出让的价款水平与增长率也开始远远超过工业用地。而随着各地不断调整产业（特别是商业和房地产业）用地和工业用地的供应模式，土地利用实现了更好的出让和发展效应。

## 三、2008 年至 2017 年的"以地融资促发展"

2008 年以后，推进城市化的方式发生变化，各级政府纷纷成立投融资平台，通过以土地出让收入为依托、以新债还旧债的方式，转向土地抵押和质押为主的举债，以此大搞基础设施建设投资，提供更多公共服务。政府融资行为与土地出让收入挂钩，经济发展对土地融资和房地产业形成一定程度的依赖。党的十八大之后，党中央进一步认识到单纯增加土地供给的"摊大饼"式城镇化难以为继，明确提出深入推进以人为核心的新型城镇化建设，进一步优化土地资源优化配置。

这个阶段可以简单看作以土地抵押贷款实现资本快速积累的阶段。主要是随着城市建设和发展的强化，地方政府对大规模资金的需求更加迫切，单纯的招商引资、商业地产不能完全满足这种需求，土地抵押贷款的杠杆作用开始被使用。土地抵押融资功能的实现，离不开地方纷纷成立的融资平台。融资平台是地方政府成立的以融资为主要经营目的的公司，包括城市建设投资、城市建设开发、城市建设资产公司，是地方政府绕开法律约束、寻求融资的历史产物。融资平台代替政府承担土地储备、前期开发等工作，产生的大量土地增值收益转化为公司资产和利润，在地方政府财政预算体系外循环，成为地方财政预算缺口的重要补充。地方政府对融资平台的隐性背书，或者说债权人预期地方政府会为融资平台背书，使得融资平台能获得更多的土地抵押贷款。同时，由于土地是一种优质抵押物，银行往往也更倾向于土地抵押贷款的方式。随着城市土地价值的增长，土地抵押融资日益成为重要的融资手段，地方政府通过土地抵押获得大量贷款，加快了地方的建设和发展。

**四、新时代以来的高质量集约发展**

2017年召开的党的十九大明确指出中国特色社会主义进入新时代，在发展方式上更加强调高质量，科技导向、集约使用成为主导，产业升级转型、"六新"的动能转换等更是对土地集约利用提出了鲜明的时代要求。同时，近年来作为支柱的房地产业的土地密集型产业特征，以及部分地方政府过于依赖土地的做法，导致了土地价格飞涨。土地成本的高企使得投资方必须更加注重节约集约利用。中央反复强调"房住不炒"定位和推动构建房地产长效机制，更促进了向科学、合理、集约用地的根本性转变。此后，国家严格控制新增建设用地，并实行了建设用地总量和强度双控措施，逐步减少新增建设用地计划，控制单位国内生产总值建设用地强度，促进低效利用或闲置土地再开发再利用。各地纷纷探索和实践了不少"实招""硬招"，土地利用效率大幅提升，促进了城镇化高质量发展。

这个阶段是土地利用高质量集约发展阶段，可看作是"共享发展"阶段，地方通过集约节约配置土地资源，增加划拨公共用地，加大优化公共服务，加快基础设施建设和优化提升，从而助推了土地增值、优化城市功能的资本循环。在这个过程中，土地出让、城市建设和土地价格三者之间形成了更加良性的互动，使土地出让收入更多用于城市基础设施投资与公共服务、补短板等领域，致力于提升生活质量和品质；后者的持续改善与升级，又会不断"资本化"，体现在地价上，进一步提高土地出让收入。一些地方在实践中与上一阶段结合起来：向融资平台公司注入储备土地，并承诺以土地出让收入作为担保和偿债来源，以此发行地方债，进一步支持城市建设。这种土地融资行为具有放大效应，在加快基础设施建设、优化公共服务、提升供给水平等方面发挥了重要作用，从根本上形成了以"土地投资"与"城市建设外溢效应"为依托的增长型城镇化资本逻辑，而地方政府也在城市经营中有效担当了"公共产品代理人"的角色，实现了多方共赢。

总体来看，20世纪90年代中后期以来，随着工业化的逐步推进，中国城镇化进入迅速发展时期，城镇化率从1995年的29.04%上升到2020年的63.89%，年均提升近1.4个百分点。尽管近几年城镇化率增速有所回落，但仍保持在年均1个百分点以上。未来十年，中国城镇化率仍将处于上升时期。据有关机构预测，2030年中国城镇化率将达到70%（潘家华等，2019）。城镇化的快速发展带来城市建设用地需求大幅增长，2000年至2021年，中国建设用地总量从22 113.7平方公里增加到59 424.6平方公里，相当于20年时间总体增长1.69倍（住房和城乡建设部，2022）。

## 第二节　各地优化土地资源配置的实践探索

中国现有一些重要法律法规对城市建设用地的储备、规划、利用、征收、补偿等环节做出了明确规定，是开展土地利用工作的主要依据。《土地管理法》（2019年修订）破除了集体经营性建设用地进入市场的法律障碍，[1] 改革了土地征收制度，[2] 明确了可以由政府依法实施征收的具体情形。《土地管理法实施条例》（2021年修订）建立了以土地利用总体规划为龙头的现代土地管理制度基本框架，强调了使用建设用地的计划和规划性。《土地储备管理办法》（2018年修订，已失效）明确了土地储备实行名录制管理和业务全流程管理的具体规定。[3]《闲置土地处置办法》（2012年修订）规定应以"净地"避免产生新的闲置土地，并且规定企业如因"囤地"造成土地闲置且未动工开发满一年将被征缴土地价款20%的闲置费，满两年则将无偿收回土地使用权。[4]

---

[1] 删除了原《土地管理法》第四十三条，任何单位或个人需要使用土地的必须使用国有土地的规定；增加了农村集体建设用地在符合规划、依法登记，并经三分之二以上集体经济组织成员同意的情况下，可以通过出让、出租等方式交由农村集体经济组织以外的单位或个人直接使用，同时使用者在取得农村集体建设用地之后还可以通过转让、互换、抵押的方式进行再次转让的规定。这是土地管理法上的一个重大制度创新。

[2] 在征地方面改革了征地程序，要求政府在征地之前开展土地状况调查、信息公示，还要与被征地农民协商，必要时组织召开听证会，跟农民签订协议后才能提出办理征地申请，办理征地的审批手续，从而极大地保护了农民利益。

[3] 在"总体要求"第三款明确规定：土地储备机构应为县级（含）以上人民政府批准成立、具有独立的法人资格、隶属于所在行政区划的国土资源主管部门、承担本行政辖区内土地储备工作的事业单位。国土资源主管部门对土地储备机构实施名录制管理。市、县级国土资源主管部门应将符合规定的机构信息逐级上报至省级国土资源主管部门，经省级国土资源主管部门审核后报原国土资源部，列入全国土地储备机构名录，并定期更新。

[4] 第十四条明确规定：闲置土地未动工开发满一年的，由市、县国土资源主管部门报经本级人民政府批准后，向国有建设用地使用权人下达《征缴土地闲置费决定书》，按照土地出让或者划拨价款的20%征缴土地闲置费；未动工开发满两年的，由市、县国土资源主管部门按照《中华人民共和国土地管理法》第三十七条和《中华人民共和国城市房地产管理法》第二十六条的规定，报经有批准权的人民政府批准后，向国有建设用地使用权人下达《收回国有建设用地使用权决定书》，无偿收回国有建设用地使用权。

《国有土地上房屋征收与补偿条例》明确了补偿标准、补助和奖励措施。《城乡规划法》（2019年修订）强调了城乡规划综合调控的地位和作用，确立了"先规划后建设"的原则，对城乡规划和土地规划做了明确规定。①

各地遵照法律法规，结合地方发展实际，对城镇化建设中的土地利用工作大胆实践，开拓创新，探索出了不少好的经验做法。

## 一、统筹前期规划，优化土地布局

各地认真贯彻落实《土地管理法》及其《实施条例》，加强对土地利用总体规划的编制实施。

### （一）统筹考虑各项规划

主要是使各项规划衔接协调，相互促进，如城乡规划、土地利用规划、产业规划和生态规划"四规合一"等。主要做法：一是增强规划的统筹作用。通过科学规划优化空间布局、统筹城市发展，精准确定区块功能、分区及边界，不在未曾规划的地方搞建设，不开发未曾规划的地块。二是增强规划的融合对接。坚持"四规合一"，着力衔接好城市新区规划、土地利用规划与基础设施专项规划，统筹推进工业化、城镇化、郊区农业现代化，协调发展工业、服务业、高品质农业，促进经济、生态、宜居一体化。三是增强规划的可操控性。强化城市建设用地的"四区三界"② 空间管制，避免"摊大饼"式发展。同时，

---

① 《城乡规划法》指出：任何单位和个人都应当遵守依法批准并公布的城乡规划，服从规划管理。这就从法律上明确了城乡规划是政府引导和调控城乡建设与发展的一项重要公共政策，是具有法定地位的发展蓝图。同时，法律适用范围扩大，强调城乡统筹、区域统筹，确立了"先规划后建设"的原则。

② 根据2017年《土地利用总体规划管理办法》（已废止），编制市级、县级、乡（镇）土地利用总体规划，应因地制宜划定下列城乡建设用地管制边界和管制区域：(1) 城乡建设用地规模边界；(2) 城乡建设用地扩展边界；(3) 城乡建设用地禁建边界；(4) 允许建设区；(5) 有条件建设区；(6) 限制建设区；(7) 禁止建设区。以上即所谓"三界""四区"。

有针对性地增设一些弹性措施，如允许所辖区（市、镇）在一些时间节点（如每年或每半年）调整一次土地利用总体规划，允许对各类园区（含开发企业）已圈占但近期不用的规划建设用地规模或特定区块进行调整，允许一些规划建设用地规模不足的区（市、镇）在一定范围内调整解决（帅文强，2013）。

## 专栏 4-1

### 高起点高标准高质量编制土地利用总体规划

涉及市、县、乡（镇）土地利用总体规划，采取一系列差别化举措创新思路保障用地。典型做法：一是筹划好重点产业用地。如工业用地需做好与商住用地等的占用比例划分，协调好其用地规划与市政发展总体规划、乡镇规划的关系，对其用地再开发进行详细规划，有针对性地采取规划措施，保障用地充分、及时。二是错位发展。合理规划，构建结构协调、布局合理的开发区或城郊区用地保障体系，明确功能任务，做好重点分区，在规划之初即加强保障和政策扶持，推动错位发展和组团布局。三是灵活转变用地方式。如完善城镇发展思路，积极引导向适建区域发展，将产业园区或已形成规模化集聚效应的用地企业进行统一集中安置或征收合适土地区域入驻，"同类集中、各适发展"。四是着力解决规划之间不协调的问题。建立健全修改调整的协调机制，促进"多规"调整、相容，同时加强审查管理，防止以城镇化为名变相违反规划的占地行为或盲目扩张，保持土地城镇化与人口城镇化同步。

资料来源：浙江省第十一届人民代表大会常务委员会，2011. 浙江省土地利用总体规划条例［EB/OL］.（2011-05-25）［2023-04-11］. https：//www.zjrd.gov.cn/mobile/dflf_m/fggg/201504/t20150420_81976.html.

### （二）与优化城市功能布局相结合

以棚户区改造为例。这是旧城改造的重点工作。一些地方在这类土地的规划利用方面，创新性地提出"将棚户区土地利用与城市布局优化相结合"的理念，借新增土地开发机会，完善城市布局和职能优化。如"三层次方式"：将棚户区改造安置的土地规划与社区医院、幼儿园、农贸市场等基础性项目相结合，为居民日常生活提供便利；与音乐厅、文艺馆、展览馆、影视中心等功能性项目相结合，满足居民精神文化生活需求；与城市公园、特色区块、体育中心等风景旅游区相结合，促进城市品质提升。

还有的地方提出"以商补住"方式，其最大效应是推动了土地市场化。主要做法：一是在棚改安置中采取划拨和出让相结合的土地供应方式，将腾空的棚户区统一规划为商品住宅、商服项目建设用地，以招拍挂的出让方式供地，所获土地收益的一部分用于棚户区改造与安置，实现了互促互利。二是在不断提升新建回迁小区品质的同时，选取部分用地用于商业开发，这些土地进入规范化的国有土地使用权交易市场，面向社会统一招拍挂，产生相当规模的资金收益，既完善棚改新区的商业和公共服务功能，又可回笼资金"反哺"棚改新区建设。

### （三）保障重点用地指标

结合实际，有针对性地增加重点项目或产业用地指标。主要做法：一是加强规划管控，有保有压地差别化供地，优先保障新型城镇化、城市基础设施、重大民生工程或城镇化产业配套工程等建设用地，对城镇保障性安居工程用地应保尽保，最大限度满足城市经济建设与民生发展的合理用地需求。同时，整体考虑重点建设项目或任务的用地需求特点，将城区土地综合整治、城镇综合建设开发及城郊区现代农业用地等内容整合，综合保障重点用地。二是积极争取上级部门在安排计划时给予更大支持和倾斜，增加年度用地规模指标。积极申报市级、省级乃至全国推进土地改革试点，抓好已批准的土地开发试点、增减挂钩试点等工作，促进土地高效利用。三是统筹内部调剂。开展区域内土地再次整合与重新分配，争取更多土地调剂机会，全力抓好批而未供、供而未用的土地，节约用地指标，缓解用地压力。

## 二、规范土地储备，加强土地调控

为促进土地高效配置与合理利用，各地结合《土地储备管理办法》，增强对城乡统一建设用地的市场调控和保障能力，进一步规范土地储备管理。

### （一）制定储备计划总体安排

主要做法：一是实行规划、计划管理，按年度编制用地计划，加强日常监督管理。二是成立土地管理委员会及相关专业委员会，审议重大事项，协调形成共识。三是明确各部门职能及实施责任主体，如规定土地储备机构负责对区域范围内土地储备工作的统筹、指导和监督管理等。[1]

有的地方对"储备计划"的制定相当细致：一是专门制定年度经营性用地出让、收储和做地计划，明确编制原则、计划指标，将各项征地目标计划明确到所辖各区域，并专门明确各自应征集到的面积任务。二是定期或不定期制定发布（根据实际需要，多的时候每年发布数十次）"城镇建设用地项目征收储备土地方案"，明确被征用土地涉

---

[1] 广州市人民政府，2018. 广州市土地储备管理办法（穗府规〔2018〕4号）[EB/OL].（2018-01-17）[2023-04-11]. https://www.gz.gov.cn/gfxwj/szfgfxwj/gzsrmzf/content/post_5444582.html. 2023年1月，该市对文件重新做了修订，此次修订依据《广东省行政规范性文件管理规定》仅做了文字表述、管理部门名称调整等不涉及实体内容的简易修改，旨在保持政策延续性，继续完善和规范市区土地储备工作，保障土地储备工作的合规性。

及的权属单位及其现状,规定按征用土地类型明确补偿事项,将这些征用土地悉数纳入储备库。①

### (二)完善储备机制

完善储备机制,主要是通过统筹规划,建立存量用地和增量用地集约利用"挂钩"机制,合理运作,紧抓土地储备供应主动权等方式来实现。

主要做法:一是通过征收、收购、委托收购、协议收购等多种手段,将闲置土地、企业改制用地等存量土地优先纳入储备,进而纳入土地市场。优化存量用地储备机制的运行模式,设立储备管理专项资金,盘活存量土地资产。二是建立存量用地和增量用地集约利用"挂钩"机制,把区域土地二次开发纳入公共利益范畴,降低回购成本,出台鼓励二次开发和节约集约土地的优惠税收政策或减免相关行政规费。三是建立地价调节制度,如制定地价与土地集约度的调节系数,对土地利用率低的项目提高供地价格,对优先开发利用废弃、闲置和低效土地的,在地价方面予以一定优惠。

### (三)强化收储主动权

主要做法:一是成立土地储备中心,受政府委托对政府收购、预购和依法收回的土地进行储备,各职能部门在土地收购储备、规划、资金运作、土地处置等方面分工协作、密切配合。二是根据城市总体规划、经济发展需要和土地供应计划、房地产市场供需状况及城市区域发展导向,对经营性土地供应数量、结构、布局、时间等进行有效控制,定性、定量储备土地。三是对一些土地专门规定储备置换要求,

---

① 杭州市人民政府办公厅,2019. 2019年度杭州市经营性用地出让、收储和做地计划(杭政办函〔2019〕1号)[EB/OL]. (2019-01-09)[2023-04-11]. http://www.hangzhou.gov.cn/art/2019/1/11/art_1228974780_34778069.html.

如对原工矿企业需"退二进三"进行置换的土地，以出让方式取得土地使用权后不按约定时间开发、又不具备转让条件的土地，或荒芜、无使用权单位的土地，均由政府依法收回使用权或收购、预购后进入储备。四是明确土地收购资金来源及使用方式，由财政拨付一定资本金，其余主要通过银行贷款解决。在储备土地出让后，由土地管理部门足额返回土地储备中心承担的前期开发费用，土地出让金净收益全额上缴同级政府，土地净收益的分配方案则另行制订。

### 三、完善征地机制，扩大土地供给

城市建设用地的供给很大一部分是通过对现有土地征用实现的。征地直接关系被征地农民切身利益，是城镇化过程中易引发社会矛盾的主要环节，各地对此普遍高度重视。

#### （一）制定严格的征地程序

制定一套完整的征地程序是保障土地高效征迁的基础，也是推进城市规划顺利实施、维护被征地者合法权益的重要保障。各地在征地程序制定中，一般至少明确以下几类事项：一是建立工作机制，确定领导协调机构，明确部门职责。二是提出拟征用土地的标准，根据建设发展需要，评估提出拟征用土地的条件和要求。三是对目标土地进行公告，明确公告内容及公告发布后不得对拟征用土地进行的行为，如处分土地或新建、改建、扩建和装修地上建筑物及附着物，从事旨在增加补偿金额或提高安置标准的种植、养殖等活动。四是明确主管部门要开展的工作，如征地范围测度、对土地上的建筑物及附着物的权属核定等。五是制定补偿标准并拟定补偿方案，与被征地者协商签订补偿安置协议等。有些地方更强调"征迁的公开性"，严把程序不走样，坚持做到"三个公开"，即法定程序全公开、征收政策全公开、征迁过程全公开等。

## （二）设计全过程的工作保障体系

全过程的工作保障体系，主要是一体化设计、强有力组织、科学合理创新沟通协调的工作机制等。

主要做法：一是做好顶层设计，统一部署规划。划分若干征收区块和工作网格，就地就近成立总指挥部和分指挥部，从利于做群众工作的角度科学设置征迁机构。如在房屋征收方面，有的地方采取网格化管理模式，按照1名干部联系10户被征收人的比例，发动机关干部坚守征收一线，组成攻坚小组，形成区、街道、社区干部一线工作的网状格局，对综合协调、宣传劝导、征拆协调、策划招商、安置过渡、社会稳定、执法监管等工作专责到人，统筹考虑征迁与社会、百姓之间的利益，开展"精细化征迁"。二是加强部门协作，全面落实政策。研究拟订征迁总体工作程序和推进计划，封闭式学习和细致研读《国有土地上房屋征收与补偿条例》等相关政策，使征迁工作有章可循，有据可依。三是做好动员、宣传发动工作。通过电视、报纸、宣传栏等载体和发放宣传资料、召开动员会等途径，广泛宣传征收补偿安置的政策、方案、流程、补偿标准等事项，制造舆论氛围，并留出一定时间让被征迁群众从心理上接受。

## 专栏 4-2

### "成建制工作法"

"成建制工作法"是实践中涌现出的创新招法，工作方式比较坚强有力。其核心是：组团式推进、集团式攻坚，用打大战役的办法抓突击，用成建制抽调干部的办法，包干分解责任、落实工作任务。一是创新工作机制，构建层次明晰的组织机构，建立坚强有力的组织领导，完善监督网络和保廉制度，杜绝工作人员出现不廉行为。二是建立权责明确的责任机制，明确分工及工作制度，建立层层分解、层层包干的责任制，领导亲抓、组团配置、细化到人，从根本上消除相互推诿、推卸责任的空间，形成领导在一线指挥、干部在一线动迁、责任在一线落实、问题在一线解决、经验在一线总结的工作格局。三是引入工作竞争机制，通过制定阶段性目标任务、定期通报工作进度、定期召开工作汇报会和现场办公会、敦促落后单位向优看齐等形式，"以实绩论英雄"。四是积极调动各方资源，通过地方商会、宗亲会、联谊会和有影响的华侨等社会网络，将优势资源向项目一线聚集，做通做好重难点户思想工作；大胆使用熟悉民情的基层干部担任重要职务，借力打开困难局面。该方法突破了由项目所在的社区（街道）独自推进工作的模式，通过建立层次明晰的组织架构，科学统筹区域内干部资源，实现了"一盘棋"式的资源配置。

资料来源：福州新闻网，2012. 晋江大规模征迁实现"和谐征迁"经验值得借鉴[EB/OL]．（2012-04-27）[2023-04-11]．https：//news.fznews.com.cn/dsxw/2012-4-27/2012427JEqPDsJVBA15423.shtml.

### （三）健全补偿机制

国家层面有专门的法律法规，如《国有土地上房屋征收与补偿条例》，明确规定了补偿标准、补助和奖励措施，使被征收群众的居住条件有改善、原有生活水平不降低。主要包括：一是明确责任主体，规定公益性征收、补偿主体只能是政府，不再包括开发商，所有的国有土地上房屋征收行为都是政府行为，政府对此负责。二是明确界定公共利益，排除了"国家机关办公用房建设的需要"等理由或借口，将公务服务放到更高地位。三是遇到争执可提交司法裁决，突破了以往只能对补偿、安置提起复议或诉讼的局限，改变了旧法规设置的拆迁行政裁决方式。四是废除了行政强制拆迁，将政府征收决定提交法院判决，为强制征收设置了屏障，能够更好地保障群众合法权益。五是排除商业利益参与，明确规定承担房屋征收与补偿工作的单位不得以营利为目的，并禁止建设单位参与征迁。

各地都把补偿工作当作关键环节，预先考虑，科学设计。有的地方对征地补偿专门以政府令的形式做出规定，明确征地补偿费用的内容，如土地补偿费、安置补助费、建筑物及附着物的补偿费等；规定补偿费的补偿标准、补偿方式、支付方式以及补偿协议的制定等。①

**专栏 4-3**

## 征地补偿"让利于民"

具体做法：一是"市场运作、确权于民"，只要是家庭唯一住房的，都给予产权确认，并灵活运用实物安置和货币补偿相结合的方式，确保回迁居民拥有土地使用权和房屋产权，切实解决住房问题。二是"政府主导、让利于民"，土地和房屋价值上升则居民获得资本溢价，同时通过土地收益再分配等方式，向困难群体倾斜。如有的地方在棚改中，把部分土地收益用于廉租房、困难居民生活补助及基础设施建设，并对特困居民给予供热、物业费等方面的补助，暂时不能缴纳房款的居民则安置在廉租住房里，并给予相应补贴。

资料来源：辽宁省住房和城乡建设厅，2015. 辽宁省人民政府办公厅关于支持居民自住和改善性住房需求的通知（辽政办发〔2015〕30号）[EB/OL].（2015-04-08）[2023-04-11]. https://zjt.ln.gov.cn/zjt/zwgk2/zdxxgk/fdcscxx/0055FC30928540EA97BBD93D007A242A/.

---

① 深圳市人民政府，2002. 深圳市征用土地实施办法（深圳市人民政府令第121号）[EB/OL].（2002-08-21）[2023-04-11]. http://www.sz.gov.cn/szsrmzfxxgk/zc/gz/content/post_9453357.html.

### （四）建立不同利益主体协调谈判机制

解决征迁中的"钉子户"问题，是征迁工作中的重点问题，关键是要建立不同利益主体的良性协调机制。

主要做法：一是建立谈判平台，设计各种权利人的组织机制与集体谈判模式，协调发挥各级政府与不同机构的作用，以合理机制处理被征迁区域单位、企业、居民及其间利益分配问题等。二是"第三方介入"，通过法律裁决、政府组织协调等方式，引入第三方对拟征迁区块进行价格评估，确定合理价格，促进逐户签订合同。三是"同步拆迁"法，即签订同意搬迁协议的居民达到一定比例后，则实行同步搬迁，否则就暂缓征迁工作。四是"奖励先行"，即对先行撤离群体实施一定的鼓励和让利政策（如提前签约奖励等）。

---

**专栏 4-4**

## "软交流"解决"钉子户"

"软交流"主要是指强化思想沟通，以感情、语言牌解决"钉子户"问题。主要做法：一是重视前期入户摸底调研。挨家挨户入户摸底，了解家庭结构、成员、工作、生活、身体健康、主要社会关系、对征迁工作的认识、意见建议等情况，同时进一步宣传发动。二是充分研究被征迁户的心理。由经验丰富的工作人员结合上述情况，认真分析被征迁人员的心理状况，研究制定针对每一户、个性化的工作方案，如工作的突破口、主攻对象、双方底线、方法步骤等。三是掌握工作技巧和艺术。站在被征迁户角度考虑问题，主动为其争取合情合理合规的利益；围绕民心下功夫，主动关心群众生活，尤其是生活困难对象，主动对接民政等部门，积极协调慈善部门、红十字会等，为其申请补助经费、解决生活困难问题。四是做好征迁后的工作。征迁工作之后，继续留人协助确保各种补偿安置保障措施及时到位，真正做到取信于民，树立良好口碑形象，便于其他动迁区工作开展。

资料来源：晋江新闻网，2014. 创造组团回迁"晋江经验"2.2万被征迁群众"幸福回迁"［EB/OL］.（2014-03-18）［2023-04-11］. http://news.ijjnews.com/system/2014/03/19/010673759_03.shtml.

### （五）强调法律运用

强调法治理念、法治思维，综合运用各种法律手段，让矛盾化解不跑调，使工作人员违纪必受罚。

主要做法：一是强化干部法治能力培训。采取全员轮训方式，举办专题培训班，邀请资深法律工作者对土地征用、房屋征收等工作的法律依据、工作程序，从法律视角、范畴进行专题讲解，深入开展相关技能培训。二是组建法律服务团队。组织法律专业人士入驻项目一线，为土地、规划、城管等相关部门在土地征用中"量身定制"专业法律服务。深化"律师进社区进基层"活动，邀请其作为第三方，参与所在区域土地征用工作。组织公证员团队对现场工作进行视频记录，提供办理保全证据等公证服务。组建由司法、法院、公安、信访等部门参与的纠纷调解团队，为群众提供免费法律咨询。三是坚决维护法律权威。对在工作中出现的违规违纪违建行为，发现一起，查处一起。对征迁工作中的矛盾纠纷，引导通过法律渠道解决。各地还对工作中有可能遇到的涉嫌触犯法律的行为做了明确，例如，对于侵占、挪用被征用土地单位的征地补偿费用和其他费用，威胁、恐吓、辱骂、殴打工作人员或阻挠工作开展，工作人员弄虚作假、徇私舞弊、玩忽职守等行为，均明确了需承担的法律责任。

## 四、规划设立园区，强化土地整合

产业园区是优化城市发展布局、促进产业集聚、提升土地利用效

## （一）统筹园区与其他各类规划

主要做法：一是加强对各园区规划与土地利用编制及修编、扩区调位等工作的领导。成立领导小组，负责总体及各专项规划编制对接，重大项目的选址推荐、用地审核等工作，重大事项"一事一议"。二是规划引领，优化布局。统筹编制园区发展、土地利用、环境影响评价和控制性详细规划，以此确定园区开发建设、节约集约利用土地的目标任务，合理确定园区土地利用结构和空间布局，提高园区综合容积率、建筑密度等规划指标。设计良好的园区形态，集中建设生活配套设施，提升园区功能和品位。结合发展实际对重点发展的产业，如现代物流、高端制造、生物医药、科技创新、文化创意、健康养老等战略性和新兴产业，提前做好统筹规划，留足发展空间。三是对规划实施进行严格监管。建立园区规划实施及产业用地全程监管机制，每年对实施情况进行评价，各园区需及时上报规划建设、扩区、调区、产业与项目建设发展等情况。[①]

## （二）统筹土地资源配置

通过整合利用、分类实施等方式，统筹土地配置来提升利用效益。主要做法：一是加强土地整合利用。鼓励通过托管等方式，由园区管理机构（或委托产业运营机构）为实施主体，将园区内产业落后、零星分散的建设用地进行整合、清理及前期开发，实行统一规划和产业招商，以此实现规模化统筹开发利用。二是严把用地供应前置关口。严设产业项目准入门槛，以不低于国家和省（市）制定的用地控制指

---

① 德阳市人民政府，2017. 德阳市人民政府关于进一步加快工业园区集中集约集群发展的实施意见（德府发〔2017〕12号）[EB/OL].（2017-08-17）[2023-04-11]. https://www.deyang.gov.cn/gk/zcfg/zfwj/fzff/885222.htm.

标及相应行业土地使用标准，制定实施本园区用地标准，严禁向禁止类产业项目供地，从严控制限制类产业项目用地，严格规范实施建设项目节地评价。严格执行"净地"出让规定，拟出让土地必须权利清晰，安置补偿落实到位，地块位置、使用性质、容积率等规划条件明确，具备动工开发所必需的其他基本条件。三是做好分类处置和使用。对于新增产业用地，全部实行全区域统筹，按年度编制用地计划，明确具体项目或产业发展方向，优先保证重大项目、重点产业和重点区域用地，加强闲置、低效土地清理。同时，实行履约管理，各用地项目要约定建设投资规模、开工竣工时间、出让价款缴纳、容积率、建筑密度、行政办公及生活服务设施用地所占比重和绿地率等指标内容，以及土地收回、违约责任等条款。

### （三）"以租代售"发挥土地更大效能

主要做法：一是创新用地方式。园区管理部门可依法向入园企业出租土地，但不得转让；可以建设并持有产业用房及各项配套服务用房出租给入园企业，但不得整体或分割销售或转让公司股权，园区与入园企业也可采取共有建设用地使用权方式使用土地。入园企业申请以出让方式取得园区产业用地的，实行弹性年期出让，最长年限20年，期满后需继续使用土地的可申请续期。二是推行项目承诺制。在签订供地合同前，国土管理部门组织入园企业按照准入条件做出书面承诺、签订履约监管协议书，约定退出条款，明确入园企业运营后未达到准入条件的监管处理措施，以及企业自身原因无法开发建设或运营的退出方式。三是强化用途监管。入园企业严禁以任何形式转让、销售、出租园区出让或出租的土地及地上房屋，严禁擅自改变土地用途。园区管委会与土地管理部门定期对产业项目准入、运营等情况进行监测评估，公开执行情况，接受社会监督，并强化对企业的信用管理，将失信企业列入黑名单，限制其取得政府供应的土地。

## 专栏 4-5

### 工业用地的弹性年期出让

"弹性年期出让"是近年来的创新，以工业用地为例。主要做法：一是根据不同行业在发展周期上的差异和企业用地需求，合理确定工业用地出让年期，定期开展考核监管，建立存量工业用地退出机制。二是弹性年期出让必须采取招标、拍卖、挂牌等方式，出让年期可设定为 10 年、20 年、30 年或 40 年，出让单价不得低于国家工业用地出让最低价标准中明确的相应年期的评估价格。三是加强土地价款征收管理，单宗土地出让金，自成交确认书签订后 1 个月内必须缴纳不低于出让价款 50% 的首付款；分期缴纳余款的，全部款项的缴付时间最长不超过 1 年。对于土地出让金未全部缴纳的，不得发放土地使用证，也不得按照土地出让金缴纳比例分割发证。同时，对出让金缴纳情况实行动态清理制度，对欠缴土地出让金的严格按照国家规定征收违约金。四是加强对土地开发建设的督查，确保项目按时竣工投产。对非因政府及其有关部门行为造成土地闲置、未动工开发满一年的，按照土地出让金或划拨价款的一定比例（如 20%）征缴土地闲置费；未动工开发满两年的，依法无偿收回，并重新安排使用。

资料来源：宁德加强土地集约利用 试行工业用地弹性年期出让［EB/OL］.(2016-07-20)［2023-04-11］. http://www.kingland119.com/infos/22287/details.

### （四）做好高端产业用地管理

主要做法：一是明确准入条件，加强用地保障。按照高端产业准入标准确定园区准入条件，明确产业类型、投资强度、产出效率、创新能力、节能环保等要求,并与园区及周边居住用地相匹配,合理确定建设时序。① 二是建立产业准入评估制度,实行用地准入管理。国土部门建立产业资格审查制度,对申请用地企业严格审核、出具审查意见,作为获得用地出让的依据。此类产业用地准入标准一般涉及以下内容:容积率、固定资产投资强度、单位用地税收、研发经费支出与主营业务收入比、研发人员与从业人员比、单位能耗增加值、单位排放增加值等指标。同时需明确具体额度,如固定资产投资强度不得低于500万元/亩、单位用地税收不低于50万元/亩、研发经费支出不低于主营业务收入的5%、研发人员数量不低于从业人员总数的30%、单位能耗增加值不低于5万元/吨标煤、单位排放增加值不低于1 000万元/吨等。三是用地实行市场化配置。一般此类产业用地均以招拍挂方式公开出让,如采取"限地价,竞亩均税收""限地价,竞达标时限"等方式确定竞得人。② 在依法合规前提下,行业龙头骨干企业、国家级高新技术企业、重大招商引资项目等可优先安排受让产业用地。

规划专门的产业园区对城市建设用地节约集约使用发挥了重要作用,效益效率突出。以苏州工业园区为例,2018年,其地区生产总值为2 570亿元,平均为9.24亿元/平方公里,是同年该园区所在市平均水平(2.15亿元/平方公里)的4.3倍;进出口总额为1 035.7亿元,平均为3.73亿元/平方公里,是该市平均水平(0.41亿元/平方公里)的9.1倍;公共财政预算收入350亿元,平均为1.26亿元/平方公里,是该市平均水平(0.24亿元/平方公里)的5.25倍;城镇居民人均可支配收入超7.1万元,是该市平均水平(6.35万元)的1.12倍。③

---

① 北京市人民政府,2017. 北京市人民政府关于加快科技创新构建高精尖经济结构用地政策的意见(试行)(京政发〔2017〕39号)[EB/OL].(2018-01-12)[2023-04-11]. https://www.beijing.gov.cn/zhengce/zhengcefagui/201905/t20190522_60827.html.

② 杭州市人民政府,2019. 杭州市人民政府办公厅关于进一步规范全市创新型产业用地管理的意见(杭政办〔2019〕2号)[EB/OL].(2019-08-28)[2023-04-11]. http://www.hangzhou.gov.cn/art/2019/8/28/art_1684095_6634.html.

③ 根据当年统计年鉴数据推算。

## 五、注重挖潜改造，提升利用效率

### （一）内涵改造，外延挖潜

主要做法：一是内涵改造。指导企业做好现有用地的规划调整，扩大生产规模，挤地发展。严格控制企业单位土地面积的投资强度和投资规模，对投资强度低于园区要求的项目原则上不供地，确实具有发展前景、科技含量高、创税能力强的中小企业推荐进标准厂房。积极推广应用多层标准厂房，以相应的配套费等优惠对此类企业加大支持，同时严格控制单层厂房建设，明确生产工艺无特殊要求的项目不得建造单层厂房。鼓励企业充分利用现有生产、辅助、公用工程等场地设施，盘活土地存量；依法转让或出租闲置厂房，实施厂房加层、改造老厂、内部整理、余缺调剂以及引进先进设备等方式，将"数量不变的"存量变为"产出可变的"增量。二是外延挖潜。出台集约用地规定，要求用地单位就新增用地的投资强度、容积率、行政办公及社会服务设施用地等做出承诺。在土地利用监管，特别是对国有建设用地的管理中，坚决对照划拨用地目录，对新增用地严格审查标准和范围，重点支持支柱产业用地，形成有效供给。

### （二）盘活低效闲置用地

低效用地包括利用效益不高或未能充分发挥价值的土地，有些地方明确将"已开工建设，但在约定建设工期内未完成全部开发建设""已竣工投产，但近三年企业一直处于停产半停产状态的工业用地""已进入司法处置并且企业已停工停产的工业用地"等均视为低效用地。

对此类土地，主要是通过增资扩能、整合重组、协议处置、依法处置等方式进行盘活。一是增资扩能。对已竣工的工业项目，因投资强度、建筑系数、容积率未达到合同约定标准或亩均税收低于合同约定标准的，责令土地使用权人限期追加投资，严格按照约定条件开发建设。二是整合重组。对停产的工业用地，在符合园区规划及产业要求的前提下，鼓励优势企业通过收购、兼并等方式整合重组，以产业结构调整予以盘活，或通过引进有实力的投资者，以租赁等形式予以盘活。三是协议处置。主要是限期建成投产和协议收回。在限期建成投产方面，一般是签订补充协议，重新约定竣工期限和违约责任，期限内仍未完成全部开发建设的，按土地实际取得成本收回全部或未建设部分的国有建设用地使用权，地上建筑物及构筑物等不动产补偿按协议执行。在协议收回方面，主要是针对土地使用权人无力或不愿意继续加大投入的，按土地实际取得成本收回全部或部分国有建设用地使用权，地上建筑物及构筑物等不动产补偿按协议执行。四是依法处置。按照国家和省（区、市）土地使用税的相关政策法规，开展土地使用税清理，强化征管措施，提高土地持有成本，倒逼企业高效利用土地资源，主动节地退地。[①]

### 专栏 4-6

## 以发展规模经济促进土地盘活

通过发展规模经济促进土地盘活的实践主要体现在各级产业园区或开发区。典型做法：一是贯彻国家土地政策，积极开展土地盘整，对园区范围内原各区域的土地全面摸底调查，进行登记备案，研究提出整体处置方案，加大对土地权属纠纷调处力度。二是由政府职责部门、园区管委会、具体的开发企业共同协商，结合发展实际，统筹考虑制定土地盘活方案和协议，多手段多举措盘活，发挥多方协调作用。

---

① 内蒙古自治区乌兰察布市政府, 2018. 关于加快盘活闲置低效工业用地的实施意见 [EB/OL]. (2018-11-12) [2023-04-11]. https：//www.wulanchabu.gov.cn/1509000032/bmxxgk/136195.html.

三是以项目为载体,大力开展招商引资,大力发展支柱产业。同时,着力做好土地项目上下游产业链建设工作,通过发展规模经济促进园区升级发展。

资料来源:蒋德明,2004.一条盘活土地的成功之路——北海市利用闲置土地建工业园区的经验[J]. 南方国土资源(8):35.

### (三)稳妥解决企业退出土地的问题

对一些闲置、低效或无力再开发的用地,政府采取合理方式引导退出。主要做法:一是回购。成立专门机构全面负责协调、监管,指定具体部门负责回购储备及后续土地整理。对主动申请退地的,减免退地过程中发生的土地增值税、营业税、企业所得税、契税、登记费、管理费等相关税费,降低退地成本。另外,在土地出租或出让之始,即提高保有成本和扩张成本,如对粗放、低效用地取消相应的税收等方面的优惠政策,强化征收新增建设用地的有偿使用费等,约束建设用地扩张。二是功能转换。即直接在原有低效用地上实现功能转变或产业转型升级。如有的地方根据厂房建筑特点,并结合政府相关促进发展政策,将工业区改造为创意产业园区,衍生出综合效益更高的用地业态。三是自主改造。政府部门不直接主导低效工业用地退出的具体事务,而是通过制度环境建设、开发计划等方式,间接引导开发企业以土地使用权为核心,自行或引入合作开发者有效整合各类资源、技术、资本进行更新改造。四是市场流转。依托城市土地交易制度机制,使低效用地通过使用权转让、出租等市场形式退出,转于其他用途。五是对于短期内无法退出的工业用地,区分严控型和缓控型企业分类对待,前者近期不允许改扩建,后者虽允许改扩建但同时从功能导向、开发强度等方面提出具体的管控引导要求。六是加强土地二级市场监管。在土地退出前，严格申报所涉及土地的数量、位置、用途、价格等指标，经审批后才能进行交易；或确立土地回购储备机构，获得对转让土地的优先受让权；或建立用地转让进场挂牌交易制度等，防止只买卖而不发展土地的投机行为。

### （四）推动"三旧"改造

近年来的沿海经济发达地区，为解决产业结构升级和城市化质量提升过程中的土地瓶颈，开始进行旧城镇、旧厂房、旧村庄即"三旧"改造工作，拓展建设空间。"三旧"改造的特点是用地不属于新增用地，而是土地的再开发，其不仅是土地用途和强度提升的技术问题，而且是利益的重新分配。

主要做法：一是明确改造范围。如有的地方将之分为四类：按城乡规划需改变用途的用地，利用效率低和不符合安全生产、环保要求的用地，国家产业政策规定禁止类、淘汰类产业的用地，规划确定要改造的不具有保留价值的各类建设用地。二是规定实施主体和改造方式。对政府实施土地收储出让的，以招拍挂方式确定实施主体，改造后用于经营性商品住宅的土地同样以招拍挂出让方式供地。对国有土地使用单位依法开展改造的，原使用单位可作为实施主体，并可与其他投资者联合改造。三是确定实施步骤。一般有五个步骤：调查摸底，对目标土地列表造册、建档立卡，载明使用权人、原用地性质、四至及地上建筑物与构筑物等情况；编制规划，内容主要包括地块的总体布局和规模、改造范围、目标功能、配套设施、安置补偿及配套措施等；制订方案，确定土地用途、容积率、建筑密度、配套设施，明确搬迁安置、补偿方案等；搬迁安置，充分征询搬迁安置对象意见，履行法定程序，依法安置补偿；实施改造，开辟绿色通道，及时办理审批及用地、规划、建设、消防、环保等相关手续。四是制定扶持政策。包括：合理制定收储补偿办法，优先提供搬迁安置用地，积极支持建设用地复垦和流转，引导原使用单位按规划改造，扶持发展新兴产业，积极鼓励提高土地利用率等。①

## 六、加强政府服务，发挥市场引导作用

政府服务方面，坚持局部利益与整体利益相结合，切实保障民生用地需求，按照"统分结合、有保有压"原则差别化供地。市场引导方面，主要通过土地有偿使用制度改革，搭建统一的土地二级市场交易平台，建设完善城乡统一用地市场，积极实施用地使用权转让、租赁、抵押等。实践中，除以土地价格作为基准外，还把土地投入产出强度和产业的科技含量、产品的市场竞争力、对环境是否友好等作为标准，最大限度引入能充分集约利用土地的投资方。

### （一）优化用地审批服务

通过改进政务服务提高土地利用效率和绩效。主要做法：一是搞活土地市场。加强土地收储、前期开发和出让等工作，积极推动土地市场建设；加大土地整治、流转、建设用地置换等力度，科学合理分配各类用地指标，进一步优化和统筹土地利用结构和时序。二是下力气改进审批服务。对城镇化建设项目用地征收、转用、供应等各项审批工作，强化"一张蓝图、多规合一"，持续推进减程序、减要件、减时间等改革，推行承诺审批、打包审批、开展标准化服务；对一些重大项目实施"一对一"服务，建立绿色通道，全程跟踪推进；同时组织相关部门与产业园区、开发区管委会等管理机构，逐项梳理、对接，下放土地管理权力事项和审批服务权限及职能，进一步优化用地服务。

---

① 福建省人民政府, 2010. 福建省人民政府关于加快推进旧城镇旧厂房旧村庄改造的意见（闽政〔2010〕27号）[EB/OL].（2010-11-20）[2023-04-11]. http://www.zhangpu.gov.cn/cms/siteresource/article.shtml?id=60423206312090000&siteId=60423208258790000.

## （二）多措并举、加强监管

主要做法：一是严格土地执法。一手抓合法用地保障和服务，一手抓违法用地预防查处，"两手都要硬"，在维护正常有序的土地利用和管理秩序的同时，加大拆违控违力度，确保土地管理法律法规和政策规定有效落实。二是严格用地预审。坚决核减不合理用地规模。有的地方在用地预申请环节专门建立重点项目多部门联合会审制度，定期召开联席会议，严格审核项目的投资规模、容积率、年产值、税收等指标。三是制约土地浪费。加强建设用地批后监管，有的部门在用地信息公示环节，专门建立了土地开发利用的动态监管体系，从审批到开工、竣工，全流程复核，多部门联动，有针对性地采取不同措施，对效益不佳及停产的企业随时"亮灯"，限期未改者则进行清理，腾出土地引进规模大、实力强、效益好、科技含量高的企业（安徽省太湖县国土资源局，2013）。

### 专栏 4-7

### 成立专门投融资公司

为解决用地的投融资难题，有些地方专门成立投融资公司，以其作为平台，负责市场化运作。典型做法：一是政府职能部门积极协调，帮助拓展多元化融资渠道，形成以银行贷款为主，涵盖企业债、资产证券化、险资直投、中票短融等的融资格局。二是采取灵活有效的资金解决方式，如有些地方运用"五个一块"的资金融通方式，即争取国家和省补一块、通过银行贷款贷一块、地方政府出台政策免一块、社会资金投入一块、腾空土地进行商业性开发经营一块，获得了充实的资金。另外，有些项目本身融资渠道比较丰富，如棚户区改造方面，一般包括了国家财政和省级财政的贴补、银行的借贷、地方政府的政策减免、社会投资和商业性开发盈利等，融资对象较多，也能较为有效地分担风险。

资料来源：作者根据一些地方做法总结整理。

### （三）破解土地再开发机制约束

以旧城更新改造为例。一些地方重点开展了旧城更新规划与土地再开发机制的协调变革。主要做法：一是建立城市规划与土地管理部门的联合干预机制，加强行政部门之间的横向沟通，整合分散的权力资源，形成专一的更新力量。从城市规划部门看，主要发挥控制性详细规划和各专项规划在指导城市用地资源配置方面的作用，通过预留低收入人群保障住房用地、划定不可出让的历史文化保护区等方式，保证旧城人口和功能构成的多样化。从土地管理部门看，主要是健全制度、确保旧城土地使用不只立足经济角度，而是采用直接划拨或土地租赁等方式，回避市场价格冲击。二是将工作实施重心进一步下沉，赋予社区、街道等组织优先参与旧城土地再开发的权力，鼓励旧城社区居民以社区、街道组织为单位，以多种方式宣传、推介或以自有资金实力参与旧城土地一级市场竞争，政府给予政策优惠，打破只有开发商参与的局面，也即实现了从"单向度土地再开发机制"（如政府→开发商）向"多向度土地再开发机制"（政府→政府；政府→社区/居民；政府→开发商）的转变。三是以旧城更新规划为导向修正土地再开发制度，使居民可以产权为股份分享土地再开发后的持续增值收益。有些地方在旧城更新中对土地租赁制度加以推广，既让无地者通过对部分土地权利的享有而满足生产生活所需，也让有地者的土地所有权在经济上得以实现，从而使土地的价值和使用价值均得到体现（郭湘闽，2008）。

## 第三节　中国优化土地资源配置的借鉴启示

积极稳妥扎实有序推进城镇化，对国民经济和社会发展影响深远。优化土地资源配置，能够提升土地利用效率，有效保障城镇化用地需求，实现城镇化高质量发展，在促进经济增长、推动工业化与产业升级、加速城镇化进程、改善社会福利以及改善居民居住条件等方面产生了积极效应。中国土地资源优化配置中形成的经验做法，对于非洲那些土地资源稀缺的国家或地区有很好的借鉴和启示作用，提示这些地方更需高度重视统筹土地利用与城市发展。

第一，做好规划衔接是统筹土地利用与城市发展的重要前提。规划是城市建设发展的前提和基础，土地又是其中的关键要素。推进城镇化应首先在规划方面统筹考虑，使土地利用规划与其他各项规划衔接协调，做到城乡规划、土地利用规划、产业规划、生态规划等"多规合一"，将土地利用总体规划修编与城乡建设规划、经济社会发展规划等"多规"衔接、相容互促。要高起点、高标准、高质量科学编制土地利用总体规划，充分考虑未来城镇化发展对建设用地的需求，整体谋划，统筹安排，预留充足空间。

第二，协调发挥政府与市场作用是统筹土地利用与城市发展的重要保障。要发挥好政府和市场的双重作用，明确各自权责和边界，一方面要注重政府引导，充分发挥保障民生的积极作用；另一方面要强调市场配置，提高土地交易和利用效率。要全面履行政府职能，统筹安排发展用地，合理分配年度用地计划指标，统筹土地分阶段有序开发利用，切实保障民生用地需求，完善土地市场调控机制。要充分发挥市场在土地资源配置中的决定性作用，尊重土地市场规律，以价格、竞争、供求等激发市场活力，创新供地管理方式，完善用地指标交易机制和土地二级市场、城乡统一建设用地市场。通过政府和市场"双管齐下"，总体提升土地供给质量和效率，为区域良性发展增强土地要素保障。

第三，节约集约利用土地是高质量保障城市用地需求的关键。土地的节约集约利用是一项绕不开的重要课题，在城镇化建设初期即应高度重视，开展整体设计，保障土地科学合理、集约高效使用，避免大规模数量型供地、"摊大饼"式发展等建设模式。要对土地分类分区利用，针对各类型区域特点及发展要求进行针对性管理，促进有序发展；探索规划专门专类专业化园区，统筹土地资源配置，从政策上引导土地利用方式；结合发展实际，有计划地发展高端、优质、战略性产业，给予土地优先保障；提高企业用地产出，促进企业优化产品结构，提高土地产出强度；多措并举，挖潜改造，严格禁止和坚决惩处土地闲置、浪费等行为。

第四，以土地财政助力解决建设资金来源是重要辅助。推进城镇化建设需要大量的资金投入，要形成土地利用与土地财政的良性循环。比如，出让土地，直接获得出让收益；着力开展招商引资，获得企业缴纳的税收；建设商业地产和普通住房，在保障居民提高居住水平的同时获得收益；将土地作为抵押，获得贷款和融资保障等。同时还要注重常态化开展政策实施效果评估，避免对土地产生依赖性，甚至出现土地财政把银行"绑架"、房地产把银行"绑架"的情况。在城镇化建设中应既尽力而为，又量力而行，力争做到以人为本，让人民能够切实享受发展成果。

## 参考文献

安徽省太湖县国土资源局，2013. 多措并举 让土地利用效率更高 [J]. 中国土地（7）：11-12.

郭湘闽，2008. 土地再开发机制约束下的旧城更新困境剖析 [J]. 城市规划（10）：42-49.

刘守英，2018. 土地制度变革与经济结构转型——对中国 40 年发展经验的一个经济解释 [J]. 中国土地科学（1）：1-10.

潘家华，单菁菁，2019. 中国城市发展报告 No.12：大国治业之城市经济转型 [M]. 北京：社会科学文献出版社.

帅文强，2013. 提高土地保障能力 助推新型城镇化 [J]. 中国地产市场 (10)：48-49.

宋娟，2014. 当代中国土地使用制度改革研究述评 [J]. 中国经贸导刊 (13)：33-35.

住房和城乡建设部，2022. 2021年城市建设统计年鉴 [DB/OL]. [2023-04-11]. https：//www. mohurd. gov. cn/gongkai/fdzdgknr/sjfb/index. html.

下 篇

# 非洲现状与困局
## ——如何实现更高质量的城镇化？

# 第五章　非洲城镇化进程中的公众参与

　　城镇化已成为大势所趋，无形中塑造和改变着我们的世界。城市通常被看作一个国家经济和社会发展的引擎，为科技创新和生产力的发展提供了有利条件。城市通过提供就业岗位、促进科技发展，成为缓解贫困、促进发展的排头兵（Collier et al., 2019）。城市的吸引力在于可以给人们带来丰富的选择和机遇，比如提供高质量的住房、就业岗位以及教育和医疗等服务。此外，城市的发展也可以让更多资金回流到农村，从而缓解农村贫困。

　　不过，如果对城镇化理解不够、缺乏管理，城镇化发展就会面临严峻挑战，如食品供应和社会服务面临压力、拥挤的居住环境带来健康问题、污染和垃圾倾倒对环境造成破坏、社会剥夺和犯罪问题，等等。城市的迅速发展和政府应对挑战的能力不足会使这些问题进一步恶化。在解决这些问题的过程中，城市居民可以基于自身的生活体验建言献策。因此，要想针对城镇化过程中存在的问题制定合理的干预政策，就要深入了解城市居民的生活方式，以及外界因素对其生活方式的影响。

# 第一节　城镇化进程中的公众参与

## 一、公众参与是城镇化发展中的重要元素

广义而言，公众参与指的是个人、团体或民间社会组织参与自己感兴趣或者与其利益相关的决策制定的过程。这一过程影响着公众与地方政府或其他公共服务机构之间的关系。公众参与活动既可以由地方机构推动，也可以自发形成和组织。一般而言，公众参与包括以下几个层次：公民身份的建构（有关公民身份和政治参与的知识、主人翁意识和权利意识）；公众参与的实践（集体行动的能力、紧密的社会网络、强大的社会凝聚力以及新参与形式的建立）；回应及时、负责可信的政府（实现和保障公民权益、提供公共服务和资源、对公众诉求的有效回应）；具有包容性、凝聚力的社会（将不同群体和问题纳入公共空间的讨论范围之内，在不同社会群体间和社会群体内部形成凝聚力）。

公共政策需要确保公众的利益得到满足，才能维护社会稳定，促进以人为本的可持续发展。因此，有必要在城市政策制定过程中充分聆听公众的声音，建立公众参与机制。相关研究显示，当公众能有效参与城市管理，能够在涉及民生的问题上得到充分关照时，所有家庭和社区都能受益。当公众有机会在城市规划、经济管理、政策制定问题上发声时，社会资源和公共服务就能更有效地流通，医疗水平、教育水平和社会凝聚力都会有所提高（Hassan et al.，2011）。公众参与不仅有助于减轻诸如社会排斥、经济停滞、政策实施受阻等问题，还

能争取公众对城市发展的支持，提高政策的认同度和可持续性，反过来进一步提高公众的政治参与度，并增强政府机构的公信力。公众参与决策制定过程还可以提高决策的合理性，增强城市规划的效力，直接满足公众的需求。

当前，面对全球社会不平等加剧等状况，公众参与是在进行城市规划时需要考虑的重要元素。城市不断变化的空间布局可能会加剧社会不平等和贫困问题，如果相关政策和城市发展项目无法均衡布局，就会造成社会分化（UNDESA，2020）。然而，由于社区门禁、飞地和乡绅化的发展，城镇化在空间布局上已出现分化现象。城市居民无法平等地享有发展机遇和资源，很多人被迫迁往贫民区。因此，城市规划者、政策制定者和投资者需要认真考虑以下问题：如何让城市在转型过程中依然保持原有风格与特色？城市服务的群体是谁？如何协调集体利益和个人利益的关系？谁付费？谁受益？也就是说，在进行城市规划时要综合考虑空间布局和社会发展，为城镇化过程中的问题提供相应解决方案，这就需要让公众充分参与到决策制定中。

## 二、城镇化进程中公众参与的理论框架

### （一）从下到上：自发建立公众空间

要顺应当前发展形势，发达城市就应该充分考虑如何有效实施城市规划和管理、如何进行权力下放、如何建立合理的组织机构，以及如何促进公民社会的有效参与。国际公众参与协会制定的"公众参与框架"将公众置于治理的中心地位，包括告知、协商、邀请、合作、赋权等形式，这可以给城市提供直接的政策参考，并在很大程度上转变公共部门的运行方式。鼓励公众参与政策制定可以提高政策的合法性，提升城市规划效果，更好地满足公众利益。

政府的能力也决定了公众参与战略能否得到有效实施，以及公众

参与的需求能够在多大程度上得到满足。因此，需要对城镇化过程中的公众参与进行认真规划，使其符合社会发展和城市背景。随着公众受教育程度的提高以及技术推动下获取信息渠道的增加，他们对公共服务的要求也在不断提高，这促使政府进一步优化治理水平。

"公共部门需要给民众提供更有效、更高质量的公共服务，更好地满足民众需求，提高公众参与质量。就政府与公民社会的关系而言，这意味着政策制定需要贴近民意，让民众直接参与政策的完善、执行、评估和实施过程中。"（UNDP Global Centre for Public Service Excellence，2016）因此，有必要改变政府治理过程中的公众角色，使公众、政府部门人员以及公共服务提供者成为城市公共产品的共同生产者。

### （二）从上到下：公众参与公共服务的五个维度

城市的不平等程度越低，政府就越能更好地统筹协调公众的需求，更好地做出普惠的合理决策。因此，各利益相关者都应被纳入参与空间，参与和影响包括政策的制定、执行和评估在内的整个过程（Mohammed，2013）。为了更好地说明城市公众是如何参与公共事务的，这里采用了公共服务中公众参与的五个维度模型（图5.1）。该模型是一个自上而下的模型，地方机构担当参与空间的发起者。

**告知维度。**公众参与的第一步是为公众提供公正客观的相关信息，来帮助公众理解政治决策过程中遇到的问题、挑战、机遇以及解决方案（International Association for Public Participation，2018）。告知的渠道是多样的，可以通过小册子、书信等纸质媒介传递，或者通过公共集会、发布会、电话通知等交流形式传播，也可以利用网络、社交媒体、热线及其他各类媒体沟通。信息的传递有利于促进公众参与，使他们能根据已获得的信息自发地针对某个问题给予支持或提出意见（UNDP Global Centre for Public Service Excellence，2016）。不过，获取信息并不意味着知晓信息。发出的信件或邮件可能处于未读状态，

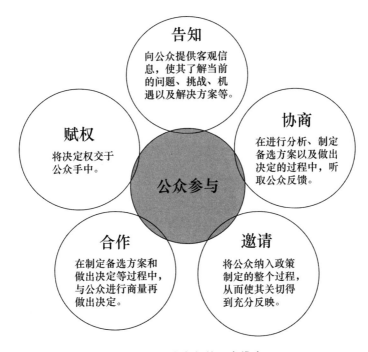

**图 5.1　公众参与的五个维度**
资料来源：根据国际公众参与协会的"公众参与框架"整理。

信息的语言可能晦涩难懂，或者只有部分公众群体知晓了信息，其他人被排除在外。此外，公众还需懂得如何处理信息，如知道如何拨打热线电话或是使用相关网站。如果公众处理信息能力有限，参与就会受限。因此，有必要考虑多种信息传播方式，从而适应公众的行为方式、利益诉求和参与能力（EPA，2018）。

**协商维度。**这意味着政府承诺保障公民的知情权，聆听他们的意见，了解公众的担忧和期望，及时给予反馈，并将公众吸纳到决策过程之中（International Association for Public Participation，2018）。可以采取会议、电话或问卷调查的形式进行协商，然后把收集的信息交给政策制定者来决定是否采纳公众的反馈和建议。然而，政策制定者可能打着公民参与的幌子，把一些已经形成的决策拿到台面上讨论，或者有选择地披露部分公众意见，企图把决策合理化（Cornwall，2008）。这种情况下，公众的意见和反馈并没有得到充分采纳，公众会感觉参与的权利并没有得到充分保障，从而滋长负面情绪，这会进一步降低公众未来参政的积极性，使公众参与沦为表面文章（Arnstein，1969；Mohammed，2013）。

**邀请维度**。这意味着公共机构要在整个政治活动过程中直接与公众合作，充分知晓和理解公众的担忧和期望，并将其体现在决策制定上。公共机构要能给公众提供及时反馈，充分告知公众在决策制定中起到的作用（International Association for Public Participation，2018）。邀请的方式包括举行系列讨论会议、进行长期调查以及邀请公众参与工作坊和公共活动（EPA，2018）。有学者认为，邀请公众参与决策制定意味着一切都悬而未决，这对组织管理者来说是一场"噩梦"（Cornwall，2008）。因此，实际的协商过程通常只追求代表性而不考虑覆盖面，只有少数有精力参与到这一漫长决策过程的公众才能真正实现自己的诉求。所以，有必要分析要让公众参与哪些决策，基于什么原因让哪些公众参与决策制定，为什么其他人被排除在外，为什么其他人选择不参与，等等。据此，可以明确各机构是否贯彻了包容性参与的原则。

**合作维度**。这意味着公共部门在决策制定的每个环节都与公众合作，包括制定备选方案、选择最优解决办法等，公共机构承诺在制定相关解决办法时最大限度地考虑公众的意见和建议。合作是激发公民权利意识的第一步。合作平台一般都会明确表示要寻找共识性解决办法。公众参与能否有效进行，取决于公众、政客和官员间是否能建立相互信任。信任关系的建立可以促进各方相互理解，更好地了解各方的需求、问题、担忧和期许。如果双方能充分利用好这种机遇，建立长效对话空间，就能在长期合作关系中实现互惠互利。以咨询委员会的建立为例，虽然公众可以通过合作的方式参与决策制定过程，但政府机构依然是最后的拍板者,决定对公众的意见采纳程度。如果涉及的利益相关者在合作过程中考虑欠妥,不仅会给项目执行带来负面后果,而且会影响利益相关者未来的关系。

**赋权维度**。这意味着将最终的决定权交到公众手中,让他们决定实行什么样的决策,以及如何落实执行(International Association for Public Participation,2018)。这一维度涉及的活动一般为表决或投票。通过公众参与可以改善公众和政府间的权力不平衡现象,改造决策的政治属性,有关研究表明这都可以通过给公众赋权来实现(Arnstein,1969;Cornwall,2008)。赋权有多种定义。"自由赋权"指的是公民享有促进自身发展和自由的资源,并以此谋求更好的经济发展机会。该概念和政府提倡的公众参与息息相关,指出了实现公众参与的主要手段。成功的公众参与要在持续长期的博弈和妥协、探索和试错中实现,在此过程中参与者可以发现项目的可行性、预期效果及解决方案,增强自身的主人翁意识(UNDP Global Centre for Public Service Excellence,2016)。

公众参与项目可能包括几个参与维度,在不同参与阶段呈现不同特点。虽然赋予公众参政的权利是保障他们参与公共事务、增强城市包容性和政府公信力的有效途径,但并不是所有公众都能加入最高层级的公众参与。因此,有必要丰富其他的参与形式,以满足不同参与主体、参与水平和参与能力的需要。同时,公众的关注点主要在当前事务和与其代表的利益相关的事务上。因此,既然公众参与的目标是保证实现利益相关者的共同期待,那么就有必要分析哪些群体的利益得到代表,哪些群体被排除在外。制定每一项公共政策时都应该结合具体情况、契机、制约因素和利益相关者,仔细考虑公众参与应该包括哪些维度。

此外,要把公众参与看作一个动态的、非线性的过程。政府工作人员经常用单一的、固定的、静态的角度看问题,导致公众和政府机构间的冲突不断加剧。公众通常是推动政府改革的重要动力,但这是一个复杂的、动态的博弈过程。因此,重塑权力关系和政治决策绝非一日之功,需要建立动态长期的参与机制,从而避免公众参与进程中经常出现的静态、短视的行为(UNDP Global Centre for Public Service Excellence,2016)。

## 第二节 加纳城镇化进程中公众参与面临的机遇和挑战

非洲城镇化进程中的公众参与面临着政府权力下放进展不力、不平等程度日益加深、社会凝聚力薄弱以及公众空间缩水等问题;与此同时,新冠肺炎疫情暴发、数字化发展既给非洲公众参与带来了机遇,也带来了挑战(见表5.1)。下面将以加纳和肯尼亚为案例,进行具体分析。

表5.1 非洲公众参与面临的机遇和挑战

| 机遇 | 挑战 |
| --- | --- |
| ➢ 充分利用好决策制定过程,及时反应。<br>➢ 数字化工具可以更快、更好地实现数据收集,但也要考虑到居民负担和财政预算问题。<br>➢ 提高公众参与积极性,增强公众流动性,从而稳固民主化的基石。 | • 权力下放是优化服务的前提,然而一些案例表明,有时政府反而借权力下放之名,来加强中央集权。<br>• 在管理不善的城市里,不平等和凝聚力薄弱形成恶性循环。<br>• 民间社会参与意愿不强,参与能力不足。<br>• 缩水的公众空间剥夺了公民的权利。<br>• 政府利用全球局势的不稳定性,施行有争议性的、未经民主投票通过的法律。 |

在加纳,受到公众集会、讨论、民主宪法的合力推动,城市空间的公众参与发展活跃,为民主实践的发展提供了可能,其中既包括传统媒体等民间自建空间的发展,也包括地方政府主导的参与空间的发展。

## 一、自下而上的公众参与

### （一）民间社会组织发挥着重要作用

加纳的民间社会组织十分活跃，注册的民间社会组织数以千计，其中有大约一半位于阿克拉。加纳民间社会组织通常行动自由开放，很少受到政府干预。大部分组织是注册组织，在《1963年公司法》（179号法案）、《1962年组织法案》和《专业团体注册令》的框架下行动。虽然注册程序相对简单，但是高昂的注册费用和每年重新注册的要求给部分组织带来巨大的资金压力（Ware，2020）。很多加纳的民间社会组织面临各种挑战，如资金、人力和科技资源缺乏，资金来源渠道单一，过度依赖国外资金支持等。自从2014年加纳被列入中等收入国家以来，民间组织失去了很多资金支持。因此，很多组织缺乏可持续性，未来有待拓展更多的商业资金来源或开展更多众筹活动（CIVICUS AGNA，2015）。

加纳的民间社会组织在三方面发挥积极作用。一是为地方社区提供基础服务方面做出了积极贡献（专栏5-1）。在很多居民看来，民间社会组织在提高女性、儿童和残疾人等弱势群体的生活质量方面，比地方政府做得更好。二是加纳的民间社会组织鼓励人们监督选举过程，保证选举过程的可信度，加强公众对于公共政策和政治议程的讨论。因此，民间社会组织有效推动了民主的发展，并加强了公众对政治议程的理解。比如，由民主管理机构牵头发起的公民论坛倡议讨论管理改革事务。他们组建了民主化基金并广泛告知政策制定者，该基金可以为各政党在制定宣言和政策项目上提供支持，同时支持地方参政代表的选举，打击腐败行为，改善治理效果（CIVICUS AGNA，2015）。三是加纳的民间社会组织也是立法和司法改革的积极参与者和先锋推动者，参与制定政策草案，针对尚未出台的法规展开调查研究，有时这些方案会被采纳并成为法律。此举极大振奋了政治活力,形成了良好的政治交流氛围,扩大了公众参与空间。这表明加纳的民间社会组织在深化与政府的合作关系,政府也给予了积极的反馈。

**专栏 5-1**

## 公众参与替代政府干预:老法达玛(Old Fadama)贫民窟的火灾和社区活动

如今加纳主要还是通过城市边缘地区的拆迁、搬迁和重建来升级贫民窟。这一过程反而造成了贫民窟扩大和贫困率上升。土地法案和加纳宪法带来的官僚和政治负担导致加纳的土地所有制度非常复杂,很多公众都绕制而行。加纳90%的建筑并没有得到当地权威机构的建造许可,75%的家庭选择租房或是与大家庭合住。这导致公共基础设施的规划变得十分困难,也使房地产和社区基础设施领域的投资进展不畅。

老法达玛贫民窟是阿克拉最大的贫民窟之一。2012年,一场大火烧毁了非正式住宅区内上千座木质住房。从那时起,火灾时有发生。最近的一次火情发生于2020年4月,正值新冠肺炎疫情封城期间,居民被迫流离失所,面临感染疾病的风险。政府缓慢的反应速度及其对于非正式住宅区居住地灾后重建工作的漠视,引起了批评人士的担忧。老法达玛社区很多非正式住宅区的居民一方面积极承担发起、组织和管理公众活动的责任,推动地方政府和居民展开有效对话;另一方面依靠自身力量积极发展,团结一心,间歇性地翻新房屋结构,除了加固已有的木质结构,还转而选择了更稳定的钢铁或混凝土材料,从而填补了政府责任的缺失。

该案例还凸显了社区中传统领袖的重要性。虽然加纳的现代化蓬勃发展,但传统领袖依然在农村和城市的社会和文化结构中扮演着重要角色。城市的传统领袖政治权力较小，但也占据了议会 9% 的席位。首长在城市边缘影响很大，因为这里的公众经常被排斥在正式的参与空间范围之外。传统领袖不仅是非正式的管理者，同时也和官僚们保持着联系，是官僚们的"守门员"，他们在土地管理和冲突解决等事务上也发挥着作用（Lentini，2020；Tieleman et al.，2018）。

资料来源：Ayamga，2020；Oppong et al.，2020；Owusu，2013.

## （二）传统媒体是公众表达观点的良好平台

在加纳，来电交流环节非常受欢迎，听众经常利用电台就一些政治敏感问题或争议事件发表观点。广播电台也经常设置固定时间让公众发声，给政客和意见领袖们提供参考。在发生火情或是水管爆裂的时候，由于缺少电话联系相关服务的渠道，听众经常通过电台联系相关部门。一些听众还会利用电台实时向权威机构提意见。比如，在警察检查关卡遇到交通拥堵时司机就会通过电台表达意见。媒体认为这是公众向上反映问题极为有效的方式，比民众集会上选举代表发声更加有效，因为后者会面临时间压力，也无法顾及所有权威部门。因此传统媒体和广播又被视作"压力集团频道"。

在城郊地区，社区的信息中心也在自上而下的信息分享中扮演着重要角色。在很多小镇所在地和城郊居住地，社区信息中心的播报系统经常在清晨播放通知。社区成员可以在信息中心通过电话与议会成员取得联系，社区信息中心充当了"迷你电台"。需要指出的是，如果媒体要成为公众监督及与政府沟通的有效工具，其独立性和透明度十分重要。提高媒体独立性的关键是优化资金来源结构。一旦媒体的财政独立性打了折扣，那么公众参与空间就会面临威胁。

## 二、自上而下的公众参与

### （一）权力下放取得进展

加纳推动城市发展的政治意愿很强，是第一批利用城镇化发展机遇探索新型发展道路、提高人民生活质量的非洲国家。自 1988 年以来，在相关法律指导下进行的权力下放成为加纳发展规划体系的重头戏。加纳实施权力下放的原因是要充分利用参与式民主的优势，创造更加以公众为中心的管理结构，更好地提供公共服务。

然而，加纳的权力下放并未普遍实施，面临的阻力主要包括中央对地方政府的权力干预（比如总统直接委派城市议会的执行长官）、法律框架中不友好的规定、区域发展规划过程缺少足够的自治权、财政资源不足、人力资源匮乏以及中央官僚主义等。由于这些问题，目前加纳存在"权力下放的中心化"趋势，说明权力下放进行得不彻底（Yeboah-Assiamah，2014）。也就是说，"法律确保了权力下放机构更像是中央政府的附属品，而非地方经济发展的代表"（Yeboah-Assiamah，2014）。这是因为殖民历史和后殖民时代的早期规则影响了加纳现存法律法规的很多内容。比如，有法规规定未经选举产生的议会成员不需要对地方人民负责，而民众也不能直接对他们进行监督（Yeboah-Assiamah，2014）。不过，已经有一些项目致力于填补中央和地方的政策空白，关注财政分权，以及如何通过制定地方规划来促进城市发展，降低贫困率（World Bank Group，2018）。同时，地方层面也可能基于当地的社会问题做出灵活决策。

### （二）公众参与决策过程有法可依

加纳第四民主共和国建立后，加纳的地方政府就为公众提供了参与决策过程的机会。《地方政府法案》自 1993 年以来允许公众就关心的问题向议会提交备忘录。议会会议经常对公众开放，议会成员必须征询和收集公众的意见和提议，与有组织、有影响的民间社会组织就城市政策问题保持联系，并向公众传达议会的决议。社区和城区层面设立了公众听证会机制。公众主要通过和议会成员直接对话，将意见和建议传达给决策者。此外，权威部门尤其是地方议会还成立了相关论坛，把决策信息及时反馈给公众。议会成员和地方长官也会通过会议等形式传播信息，解释地方财政收入如何分配，以及宣传土地规划和法规等。

不过，加纳公众参与的开放程度仍有提升空间。一是有受访者表示这些正规渠道并非传达公众意见的有效途径。议会成员才是联结公众和地方决策机构的纽带，但这些职位没有酬劳、可支配的资源有限，所以任职者未必上心。因此，公众经常把问题提交给议会成员，但议会成员未必有资源去解决。如果公众发现难以和议会成员沟通，那么他们和政府高层直接沟通的意愿就会下降。二是党派政治关系也会妨碍有效的公众参与。例如，市场重组等发展规划都是以有利于某政治派别成员的方式制定的。官员会受到政治动机的影响，比如很多政治代表在选举前会主动帮助社区解决问题。在一些地区，如果一个人来自反对党，那么他向社区代表申诉就不太可能成功。总的来说，加纳在制定发展规划的过程中，民间社会利益相关者的公众参与环境令人鼓舞，但仍有待改善。三是政治庇护主义也会限制参与。虽然民间团体、社区活动和选举竞争十分活跃，但庇护主义依然存在，主要原因包括：政府无力应对城镇化对公共服务带来的挑战；国家能力低下限制了政客承诺兑现的能力；政策导向的公众参与选举投票的意愿较弱；政客们通常会以非项目因素（如民族）来吸引和刺激选民（Yi Dionne，2020）。

## （三）政府正与多方利益伙伴形成新的合作关系

要缓解加纳城市发展的不平衡，政府必须与民间社会和私人伙伴建立新的合作关系。虽然加纳政府与一些民间社会组织的关系不佳，但是多元利益相关者的加入以及以公众为中心的政策修订为地方政府创造了新的机遇，使其可以重新关注合作战略，重新设计城市基础设施，恢复利益相关者之间的联系，贫民区升级项目就是其中一例。这种做法能够产生诸多益处，如提高政府公信力，增强社会凝聚力，更好地统筹和满足城市居民的需求（GUTT，2019）。

加纳正在形成由地方领袖、政党和城市组织构成的联盟，在城市空间中创造出了复杂又微妙的政治景观。如专栏 5-2 所示，在多方利益联合的过程中，加纳民间社会组织正与地方权威机构和国际组织组成联盟。

## 专栏 5-2

### 国家货币基金组织项目的民间社会平台

阿克拉的民间社会组织可以通过参与国家货币基金组织项目中的民间社会平台，与国际货币基金组织一道加强对贷款项目的管理。该平台致力于将普通民众的需求和投入纳入政策制定者的关注范围。进入 21 世纪以后，加纳在选举年经历了财政滑坡，花费了大量时间才重拾发展的稳定性。自 2012 年以来，加纳的经济环境就不太稳定，2014 年以来，通货膨胀率和债务负担持续上升，对贫困人口的影响尤为明显。因此，在 2014 年，私营业者、金融机构、学术界、民间社会和政府部门第一次联合创建了多方参与的平台，指导政府的未来规划。国际货币基金组织批准的第 16 个稳定发展项目，鼓励加纳公众参与其中，表达他们对财政管理的意见，该项目受到了公众的欢迎。由于加纳政府和国际货币基金组织建立了合作关系，达成了财政方面的合作，公众觉得受到了重视。2014 年 11 月，加纳的 11 个民间社会组织在国际货币基金组织项目下组成了民间社会平台。从那时起，该组织致力于和学术界、政府以及国际货币基金组织官员一道，共同分析稳定发展项目的实施效果。

## （四）信息通信技术的作用还有待挖掘

虽然加纳的移动通信和互联网在过去二十年里发展迅速，公众参与过程中却很少使用信息通信技术。从某种程度上说，广播和电视依然是政府和公众互动的重要媒介，线上互动并不多。阿克拉和库马西都有一些网页供公众参与公共事务，却没有告知公众登录方式。一些参与型数字平台专门面向年轻群体提供免费的短信息服务、宣传性健康知识，还有平台致力于提高选民知情度，通过与年轻人对话提高选举的自由度和公正度（Perucca et al.，2014）。政客们还尝试通过脸书等媒介直接和投票人交流，在选举季更是如此。与此同时，数字交流正与传统媒介深入融合。广播电台和电视台鼓励人们通过推特、WhatsApp、脸书等社交媒体对节目发表意见，这也是将公众意见传达给决策者的重要途径。

公众和决策者有望通过社交媒体实现直接交流，但传统的面对面协商方式可以更好地吸纳重要的利益相关者。比如，如果没有传统权威机构的参与，就无法决定土地相关的事务。因此，数字媒体在公众参与上的发展既受到技术的限制，又与其能否和传统体制良好融合有关。另外，在地方层面，本应与公众直接沟通的议会成员却往往不熟悉互联网的使用，因此，在可预见的未来，面对面沟通和电话交流仍将是加纳最主要的公众参与形式。

## 第三节　肯尼亚城镇化进程中公众参与面临的机遇和挑战

### 一、自下而上的公众参与

一直以来，民间社会组织与政府的关系随着政治动态、国家政治经济状况和国际援助情况不断调整。肯尼亚的民间社会组织充满活力，并吸引了很多外国捐赠。目前在内罗毕注册的民间社会组织约为2 683个，这些组织大多关注非正式住宅区的事务。2010年宪法在创造公民参与空间方面发挥了积极作用，受到当地政治活动家的认可（Ward，2014）。

但民间社会在宗教、种族、性别和代际上依然分裂。民间社会在种族、宗教和区域方面具有多样性，具有不同的政治诉求，因此会与政府产生摩擦和冲突（Jones，2020）。在肯尼亚，民间社会参与主要涉及发展领域（如提供公共服务）和政治领域（如争取公民权利）两个领域。尽管肯尼亚政府广泛支持民间社会参与发展领域，但对其在政治领域的参与却持反对态度，并出台一些政策减少民间社会在政治领域的参与（Mati，2020）。

### 二、自上而下的公众参与

#### （一）权力下放的实际效果不够理想

2010年宪法等法律框架对肯尼亚的公众参与产生了积极作用。宪法的颁布标志着，在政府信息公开、公共财政问责等价值理念的基础上，治理结构从集权走向分权。宪法和权力下放作为有效的政策工具，能够缓解空间边缘化和社会排斥现象，从而起到稳定政治环境的作用

(Dowd et al.，2018；Ward，2014）。肯尼亚的权力下放虽然已得到宪法支持，但尚未充分发展，并带来了很多挑战，譬如权力下放过程中滋生出腐败、庇护和社会排斥等问题（Jones，2020），同时分权进程造成了中央政府和地方政府之间的财政不平衡。

2012年的《政府法》规定市政府应制定公众参与法案。尽管如此，内罗毕直到2015年才出台相关法案，蒙巴萨则在2017年才出台相关法案。《蒙巴萨2020年公众参与政策报告》强调了公众参与和政府工作的配合、公民教育、获取信息的渠道、提高公众参与能力、建设和使用公众参与的组织和平台、保护弱势群体、筹资、反馈和报告机制等内容。政府提及要鼓励各方人士参与，不仅包括议会、预算机构和经济论坛，还包括非政府组织和宗教组织，以及可以监督决策过程的其他组织机构如公民教育和公共参与联合机构、市执行委员会等（County Government of Mombasa，2020）。蒙巴萨在权力下放方面依然面临挑战，如政府能力不足，无法制定公众参与有关的法律，也没有建立有效的预算和经济论坛，限制了公众参与预算制定和决议的过程（Odhiambo et al.，2017）。内罗毕也存在类似问题。

公众参与面临的另一个问题是公众缺乏关于权力下放和参与空间的意识和信息。在蒙巴萨，权力下放是通过公众参与来实现的，而公众对其在权力下放中的作用缺乏认识，阻碍了公众参与的进程和权力下放的发展。然而，政府未采取相关措施加强参与空间和参与机制的宣传教育。因此，自上而下和自下而上的公众行动之间存在分歧。

**（二）通过调整组织结构和开展项目促进公众参与**

民间社会通过若干组织结构和项目参与决策过程。"肯尼亚参与预算倡议"就是通过吸纳公众参与增强治理过程的包容性、可信度和合规性的一个例子（Peixoto et al.，2016）。蒙巴萨拥有各式各样的公众参与机制，如供民间社会组织和公民个人参与的各类平台。此外，民间社会组织定期就各类问题向政府请愿。成功范例如公众参与制定土地政策草案、民间社会组织参与2017/2018年度财政预算等。另一个范例是公众参与"蒙巴萨2035年愿景"和"城市总体规划"的制定过程。这得益于透明的协商进程，让不同利益相关者参与到政策的规划和执行过程中来（Kilcullen，2019）。

内罗毕也通过搭建组织结构和开展项目促进公众参与。由于内罗毕的人口和经济迅速增长，政府需要通过制定公平和负责任的发展战略，解决城市发展面临的问题，进而满足公众需求。城市范围内的治理网络，如内罗毕非正式住宅区协调委员会（NISCC）等，让公众有机会参与城市决策过程。不同治理网络的治理方式和参与方式各异，有的关注中产阶级公民和私营业者，有的关注非政府组织对贫民的帮助，另一些则同时关注贫民和中产阶级（Hendriks，2010）。这些网络的建立体现出城市在努力构建参与式治理结构，但由于不同的目标群体对参与空间的影响各异，不同的网络对政策制定的影响也有所不同。

除了治理结构，内罗毕还通过开展小规模项目促进公众参与，如Jeevanjee花园项目和Ruiru行人专用区项目。联合国人居署于2012年开始与内罗毕当地伙伴合作，设立了Jeevanjee花园项目，旨在改善内罗毕密集区的人口生活质量。市议会工作人员和当地社区组织了研讨会，积极筹划设计、规划和预算方面的城市改革方案，给城市增加道路、街道设施和垃圾箱。该项目提高了当地政府对公众参与的接受度，以及对创造公共空间的重视程度，内罗毕长官又承诺创建60个公众空间（Block by Block，2017）。Ruiru行人专用区项目针对道路和人行道存在隐患的地区进行改造，就此举办了一系列研讨会讨论如何利用交付方案改造街道功能，包括搭建绿色天篷、休息场所和划定摊贩空间。在公众的参与下，该区域变成了行人专用区。小规模项目的优势在于能够迅速拉近参与者之间的距离，以便逐步扩大范围。需要说明的是，尽管这些项目取得了一定进展，但腐败和部落主义问题限制了项目执行过程的包容性（Ward，2014）。

### （三）信息通信技术正发挥日益重要的作用

肯尼亚是科技创新的积极推动者。信息通信技术改变了内罗毕和蒙巴萨人民的生活。年轻的创业者和私营业者在利用信息通信技术提高就业和收入方面扮演了重要角色。

《信息通信技术转型路线图》是内罗毕《城市发展总体规划》的一部分，强调信息通信技术可以通过加强城市商业活动的自动化水平让城市发展更高效、更透明，从而改善政府服务。但由于很多规划的主要受众是肯尼亚的技术人才，内罗毕和蒙巴萨的很多民众并没有享受到数字转型的福利（Guma et al.，2020）。

不过，肯尼亚正在建设各种数字基础设施，以期缩小技术鸿沟。教育部门出台了相关项目，保证学生可以享受到相关学习资源，并提供相关技术支持，提升教师的教学水平，缩小贫富之间的教育和医疗差距。这些项目成功的前提是要有效利用数据以及通过灵活的标记系统来保证数字体系的正常运转，这正是内罗毕政府的奋斗目标。例如，一家名为 Map Kibera Trust 的机构利用数字工具为偏远地区标记学校、医疗设施和教堂的位置，并及时更新信息，促进了公众参与（Wanjiro，2019）。

## 第四节　中国城镇化进程中公众参与的实践与主要经验

中国在现代社会转型发展过程中取得了一系列突出成就，其中就包括实现了政治改革，通过权力下放使地方政府拥有更大自主权。考虑到国家的多元化特征，中国明确提出要根据地方具体特点灵活制定相关政策。也就是说，在行政和财政分权过程中，地方政府可以尝试不同的发展模式。因此,中国在城镇化过程中的公众参与方面提供了生动实践和有益经验。

## 一、理解中国公众参与的逻辑前提

**第一,中国秉持与西方不同的概念与理念。** 中国对民间社会的定义与西方不同。中国的民间社会更多指向社会组织、非政府组织或是非营利机构。中国政府致力于打造有中国特色的民间社会,这意味着民间社会可以在遵循民主集中制的前提下创新工作方式。中国推崇"和谐社会"与"和谐城市"的理念,致力于社会、环境、安全的平衡发展。这一理念根植于中国的传统思想,是进行城市改革的底层逻辑。多年来,中国公众越来越多地参与到城市规划和政策制定中,维护了社会稳定,推动了以人民为中心的可持续发展进程,为保证政府治理透明度、鼓励民间社会参与决策从而提高人民生活水平奠定了良好的基础。

**第二,中国政府层面进行了有效的权力下放。** 权力下放给予了地方政府一定程度的政策解释权,从而使政策适应地方发展的具体情况,更好地回应地方诉求。中国在 20 世纪 80 年代就开始采用权力下放的方法,允许地方政府在对中央的决策进行解释时拥有一定的自主性。地方政治领导人由上级党组织考察和委派。省级政府负责政策的实施。正因如此,中国各城市的公众参与在政策内容、参与者特点和组织机构特点等方面都有所不同(Zhang et al.,2020)。这种做法的好处在于,地方政府在不违背中央政府提出的大的战略方向的前提下,可以围绕当地具体情况和利益制定决策,从而争取公众对改革的支持。

**第三,政府制定相关法律来规范民间社会组织的发展。** 中国政府自 20 世纪 90 年代以来开始规范民间社会组织的发展。1998 年,《社会团体登记管理条例》颁布,此后,《民办非企业单位登记管理暂行条例》正式界定了不同社会团体及其与政府的关系。这些条例可以规范民间社会的发展，因为社会团体需要先获得主管单位审查同意方可注册。社会团体至少应包括 50 名个人成员或 30 名单位成员，并拥有充足的启动资金。如果没有一个挂靠的政府部门，这些条件往往是达不到的。近年来，中国制定了很多关于民间社会团体的法律，其中 2016 年通过的《慈善法》允许非营利组织筹集资金并注册为在线慈善机构，2017 年实施的《境外非政府组织境内活动管理法》规范了对国际非政府组织的管理。

## 二、中国公众参与的实践

### （一）自下而上的公众参与

**第一，非政府组织蓬勃发展。** 自中国实行改革开放以来，民间社会团体开始发展，并成为沟通公众与政府的桥梁。如今，中国有 70 多万个注册组织，包括涉及脱贫工作、社会工作、教育和气候行动的协会、基金会和非营利企业。这一数字在过去几年特别是 2008 年汶川地震以来显著增长。这些非政府组织分布在中国的主要城市，与中央和地方政府建立了友好关系。近几年来，官办非政府组织（GONGO）的规模也在不断扩大。官办非政府组织与非政府组织类似，但由于与政府的密切关系，合法性更强。官办非政府组织能在政府无力顾及的领域行动，发挥内部监督机构的功能，对决策层施加压力，并帮助政府更好地管理非政府组织。

在国家和非政府组织及其他社会活动人士协商的过程中，关系（影响决策的人际关系网络）起着重要的作用。学者们发现，与中央政府或地方机构有着密切关系、教育背景较好、资金较充足以及社会地位较高的利益相关者们可以更好地与政府协商，从而促进组织日常活动的平稳运行（Hsu et al., 2017; Kuhn, 2019）。

**第二，网络和社交媒体促进了公众参与。** 互联网和社交媒体网络的使用促进了中国的公众参与，让公众有机会建立联系，获取和传播各类信息并就共同关心的问题展开讨论。在这一过程中，鉴于全球气候变化日益受到重视，以及中国作为《巴黎协议》签署国与联合国机构不断加强合作，气候已成为中国非政府组织的重要关注点。随着城市污染加重，中国公众在微博上表达不满和诉求，要求采取切实措施。21世纪头十年，公众施加的压力有所增加，促使政府开放参与空间的意愿不断上升。环境主管部门一直努力与民间社会在环境问题上展开合作。例如，"中国青年应对气候变化行动网络"的创建促进了公众和多家公司的合作，并引导公众参与到国际气候变化谈判上中国立场的讨论中（Kuhn，2019）。

**第三，公众参与推动工业化进程是成功案例。**通过中国经济特区的例子，可以看出公众参与对完善城市政策，特别是涉及工业和基础设施发展的政策的重要作用。最初建立这些经济特区时，政府缺乏经验，不完全了解如何有效地发展经济特区。在这种情况下，非正式住宅区的居民们成为引领工业化的排头兵。这种"从金字塔底部开始建设"的方法反映出有必要通过工业化、基础设施建设以及市场化方式来满足弱势群体和非正式住宅区居民的需求（Karamchandani et al.，2009）。经济特区之所以可以成功引进交通和道路建设体系，加强非正式住宅区的连通性，公众参与起到了非常重要的作用。这些住宅区的住房成本和土地价格比较低，将这些住宅区与工业区连通，使居民成为推动经济增长和提高生产效率的有生力量。

## （二）自上而下的公众参与

中国政府对于公众参与政治实践的重视不亚于自下而上的公众参与，形式包括听取公众意见、组织公众讨论、引导公众参与决策制定以及政治倡议等等。

**第一，政府越来越注重将公众纳入决策过程之中。**中国共产党越来越重视人民对于公正、责任和共同富裕的诉求。特别是 2008 年汶川地震使得政府官员认识到民间社会积极调动资源、帮助地方政府解决燃眉之急的能力。因此，公众参与在中国民主集中制的框架下逐步发展起来。地方政府积极评估参与过程，并了解到民间社会参与对政策创新、促进发展和提供公共服务提供产生的积极影响（Teets，2014）。民间社会的参与使决策过程更加透明。

如今，中国政府正推动建设智慧城市。智慧城市应该是"以人为本、求真务实和需求驱动的，符合自下而上或公众主导参与的国际趋势，形成市民与城市管理部门的良性互动"（Kin-Sing Chan et al.，2015）。因此，公众参与对智慧城市建设至关重要。中国多项战略政策文件都采用了公众参与方法，包括 2013 年颁布的《国务院办公厅关于进一步加强政府信息公开回应社会关切提升政府公信力的意见》，2014 年出台的《关于促进智慧城市健康发展的指导意见》以及 2014 年印发的《国家新型城镇化规划（2014—2020 年）》。《国家新型城镇化规划（2014—2020 年）》强调要发展智慧城市、改善公共服务和社会治理，提出要通过健全基层综合服务管理平台，鼓励公众参与城市规划尤其是土地管理和社会服务领域，从而实现"政府治理和社会自我调节、居民自治良性互动"。2017 年，时任国务院总理李克强重申要探索社会治理新形式，促进社会发展。社会治理这一概念的提出表明，中国有志于建立民间社会和政府的亲密合作关系，促进社会正义、发展和公共服务，保障公共安全以及公众参与。

越来越多的中国城市认识到可以通过公众参与提高治理水平，例如通过有效的外部监督、从基于效率向基于责任的制度转变以及争取更广泛的公众支持。市级政府在政策研讨中采用了不同手段，包括公众听证会、审议性民意测验、政府信息公开、组织研讨会等。《环境保护法》的修订就是公众参与公共政策制定的一个很好的例子（见专栏 5-3）。

## 专栏 5-3

### 我国《环境保护法》修订过程中的公众参与

修订《环境保护法》的初衷是扩大监督领域，使社会团体能够根据新法律起诉污染者。该法律草案经过了三年半的公开征求意见阶段，收到了 14 000 多份意见，先后经历了四次修订，最终在 2014 年 4 月 24 日召开的第十二届全国人民代表大会常务委员会第八次会议上正式审议通过。这个例子突出了公众参与和公众态度对社会治理的作用。这一过程促进了关于环境法规和公众参与的后续讨论和相关文件的发布。从草案的结构和内容看，草案借鉴了国外环境法的最新发展趋势，平衡了各方利益，深刻反映了中国面临的现实环境问题。总的来说，它有以下亮点：

一是立法理念的创新。修订后的《环境保护法》不仅提出了生态文明的概念，还进一步规定了相关法律制度、机制和责任，保证生态文明概念落实到具体实践。它阐明了环境优先的原则，强调经济社会发展和环境保护相互协调，将生态破坏和环境污染的责任结合起来，并提出了污染者付费原则。

二是基本手段的加强。修订后的《环境保护法》特别强调加强教育宣传。例如，将 6 月 5 日设立为环境日，与世界环境日同一天，这必然将进一步提高公众的环保意识。同时，环境问题也是科学问题和技术问题。因此，新修订的《环境保护法》注重通过科学研究和技术创新解决环境问题，创新手段包括加强环境和健康风险的研究与评估。

三是监管模式的转变。1989 年《环境保护法》侧重于控制污染源头，并对源头污染行为责任展开调查。修订后的《环境保护法》引入了许可发放和信用管理的方法，加强环境监督，有利于将环保行动融入公众的日常生活和商业企业的日常运作中。

修订《环境保护法》的一个结果是环保问题的集中解决和政府环

境治理能力的提高。中国政府于 2013 年 9 月发布了《大气污染防治行动计划》，使全国空气质量得到明显改善。2020 年 1 月至 12 月，全国 337 个地级及以上城市的平均空气质量优良天数占比达到 87%，同比上升 5 个百分点；$PM_{2.5}$ 平均浓度为 33 微克/立方米，同比下降 8.3%。[①]

**第二，通过发展电子政务推动公众参与。**信息通信技术在中国加强公众参与的过程中发挥了重要作用，智慧城市的建立集中体现了这一点。智慧城市是创新型城市空间，利用科技提高城市活动和服务的效率、城市竞争力以及人民生活质量，确保同时满足当代和后代人民在经济、社会和环境等方面的需求。智慧城市越来越强调以人类需求为核心，并以探索科技基础设施建设为重点内容（UNDP China，2017）。《国务院办公厅关于进一步加强政府信息公开回应社会关切提升政府公信力的意见》提出，中央和地方政府利用微博等网上平台发布信息，通过线上调查、采访和问答等形式回应公众关切。《关于促进智慧城市健康发展的指导意见》强调利用信息通信技术让公众参与城市治理，涉及智慧城市发展的四个方面：利用智慧科技全面加强公共服务、通过数字平台和数字库促进数据分享和管理、利用数字手段支持城市管理、建立数字政府平台，为公众提供表达意见的机会。

这些政策可以通过数字化有效提高医疗保健、交通和教育等公共服务的可及性。此外，国家和地方治理过程中的信息透明度也可以通过数字平台得到加强。其他数字治理平台也可以加强社区和邻里建设，还有一些平台让公众能够就投资、执法或公共服务等相关问题发表意见。这些反馈机制可以加强公众参与，提高政府公信力。反过来，当政策能得到有效实施时，这些政策也可以帮助公众在经济生活和日常

---

① 数据来源：生态环境部，www.mee.gov.cn，访问时间：2023 年 8 月 15 日。

生活上做出更好的选择，提高他们的生活质量。

## 三、中国推动公众参与的主要经验

中国的城镇化使城市成为经济增长、服务改善的引擎，保证了国家从农业型经济过渡到知识型经济。根据 Collier et al.（2019）的研究，与中国不同，大多数非洲城市在城镇化过程中面临城市扩张和贫困的问题："非洲发展正处于一个关键时刻，如果行差踏错，将会给下一代的生活带来不可逆转的损害。"民间社会参与是非洲可以用来纠错的一个手段。中国在自上而下的参与方面提供了宝贵经验。

**第一，通过有效的权力下放为地方创造灵活的政策环境。**权力下放机制使中央和地方的关系变得更加密切。中国在20世纪80年代采用权力下放方法，允许地方政府在解读和执行中央政策时拥有一定的自主权，创造了政策实施的灵活环境。中央政府的支持、地方政府之间的相互竞争，形成了经济发展的强大创新动力，这是中国权力下放成功的关键所在（Andrews et al.，2012；Chen et al.，2016）。在肯尼亚和加纳，权力下放政策正在展开，但进展缓慢，地方政府的政治意愿或能力仍然有限（Odhiambo et al.，2017；Yeboah-Assiamah，2014）。肯尼亚和加纳可以扩大权力下放的规模，更好地确保地方层面政策的试点和试验。

针对在城市发展方面表现良好的市级政府，中国建立了激励机制，肯尼亚和加纳也可以进行借鉴。然而，需要辩证看待这种激励机制。一些公众参与政策，特别是那些聚焦竞争力和规划的政策，可能会给贫困人口带来消极影响，加剧贫困和发展不规范现象（Afenah，2009）。因此，这样的激励机制和对发展的关注需要放在加纳和肯尼亚部落主义和社会分裂的背景下重新思考和评估。同时，透明度在权力下放的过程中至关重要，透明度的提升可以通过问责推动制度变革，减少地方官员的自由裁量权，增强政府公信力（Dollar，2018）。此外，所有国家的案例都表明，权力下放并不必然带来公众参与，政府需要加强与民间社会的直接接触，从而促进与民间社会的良性互动。

**第二，将自下而上和自上而下的参与方式相结合。** 将政府自上而下的领导和社区自下而上的活动相结合，更能使政策制定者扮演促进者的角色，深化公众的参与程度，从而有效促进包容性发展，长远来看更是如此。尽管各国在结合自下而上和自上而下两种方式时都有局限性，中国和加纳政府都在决策时充分考虑公众的意见，这一点值得肯尼亚决策者借鉴。将公众和利益相关者纳入自上而下的决策过程可以加强地方政府和民间社会之间的关系，增强政府公信力，并为参与者赋权（Elelman et al.，2018）。同时，有必要考虑政府推行的政策的目标群体是谁，目的是什么。两种方式的结合如果只涉及特定群体，忽略移民、非正式住宅区居民和少数族裔等群体，将是一种很危险的做法。

**第三，充分发挥信息通信技术在公共决策中的作用。** 数字化是加强公共服务可及性、信息透明度和社区建设的有效途径。肯尼亚和加纳的城市可以评估本地的具体需求和问题，有针对性地学习中国的经验。例如，中国的信息通信技术发展战略促使通信技术广泛应用，得以通过微信等社交媒体渠道广泛团结公众。尤其在新冠肺炎疫情期间，已有的和正在发展中的数字基础设施使中国的城市人口在疫情期间保持联络。肯尼亚和加纳在利用信息通信技术推动公众参与时，需要充分考虑那些可能因经济能力、基础设施通达性、时间等因素而被排斥在外的边缘群体。同时，非洲城市要想在促进公众参与城市规划和治理的过程中使用信息通信技术，需要在加强信息基础设施建设的基础上，充分考虑公众的需求、公众对参与结构的认知以及参与的能力和经济负担能力。

**第四，加强有关公众参与的数据收集、监测与分析。** 贵阳市"智慧城市与社会治理指标体系"率先在中国智慧城市和社会治理体系下对参与过程进行监测和评估（UNDP China，2017）。该指标体系经社区讨论后形成，再由政府进行微调，呈现出广阔的发展前景。理想情况下，可以建立一套全面的、考虑不同社会群体需求的监测和评估体系。将内部监测和评估机制融入政府主导下的公众参与空间，可以激励政府改善参与空间以及敦促立法机构执行者履行职责。对于肯尼亚和加纳而言，创建和实施类似贵阳市"智慧城市与社会治理指标体系"的参与式评估指标可能具有较强的实践意义。

## 第五节　本章小结

一座没有人的城市不能算作城市。政策制定过程中经常需要解决基础设施、住房、财政、经济发展等相关问题，这些都和公众息息相关，因此公众不应该被排除在决策制定环节之外。虽然肯尼亚和加纳拥有与中国完全不同的民间社会体系，但它们的发展经验都表明：有必要建立公众参与的法律框架，尤其是权力下放和参与框架；增强民间社会的流动性十分重要；要保护好现有的民主空间，包括民间自发空间和政府治理空间。这些都会影响城镇化政策规划、统筹、管理和运作过程中公众参与的质量和效果以及政策结果。

当前，肯尼亚、加纳和中国在城镇化政策制定中的公众参与依然有改善空间。各国都存在民间社会受限的问题，如有些民间社会群体遭到排斥，公众参与决策制定的能力或积极性不高等；庇护主义也会破坏政策行动的透明度和公信力，带来更多城市问题。因此，可以建立多种公众参与空间，与地方政府、民间社会组织或其他利益相关方展开合作，搭建学习和进步的平台，这对于 21 世纪的城市建设十分重要。

## 参考文献

Afenah A, 2009. Conceptualizing the Effects of Neoliberal Urban Policies on Housing Rights: An Analysis of the Attempted Unlawful Forced Eviction of an Informal Settlement in Accra, Ghana [Z]. DPU Working Paper 139, London: University College London.

Ayamga E, 2020. Fire Guts Parts of Old Fadama, over 800 Structures Destroyed [EB/OL]. (2020-07-04) [2023-04-11]. https://www.pulse.com.gh/news/local/fire-guts-parts-of-old-fadama-over-800-structures-destroyed/9y3jlev.

Andrews M, Pritchett L, Woolcock M, 2012. Escaping Capability Traps Through Problem Driven Iterative Adaptation (PDIA) [J]. WIDER Working Paper Series wp-2012-064, World Institute for Development Economic Research (UNU-WIDER): 234.

Arnstein S, 1969. A Ladder of Citizen Participation [J]. Journal of the American Institute of Planners, 35 (4): 216-224.

Block by Block, 2017. Building a Model for Participatory Urban Planning in Nairobi [EB/OL]. [2023-06-20]. https://www.blockbyblock.org/projects/Nairobi.

Chen G C, Lees C, 2016. Growing China's Renewables Sector: A Developmental State Approach [J]. New Political Economy, 21 (6): 574-586.

CIVICUS AGNA, 2015. Snapshot of Civil Society in Ghana [Z]. The Affinity Group of National Association.

Collier P, Wu W, Haas A, et al., 2019. Paths to Urbanisation: Comparing the Stories of Chinese and African Cities [EB/OL]. (2019-10-29) [2022-09-25]. https://www.theigc.org/event/paths-to-urbanisation-comparing-the-stories-of-chinese-and-african-cities/.

Cornwall A, 2008. Unpacking "Participation": Models, Meanings and Practices [J]. Community Development Journal, 43 (3): 269-283.

County Government of Mombasa, 2020. Public Participation Policy [R].

Mombasa: County Government of Mombasa.

Dollar D, 2018. The Highs and Lows of Chinese Decentralisation [C]. East Asia Forum, 1 November.

Dowd C, Tranchant, J P, 2018. Decentralisation, Devolution, and Dynamics of Violence in Africa [Z]. IDS Working Paper 511, Brighton: Institute of Development Studies.

Elelman R, Feldman D L, 2018. The Future of Citizen Engagement in Cities: The Council of Citizen Engagement in Sustainable Urban Strategies (ConCensus) [J]. Futures, 101: 80-91.

EPA, 2018. Public Participation Guide [R]. Washington DC: United States Environmental Protection Agency.

GUTT, 2019. Cities as a Strategic Resource: Guideline for Ghana's National Urban Policy Revision [R]. Paper for the Coalition for Urban Transitions, London and Washington DC: Ghana Urbanisation Think Tank.

Gleiss M S, Sæther E, Fürst K, 2019. Re-theorizing Civil Society in China: Agency and the Discursive Politics of Civil Society Engagement [J]. China Information, 33 (1): 3-22.

Guma P K, Monstadt J, 2020. Smart City Making? The Spread of ICT-Driven Plans and Infrastructures in Nairobi [J]. Urban Geography, 56 (11): 2333-2352.

Ghana Urbanisation Think Tank (GUTT), 2019. Cities as a Strategic Resource: Guideline for Ghana's National Urban Policy Revision [R]. Paper for the Coalition for Urban Transitions. London and Washington DC: Ghana Urbanisation Think Tank.

Hassan G F, Hefnawi A E, Refaie M E, 2011. Efficiency of Participation in Planning [J]. Alexandria Engineering Journal, 50 (2): 203-212.

Hendriks B, 2010. City-Wide Governance Networks in Nairobi: Towards Contributions to Political Rights, Influence and Service Delivery for Poor and Middle-Class Citizens? [J]. Habitat International, 34: 59-77.

Hsu J Y J, Hasmath R, 2017. A Maturing Civil Society in China? The Role of Knowledge and Professionalization in the Development of NGOs [J]. China Information, 31 (1): 22-42.

International Association for Public Participation, 2018. Spectrums of Public Participation in UNDP Global Centre for Public Service Excellence [R]. Singapore: United Nations Development Programme.

Jones P S, 2020. Nairobi: The Politics of the Capital [M] //Cheeseman N, Kanyinga K, Lynch G. The Oxford Handbook of Kenyan Politics, Oxford: Oxford University Press.

Karamchandani A, Kubzansjy M, Frandano P, 2009. Emerging Markets, Emerging Models: Market-based Solutions to the Challenges of Global Poverty [M]. New York, NY: Monitor Group.

Kin-Sing Chan J, Anderson S, 2015. Rethinking Smart Cities—ICT for New-type Urbanization and Public Participation at the City and Community Level in China [R]. Beijing: United Nations Development Programme China (UNDP China).

Kilcullen D, 2019. Future of African Cities Project: Mombasa Gateway to Africa [Z]. Discussion Paper 07/2019. Johannesburg: The Brenthurst Foundation.

Kuhn B, 2019. Civil Society in China: A Snapshot of Discourses, Legislation, and Social Realities [M]. Berlin: DOC Research Institute.

Lentini J, 2020. As Ghana Develops, Chiefs' Powers are being Redefined [EB/OL]. (2020-05-19) [2022-09-25]. https://www.dw.com/en/as-ghana-develops-chiefs-powers-are-being-redefined/a-53498024.

Mati J M, 2020. Civil Society in 'Politics' and 'Development' in African Hybrid Regimes: The Kenyan Case [J]. Voluntas, 31: 674-687.

Mohammed A K, 2013. Civic Engagement in Public Policy Making: Fad or Reality in Ghana [J]. Politics and Policy, 41 (1): 117-152.

Odhiambo M, Opiyo R, 2017. Effective Public Participation Mechanisms in

Mombasa County [R]. Nairobi: Comitato Internazionale per lo Sviluppo dei Popoli (CISP).

Oppong B E, Asomani-Boateng R, Fricano R J, 2020. Accra's Old Fadama/Agbogbloshie Settlement. To What Extent is this Slum Sustainable? [J]. African Geographical Review, 39 (4): 289-307.

Owusu M, 2013. Community-managed Reconstruction after the 2012 Fire in Old Fadama, Ghana [J]. Environment and Urbanization, 25 (1): 243-248.

Peixoto T C, Omolo A A, Macphail B, 2016. Citizen Engagement in Kenya: From Law to Practice [EB/OL]. (2016-10-20) [2022-09-25]. https://blogs.worldbank.org/governance/citizen-engagement-kenya-law-practice.

Perucca F, Sonntagbauer P, 2014. E-governance and Urban Policy in Developing Countries [R]. Nairobi: UN-Habitat.

Teets J C, 2014. Civil Society under Authoritarianism: The China Model [M]. Cambridge: Cambridge University Press.

Tieleman J, Uitermark J, 2018. Chiefs in the City: Traditional Authority in the Modern State [J]. Sociology, 53 (4): 707-723.

UNDESA, 2020. World Social Report 2020: Inequality in a Rapidly Changing World [R]. New York, N Y: United Nations Department of Economic and Social Affairs (UNDESA).

UNDP China, 2017. Smart Cities and Social Governance: Guide for Participatory Indicator Development [R]. Beijing: United Nations Development Programme China.

UNDP Global Centre for Public Service Excellence, 2016. Citizen Engagement in Public Service Delivery: The Critical Role of Public Officials [R]. Singapore: United Nations Development Programme.

Wanjiro R, 2019. Kenya Taps Innovative Digital Mapping to Enhance Public Participation [EB/OL]. (2019-02-19) [2022-09-25]. https://blogs.worldbank.org/governance/kenya-taps-innovative-digital-mapping-enhance-public-participation.

Ward A, 2014. Violence and Civil Society on the Kenyan coast [EB/OL]. (2014-12-17) [2022-09-25]. https://www.opendemocracy.net/en/violence-and-civil-society-on-kenyan-coast/.

Ware A, 2020. Ghanaian Civil Society: West Africa's "Shining Democratic Star?" [EB/OL]. (2020-07-17) [2022-09-25]. https://blog.philanthropy.iupui.edu/2020/07/17/ghanaian-civil-society-west-africas-shining-democratic-star/.

World Bank Group, 2018. Ghana Secondary Cities Support Program: Technical Assessment [R]. Washington DC: World Bank Group.

Yeboah-Assiamah E, 2014. Power to the People! How far Has the Power Gone to the People? A Qualitative Assessment of Decentralization Practice in Ghana [J]. Journal of Asian and African Studies, 51 (6): 1–17.

Yi Dionne K, 2020. Africa is Urbanizing. Here's What That Means for Politics [N]. Washington Post, 19 June.

Zhang L, Lin Y, Hooimeijer P, et al., 2020. Heterogeneity of Public Participation in Urban Redevelopment in Chinese Cities: Beijing Versus Guangzhou [J]. Urban Studies, 57 (9): 1903–1919.

# 第六章　非洲城镇化进程中的非正规发展

城市的非正规发展往往成为发展的阻碍。然而，本章对于肯尼亚、加纳以及中国的城市案例分析充分显示，在制定规划促进城市正规发展时，需要处理好长期存在的非正规因素与正规组织结构的关系，宜疏不宜堵，尤其在城区交界处更要充分考虑非正规区域边缘化人口的需求，这样才能推动城镇化，抓住经济发展机遇。

## 第一节　城镇化进程中的非正规发展

城市在实现可持续发展目标等全球性发展目标中发挥着越来越重要的作用。为了实现这一目标，需要建设更具活力、更加包容的城市，创造更多良性经济发展机遇。包容性城镇化的理念是利用不断增长的城市人口为更广泛的群众带来发展机遇。根据英国国际发展研究院

(IDS)的定义，包容性是指"城市变革（城镇化和城市增长）的过程，即在社会、经济和政治进程中的变化，也包括对宜居、平等城市的向往，以及变革所带来的全体人民福祉的改善和生活水平的提高。更加平等、公正的社会可以让边缘群体更好地发声和表达意见，这体现了城市治理的重要作用"（Kasper et al.，2017）。

然而，事实上，城市化往往与非正规发展相伴相生。非正规发展是一个模糊的概念，在空间和经济上都适用。空间上的非正规发展指的是非正式住宅区，也就是所谓的贫民区、棚户区或非法住宅区。《国际人居》杂志对贫民区有明确的定义，主要指的是住房质量不达标的住宅区；棚户区指的是贫困户居住的地方，他们往往不具有买房或租房的能力。不过，在很多地区，即便那些不存在住房质量和经济状况问题的住户，很多也不拥有对住房的土地所有权。空间上的非正规发展也指未经规划修建的住宅区，有时也会考虑该住宅区周围的道路、建筑和基础设施在建设时是否得到上级部门许可（Dovey et al.，2017）。

经济的非正规发展也有很多内涵。Overå（2004）提出"非正规经济"这个术语经历了一个演化过程，早期指的是不受政府监管或逃避税务的经济活动，到后来这种经济现象已被默许，并在大多数（发展中）国家广泛存在，构成了经济发展的重要组成部分。同样，概念的模糊性还来自合法性的问题。非正规经济不受执法部门监管，有可能存在非法（可能是有害、危险或剥削）或半非法的元素。

不规范性是发展中国家城市发展的显著特点。在实际生活中，非正规住宅与非正规经济并非泾渭分明，而是存在明显交叉，非正式住宅区的居民常常在非正式空间从事非正规就业。人们经常搬到大城市谋求更好的发展机会，很多案例显示，贫困人口迁移后往往会居住在非正式住宅区，从事非正规经济领域的工作。此外，当非正规发展显著时，不规范领域的参与者就不限于穷人，中上层社会也会参与非正规的土地使用和工作中去。

## 第二节　非洲城镇化进程中空间布局的非正规发展

非洲城市缺乏有效规划能力来应对人口流入，导致了城市边缘地区缺乏公共服务的非正式住宅区的无序发展。内罗毕和阿克拉分别作为肯尼亚和加纳的最大城市，吸引了各式各样的流动人口，其中包括大量的贫民和农村人口。这些外来人口往往定居在缺乏良好规划的非正式住宅区或者贫民区。居民在区域的动态发展中，不断探索提升住房质量以及寻求更加可靠的公共服务。

### 一、肯尼亚非正式住宅的发展现状和问题

肯尼亚非正式住宅的情况非常严重。当前，肯尼亚尤其是内罗毕和蒙巴萨两座城市在土地利用方面的不规范因素正在不断滋生。一方面，这是城市人口增长的客观结果，由于正式规划的住房无法满足需求，因此出现了越来越多的非正式住宅区。然而，对于城市空间进行规划和管理属于政府职责。因此，政治权力运行不规范或政府不作为，是导致肯尼亚城市空间布局不正规发展的更深层次原因。

**一是政府职责交叉导致土地管理规定不能得到有效执行。**内罗毕城市审批和土地开发的方式呈现出"半正式"特点。具体而言，很多土地的开发要么没有得到正式审批，要么不走正式程序；这种情况不仅限于贫民区，不同城区、不同价值的住房区都可能出现缺乏法律审批的建筑。这种情况与肯尼亚的权力下放有关。肯尼亚2010年宪法进行了大刀阔斧的机构重组，将大量管理职能下放给地方。权力下放导致土地使用管理法律的模糊性，土地管理经历了漫长的转型过程。在转型期间，中央和地方政府关系反复摇摆。由于决策需要中央和地方

协商完成，因此需要双方培养良好的工作关系，但往往事与愿违。虽然在宪法指导下，各县城市规划的权力有所增强，但在实际中，由于政治权力之博弈的复杂性，其规划权力的大小有待检验。

**二是非正式住宅区的改善受到选举型政治的裹挟。** 自 2008 年暴乱及随后的部落政治调整以来，贫民区和非正式住宅区经历了一个"暴力同质化"的过程。在选举型民主制度中，贫民区和非正式住宅区的居民可以成为某些选举代表的"票仓"。这对两党均适用，可以让边缘群体有机会通过集体行动参政。在内罗毕，政党的调整和赞助关系的改变导致贫民区居民分属不同的政治阵营。由于政治因素的介入，要制定改善或规范非正式住宅区的干预措施变得十分困难。从系统的角度可以看出，某些区域和政党联系得越紧密，当权者就越想维持现状，因为改善竞争对手的选区是一件费力不讨好的事情。

**三是土地所有权问题导致政府改善非正式住宅的意愿和能力不足。** 土地的使用和所有权也是以非正式的方式确定的。大多数住宅区要么为私人所有，要么是用于修建学校或健康中心的公共土地。对于归政府所有的土地，政府试图通过"肯尼亚非正式住区改善项目"（KISIP）进行管理。鉴于非正式住宅区的政治化属性、居民与政党的关系以及土地法律规定之间的不一致性和不连贯性，政府很难说服非正式住宅区居民搬迁。与其试图清理这些居住区，不如尝试提供更好的基础设施和土地保有协议，规范非正式住宅区的发展。规范的方式是调整土地保有权，只保留一位保有人，社区可以通过合作模式共享和管理。当社区关系和谐时，这种方式可以奏效，但这种方式也可能加剧社区冲突。因此，政府只愿意在政府所有的土地上施行非正式住宅区改善项目。如果土地归私人所有或土地所有权存在争议，那么关于土地所有权的冲突就根深蒂固，政府无法有效升级和规范此类住宅区。

## 二、加纳非正式住宅的发展现状和问题

加纳的人口迁移、人口增长、城市化是在特定的土地保有和房地

产环境下产生的，这种环境造成了多种形式的空间发展不规范现象。政府较少通过国有房地产企业提供社会住房，在20世纪80年代住房结构调整后更是如此。21世纪20年代，市场对房地产供应的兴趣重新上扬，但重点是小规模的高端住房销售。房屋贷款的受众依然有限，政府有意采取措施刺激市场，但这些措施不太可能对很多加纳人介入的非正式空间的发展产生影响。不仅是那些初代和二代移民所聚居的贫民区、棚户区由于未能受到政府的关照而发展不规范，而且相当一部分散落分布的房屋在修建时也没有进行正式审批。

在阿克拉和库马西，非正式住宅区的房屋结构质量较差，通常为木质结构，布局杂乱无章，容易发生火灾和水灾，也无法进行有效的垃圾处理。由于缺乏足够的人力资源和资金，市政府无法为非正式住宅区提供正规服务。非正式住宅区居民往往自行组织起来，通过与正规服务提供者沟通和合作，来保障供电和管道送水等公共服务（McGranahan et al., 2017；Otsuki，2016）。

目前，加纳正在通过以下几种方式来推动非正式住宅的改造与升级。

**一是居民在资产积累后自发升级改造。**一些非正式社区团体会选出社区内受教育水平较高的居民作为代表。在这些社区，越来越多的房屋开始使用水泥代替木材，房屋使用时间有所延长。这些区域的居民积累一定资产后，并不一定要租住其他高端区域的住房，而是对现在的住所进行升级，或者搬到同一区域不太拥挤、可以长期持有的住所中。还有人选择去其他地方购买土地自建房屋，之所以选择自建房屋而非购房，是因为购房成本高、贷款渠道不通畅以及对于个性化住宅的偏爱，这在库马西表现得尤为明显。

**二是市政府出台"修补性"规划。**城市政府会定期出台涵盖已开发地区和新开发地区的总体规划。在人口稠密区，比如贫民区和内城区，实际建筑和规划有很大差别，由此带来了很多挑战。在这种情况下，城市出台一些修补性规划就变得很有必要，比如修建消防通道、修建高层建筑以解决房屋短缺问题、建设新的工业设施、完善排水系统以减少水灾，等等。修补性规划往往需要进行一定程度的妥协，从而更好地与现有结构融合，实现包容性规划。比如，如果一个区域要求建筑物相距 6 米，规划者会做出妥协，保留间隔距离 5 米的建筑物。同样，市场管理者会接受比规定规格小的商铺，这样在扩展市场通道时，能使更多商贩为市场所容纳而不至于被迫搬迁。

**三是对土地重新进行规划。** 对于事先已经卖给开发商的土地，在缺乏官方规划的基础上，可以在地区执行长官或是开发商要求下对土地重新进行规划。这是一个高度政治化的复杂过程。重新规划需要经过地区空间规划委员会的许可，组织社区参与，并获得地区执行长官的许可。而且，随着这一进程的展开，还需要考虑其他政治和社会关系因素。执行长官的规划不太可能被一个市级开发商推翻。执行长官是由国家层面任命的，这引发了人们对其代表性和回应当地社区需求能力的担忧，并促使一些人号召改变现有体系，将执行长官职位纳入竞争选举过程。

**四是基于补偿的拆除或搬迁。** 在那些不太可能基于现有结构进行重新规划的地区，规划者和市级政府选择拆除建筑，有时会给业主提供补偿。对土地的补偿存在争议，是否支付补偿取决于项目的资助者是否为其编制预算。贫民窟拆迁涉及很多政治因素，当贫民窟居民的选票作用大时，不太可能进行拆迁。议会成员在临近选举日时往往会集中回应社区需求，以增加选举胜算。需要指出的是，拆除往往是最后不得已的选择。城市空间规划者认识到非正规发展无法避免，重要的是如何将非正规活动融入正规发展的环境，因此，合作仍被看作促成积极结果的最佳方式。

加纳在城市空间规划中开始重视公民参与。2016 年的《土地利用和空间规划法》要求所有利益相关者参与（重新）分区和（重新）规划（Abass et al.，2018）。主要利益相关者通常包括居民、传统当局、国有房地产企业、地方议会和环境保护部门。这是体现非正式社区和正式社区成员之间决策合作的典型例子。所采纳的传统参与方式如召开市政厅会议和在传统媒体上做广告，并按照法律要求记录在册。如果利益相关者对影响其利益的建议计划不满意，可以进行投诉。非正式住宅区的居民（指非正规经济领域的打工者）也在一定程度上参与协商，或通过媒体表达意见。

### 三、中国的实践与经验

非洲城市化过程中正在经历大规模的人口迁移，这种趋势还将持续。据估计，到2050年，非洲人口将达到目前数量（11亿）的两倍，其中超过80%的新增人口将出现在城市，尤其是贫民窟（Muggah et al.，2018）。这种大规模的人口迁移会带来众多问题，而中国的实践能够提供借鉴。中国城镇化过程中，也形成了非正式的人口迁移机制。中国城镇化的动力来源有两个，即农村向城市的人口迁移以及城市边缘和农村的郊区化，这构成城市经济发展的关键组成部分（Kamal-Chaoui et al.，2009）。

中国政府通过户籍制度来规范人口迁移，限制不同区域尤其是城市和农村间的人口流动。虽然中国政府近来大力推行改革，但获得城市户口仍然并非易事，因此大多数从农村迁往城市的人口都是"非正式的"。并且，由于迁移人口规模越来越庞大，城市政府在放松户籍限制方面面临越来越大的压力。结果是，随着正式迁移的困难增加，非正式迁移的人口数量急剧增长。虽然在户籍制度方面设限，大量中国城市仍持续进行基础设施投资，促进人口向城市迁移（Chen et al.，2016）。

中国的城镇化过程带来的结果是，城中村如雨后春笋般在中国的主要城市中涌现。大部分城中村都是不规范的，在空间上围绕规范的城市界限分布（Zhan，2018）。城中村通常位于城市边缘地区，是当地村民和进城打工者的聚居地。这些城中村地区往往集聚着一些非正式产业，因为政府当局管理比较宽松，营商环境自由，地价较低，因而对当地村民和城市居民具有较强的吸引力（薛德升等，2008）。由于地处城市边缘，这些城中村发展出了非正规的房地产市场、服务市场和劳动力市场（Zhan，2018）。当地居民没有被动等待正规机构对他们的居住空间进行城镇化改造，而是自发创造了自己的城镇化环境。地方政府则采用了灵活的管理策略，为中国城市的城中村内非正式产业的发展提供了可能性。需要注意的是，虽然城中村居民成功地创建了他们自己的城市社区，但是他们仍然会受到市政府、城市规划、土地开发等部门甚至是附近区域的其他居民的影响。当前，中国政府开始探索更具包容性的方式，使外来人口融入城市（Wong et al.，2017）。权力下放使得地方政府可以根据本地实际情况，制定本土化的解决方案。

中国的城中村为非洲城镇化的未来发展进程提供了启示。第一，城市的发展重点应该放在如何最好地利用非正式住宅区，降低贫困家庭的生活成本，提升他们的消费水平，而不仅仅是限制非正式住宅区的发展（Webster et al.，2016）。非正式住宅的升级过程可以反过来激发非正式产业的发展活力，同时提高该地区居民的生活水平。第二，为了更好地实现非正式住宅的升级改造，在土地所有权和土地使用方面提高公民参与度，将对形成共识大有裨益。第三，应加大投资力度，为城市边缘地区提供便利，使其更好地与城市中心的公民建立联系。第四，应将权力下放给地方政府，加强与提供服务的非正式机构合作，从而有效保障所有公民都能使用垃圾回收、自来水等公共服务和基础设施。这些都是降低传染病风险、缓解公民健康问题和犯罪问题等城市病的必要措施。

总体而言，非正规发展是一把双刃剑。这种不规范结构已经演变为一种城市功能，因为它确实帮助越来越多的人融入城市。在住宅区或社区寻找方法提供公共服务、与市政当局进行合作和协商、逐步改善社区建设的过程中，城市逐步走向包容性发展。然而，由于这些非正规发展是以局部的、分散的方式出现的，它们可能导致整个城市系统的僵化和功能障碍。对于非洲国家而言，当务之急是调整有关机构，充分发挥自上而下的政府作用和自下而上的社区功能，协调各方利益，使城市更好地服务于每个人。

## 第三节　非洲城镇化进程中经济领域的非正规发展

城市对外来人口的吸引力在于，城市可以提供更多提高生活水平的工作机会。不过，在肯尼亚和加纳的城市中，大量就业岗位来自建筑行业，因为城市正处于大量基础设施建设的发展时期，以期满足日益增长的经济发展需求和人民生活需要。虽然建筑行业本身并不是非正规就业的主力军，但建筑行业往往和城镇化的其他方面相关，如住宅区的扩大、发展交通的需求和其他形式的基础设施建设，这就使得建筑业在正规与非正规发展之间游走。

建筑领域对从业工人的技能要求标准不一，其中只有小部分是高技能劳动者。城市在城镇化进程中都会经历建筑业的快速发展，而建筑业存在很多非正规发展元素。因此可以说，城镇化推动了非正规发展：为了满足建筑需求，雇用非正式劳动力进行规划外的建设；建筑行业对劳动力的需求也会促使更多人口流入城市，反过来又进一步增加了建筑需求。

### 一、肯尼亚非正规经济的发展现状和问题

非正规经济领域的从业者受到的法律保护、安全保护和社会保障非常有限。2019年经济调查显示，肯尼亚非正规行业在2018年创造了

762 800 个就业岗位，而 2017 年这一数据是 795 400 个（Kenya National Bureau of Statistics，2020）。其中 83.6% 的新就业岗位来自除小规模农业和牧业外的其他行业（Kenya National Bureau of Statistics，2020）。世界银行的数据显示，肯尼亚的房屋缺口约有 200 万套，61% 的城市家庭居住在贫民窟（World Bank Group，2016）。肯尼亚的城镇化率是 4.4%，相当于有近 50 万人口流入城市（Wetangula et al.，2017）。

以内罗毕为例。内罗毕是肯尼亚最大的城市，除去人口自然增长外，每年都吸引大量人口迁移。在过去二十年里，人口增长带来了大量的住房需求，抬高了房屋和土地价格。高质量的房屋十分昂贵，很多家庭负担不起，进一步造成了非正式住宅区数量增加。内罗毕的建筑业包括正式和非正式两种类型。正式建筑包括房屋、政府部门建筑和门禁社区。只有很小部分的人口负担得起这种类型的房屋。差不多有 60% 的居民住在贫民区和非正式住宅区。正规的建筑也可能全部或部分雇用非正规就业者进行建造。

建筑行业提供的就业岗位从本质上来看通常是不规范的（Mitullah et al.，2003）。即使是注册的正规建筑企业也会使用大量非正式工人参与建筑项目，尤其是一些技术含量较低的工作。肯尼亚政府制定的建筑行业就业规范并未得到有效贯彻，行业的从业者往往签署非正式合同，很少获得社会保障或医疗保障。建筑行业内只有极小一部分人是规范从业者，这些人通常为高技术人才，如建筑师、工程师等。

建筑业的非正规发展导致很多建筑质量低下，甚至出现建筑倒塌的现象。肯尼亚政府出台了低成本住房政策，如通过一些项目对非正式住宅区进行升级和规范，旨在使所有人都能负担得起安全的住房。不过，为了执行这些项目，又必须通过非正规渠道雇用劳动力。肯尼亚建筑行业的效益在 2017 年增长了 8.5%，尽管受到新冠肺炎疫情的影响，预计至少到 2024 年建筑业都能维持强劲增长。

虽然建筑行业仅为非技术工人提供了少量正式工作，但研究显示，这些工作岗位并非由稳定的人群所占有（Wachira-Towey，2015；Wells et al.，2010）。相反，工人们随时随地寻找在正规就业领域的工作机会，间或从事非正式工作。一些非正规就业会为工人们提供更好的待遇和工作环境。打工者在非正规和正规就业之间流动可以提升技能，把在正规行业获取的复杂工作的经验带到非正规领域，促进实践和创新。因此，在这种情况下，要想帮助非正规打工者，就应该注重提升正规就业机会与非正规就业机会之间的连接，努力改善非正规就业环境，而不是一味排斥非正规就业。

## 二、加纳非正规经济的发展现状和问题

在加纳，石油和天然气行业的发展带动了对基础设施的投资。此外，城镇化的发展加大了住房缺口，刺激了住房建设和建筑业发展。加纳的建筑业在新冠肺炎疫情前稳定发展。据统计，建筑业在2015年是最大的工业子行业，占加纳GDP的14.8%（Ghana Statistical Service，2016）。数据显示，2010—2015年，建筑业经历了持续增长，增长率约为70%，拥有超过32万名从业者。为了填补住房缺口，加纳政府推出了公私合作的模式，以期能吸引投资，弥补政府融资缺口。

与此同时，政府致力于提升劳动力素质。在2016年8月的全国青年建设峰会上，当时负责私营部门发展和公私伙伴关系的阿卜杜勒·拉希德·佩尔普（Abdul-Rashid Pelpuo）部长表示，利益相关者必须优先发展年轻人的技能和专业精神（Oxford Business Group，2017）。加纳与万事达卡基金会合作成立了青年包容性创业发展就业倡议，希望未来五年培训23 000名加纳人从事建筑业和相关行业的工作（Mastercard Foundation，2020）。为了减少对外籍工人的依赖，加纳政府决定向雇用大量当地员工的公司提供免税进口、免税材料等激励。这种做法可以让非正式工人适应并熟练开展建筑工作，从而让非正规发展

产生积极效益，增加本国的人力资源储备。

对于包括阿克拉和库马西在内的加纳城市而言，非正规经济是城市正常运转的核心，吸纳了大量人口，并提供了必要的基本服务。非正规经济容纳了大量外来人口，包括来自加纳北部的人口，阿克拉还吸纳了国际移民。对外来人口来说，非正规就业岗位可能是他们摆脱贫困、在城市谋生的唯一途径。随着阿克拉和库马西城镇化的发展，过去十年建筑行业的发展欣欣向荣。城市人口的增长导致两座城市的住房需求激增，且需求集中在非正式住房领域。加纳的非正式住房需求带来了非正式建筑业的发展。加纳生活水平调查显示，这些非正式建筑企业的规模不大，以临时雇佣形式为主，一般雇用 5 人到 10 人（Hedidor et al.，2017）。从事建筑行业的年轻人中，91%的人群都是非正式雇佣关系，行业月工资大约是 100 美元，显著低于采矿、医疗、社会工作、交通和农业等领域的平均工资。因此，政府有必要制定相关干预政策，提高非正式建筑的质量，同时保证从业者获得合理薪酬（Owoo et al.，2018）。这种做法可以解决在建设大型基础设施项目时人力资源短缺的问题，从而降低对外国建筑企业和海外从业者的依赖程度。

### 三、中国的实践与经验

中国人口从农村向城市迁移进而形成大规模的非正规就业人口，源自经济特区的设立。中国的经济特区在功能和规模上各有不同，是中国经济发展与转型的催化剂。经济特区的共同之处是有权自行规划和实施经济政策，这与其他地区必须遵循中央经济规划有所不同。经济特区可以为经济快速增长创造条件，包括设立自由贸易区、工业园区、技术创新园区、保税区等，来吸引海外直接投资，刺激各产业领域的探索和创新（World Bank Group，2017）。经济特区管理部门和当地政府可以基于自身的比较优势进行功能定位，从而使经济收益最大化。

早在20世纪80年代，经济特区计划开始启动，当时建立了深圳等经济特区。20世纪80年代中期，中国设立漳州等沿海开放城市，旨在利用其地理位置和经济开放政策来刺激经济增长。在此基础上，中央和省级政府在20世纪80年代后期设立了高新技术开发区，以充分利用全球的资本、技术和人才。20世纪90年代，随着中国经济的增长和发展趋势的变化，政府抓住新机遇对现有经济特区进行升级。进入21世纪以来，中国建立了更多区域经济开发区，以刺激和支持区域发展。截至2014年，中国共有6个经济特区、14个沿海开放城市、4个自由贸易试验区和5个金融改革试验区（World Bank Group，2017）。这些经济特区贡献了中国22%的GDP、45%的海外直接投资以及60%的出口额。据估计，经济特区创造了超过3 000万个就业岗位，使参与其中农民的收入提高了30%，推动了国家工业化、农业现代化和城镇化进程（China Development Bank，2015）。

中国的经济特区建于拥有港口的沿海城市，这些城市可以提供功能性土地，用于容纳大型制造业和出口导向型的基础设施。工厂会吸引来自中国西部和内陆地区的劳动力流向沿海地区。地方政府以及私人投资会给这些流入的劳动力提供资助。农村人口向城市迁移导致城市非正式行业打工者大量增加，也就是通常所说的农民工。这些农民工虽然基本上是非正式的，但巨大的劳动力市场对正规经济的发展产生了重大积极影响。非正式建筑业的打工者对正规经济的影响不仅是提供有偿劳动力，同时也为经济发展和城镇化提供了有生力量。由于中国城市在制造业领域吸纳了大量外来务工人员，城市得以通过发展出口导向经济快速推进工业化（Hu，2004）。2002年，原劳动保障部在全国66个城市开展了一项调查，结果显示，全国城市中约45%的就业岗位都是非正式的（吴要武等，2006）。此后，有研究显示这一比例还在持续提高（Park et al.，2011）。为了给这些非正式农民工提供更加完善的社会保障，2008年的《劳动合同法》努力通过建立劳动合同使这些工人正规化。

中国兴办经济特区能为非洲国家提供几点经验。第一，应该将重点放在地方政策支持和投资方面，充分发挥本地的比较优势。经济特区的战略选址十分关键，必须考虑地理、人力资源、资本等因素是否有利于经济发展。中国的经验是着重关注交通便利的沿海地区，这种做法也许可以为非洲发展经济特区提供借鉴（Zeng，2015）。第二，与城镇化一样，经济特区建设也会吸引农村人口向城市迁移，因此可以在公共服务和社会保障领域加强投资，帮助外来打工者提高生活水平。此外，中国在着力促进沿海地区城镇化和工业化发展的同时，一段时间内忽视了农村地区的发展，当前正通过大量政策和资源投入，促进乡村振兴。因此，非洲国家有必要采取措施，使城市发展的好处惠及城市以外的地区，增强经济发展的包容性，使更多人共享发展成果。

## 第四节　非洲城镇化进程中交通服务的非正规发展

城镇化过程中，城市范围的快速扩张和人口增长带来了城市不同区域之间连接的问题。对发展中国家来说，交通可及性、交通质量以及交通拥堵等城市交通问题已经成为重要的政策问题（Prudhomme，1990）。如今的城镇化发展和经济增长往往伴随着汽车拥有量的不断增加，进一步加剧了交通拥堵。在此情况下，城市比较依赖非正式形式的交通方式，非正规交通的运营者形成了稳定的利益集团，与那些促进正规交通体系发展的力量相抗衡。

### 一、肯尼亚非正规交通的发展现状和问题

这里依旧以肯尼亚最大的两个城市内罗毕和蒙巴萨作为具体案例。

## （一）兴起原因："最后一公里便利"的重要性

非正规交通的兴起与非正式住宅的普遍存在密切相关。内罗毕作为东非最大的城市，非正式和正式住宅区人口密度分布不均。内罗毕的贫民区拥有约 200 个住宅区，大约居住着 250 万人。据估计，内罗毕大约 60% 的人口集中在 6% 的城市土地上（Kibera UK，2015）。城市中存在的大量非正式住宅区与城市其他区域疏离。因此，为非正式住宅区通勤者提供"最后一公里便利"显得十分重要。在内罗毕，"最后一公里便利"主要由小型轻便摩托车和微型面包车提供。与正式交通方式相比，这些类型的运输服务提供商通常都没有运营牌照，却能灵活出入城市中道路不平的非正式住宅区，为这些区域居民的日常通勤提供便利。

蒙巴萨位于印度洋海岸，是肯尼亚的第二大城市，贸易业和旅游业是城市经济发展的主要部分。蒙巴萨的公共交通状况与内罗毕十分相似，目前的交通系统包括 Matatu、Boda-Boda 和 Tuk-Tuk。这些车辆的所有权和运营方式与内罗毕相似，既没有明确或固定的收费标准，也缺少政府指定的运行路线和停靠站。许多人因为负担不起公共交通费用而选择步行上下班。但大多数地区缺乏足够的人行道或步行道，导致城市中不太富裕的人群面临较高的事故伤害风险。Matatu、Boda-Boda 和 Tuk-Tuk 提供不同模式的穿城路线，距离长短不一。以 Boda-Boda 为例，它可以提供"最后一公里便利"，同时也是进入一些非正式定居点的唯一方式，可靠性强，但价格相对较高，且存在安全隐患。

## （二）日益迫切的改革

内罗毕城市区域交通部门预测，内罗毕作为世界上第四大拥堵城市，每年交通拥堵导致生产力下降的损失约 10 亿美元（Wairimu，2019）。另一项研究指出，交通拥堵会给经济社会带来负面影响，不仅影响通勤者的日常生活，还会影响贸易活动，尤其是带有非正式或半非正式性质的中小企业的经营活动（Mweta et al.，2018）。这凸显了内罗毕急需翻新城市交通基础设施，建立更加有组织性、更高效、更低廉的公共交通体系。

蒙巴萨目前约有 4 000 辆 Matatu 以非正式的形式运行，运行路线、时间和价格都不固定，主要取决于即时的供需情况。从系统性和城市土地关系的角度来看，这种高度灵活的运营方式可以为大多数民众提供最好的服务。不过，虽然这种新兴的交通方式符合运营者、工会和通勤者的眼前利益，但是对城市整体发展产生了一些负外部性。例如，道路上此类车辆数量的增多会造成交通拥堵和空气污染，让通勤者面临更高的交通事故风险，并对那些支付能力不足的贫困人口产生排斥。

### （三）困境与可能的出路：正式规划与非正式交通融合

肯尼亚的"2030 年愿景"作为一项国家城市发展政策，旨在将城市打造成一个"新型工业化的中等收入城市，为所有公民提供高质量的生活和干净安全的居住环境"。内罗毕已将快速公交体系纳入最新的总体规划，启动一些公路基础设施现代化建设项目，并开发通勤轻轨交通体系，其中最主要的是内罗毕—锡卡高速公路项目。该项目可以有效缩短内罗毕城内及周边地区的交通时间。不过，值得注意的是，内罗毕公共交通的生命线依然是迷你巴士、迷你客车和电动摩托车。因此，在公共交通领域，规范性和非规范性往往相互交织。但目前这些规划受到了来自非正式交通服务的司机和工会的强烈抵制。在非正式交通领域从业的司机、运营者和工会已形成根深蒂固的利益群体，成为反对改变现有交通体系的强大力量。

和内罗毕一样，蒙巴萨需要更好的交通基础设施来缓解交通拥堵和污染问题，方便居民出行。然而，要想顺利实施城市快速交通等新的解决方案，就需要协调现有的管理体系。交通系统正规发展是分阶段推进的，可以和Matatu的驾驶者和所有者进行合作（该交通方式目前满足了蒙巴萨36%的交通需求），将其融入新的发展规划。因为非正式的交通服务业正是迎合城市需求而发展起来的，这种做法可以保证新的交通体系植根于城市的实际需求，同时避免大范围影响城市居民的正常生活。

## 二、加纳非正规交通的发展现状和问题

这里以加纳的阿克拉和库马西为例。

### （一）兴起的必然性：人口流入、郊区扩张与非正式交通

阿克拉是加纳最大的城市和最大的经济体，吸引了很多加纳其他地区的人口迁移来支持当地经济建设。外来人口的流入一定程度上推动了城市的非正规发展：在住宅方面，外来人口的涌入扩展了阿克拉的城市范围，城市周边一些非正式住宅区如雨后春笋般涌现，非正式的公共交通作为保证人口和货物流动的重要方式也随之兴起。

库马西是加纳的第二大市。和阿克拉一样，库马西也正在经历着人口迁移潮和快速人口增长。加纳其他城镇人口的大量流入，导致库马西城市边缘地区持续扩张。库马西目前的交通系统也是非正式的，主要由不规范的公交私人运营者经营，服务于居住在城市内部和周边地区的通勤人员。

### （二）分步推进的改善计划

为了适应人口激增，阿克拉已经制定"交通导向发展策略"来促进阿克拉的城镇化进程。新的公路交通项目将建立在Aayalolo快速公交计划的基础上，分两个阶段执行。第一阶段，基于公共交通在不同时间、不同地点的每日载客量，研究并绘制出清晰的公共交通路线图，建立快速公共交通走廊，从而满足当前以及未来的载客需求，非正式

公共交通运营商也可以使用这条交通走廊。除此之外还会推出一个现代化的公共巴士试点项目,以测试其商业可行性和乘客需求。第二阶段,基于第一阶段的成果加大投资,发展更加现代化、更加强大的公共交通,例如在快速公共交通走廊上投入运营更多的公共巴士。但该计划在2014年至2021年发挥的作用有限,因为缺乏专用车道并且存在来自占据主导地位的私营交通服务的排斥和竞争,这些私营交通服务的运营商大部分还是加纳私营道路运输联盟(GPRTU)的成员。此外,该计划的预付卡系统设置也不尽合理。

库马西正在模仿阿克拉,建立自己的快速公共交通系统。该市在学习阿克拉创新经验的基础上,对本地进行调研和征询,有效发展起适合本地实际情况的快速公共交通系统。和阿克拉一样,库马西快速公共交通系统也将分阶段执行。第一阶段,建立快速公共交通走廊,吸纳一部分现代化的公共巴士。为了避免和GPRTU产生冲突,库马西的快速公共交通走廊也可能在第一阶段接纳非正式运营商。第二阶段,在第一阶段的基础上,交通当局将寻求进一步投资,为交通走廊吸纳更多的现代公共巴士。在库马西,有可能将早期规划的宽马路改成中央公交专用道,从而避免拆除路边已有设施。其他潜在的议题包括是否让GPRTU的运营商参与运营服务,或者可否与他们进行合作,将主干道上运行的公交巴士和社区里穿梭的私营交通服务结合起来。针对以上问题,库马西已展开了公众宣传和利益相关者意见征询工作。

### (三)正式与非正式因素的融合

随着城市的发展,有必要完善交通基础设施建设,但必须经过严谨的规划和妥当的实施,不能损害当地社区的利益。转型要想获得成功,与现存交通模式合作会比全盘推倒重来效果更好。这是因为公众渐渐熟悉了非正式交通形式,接受了其可靠性和灵活性,很难适应甚至想象正式交通体系发展所带来的交通情况改善和交通成本下降。建立正式交通体系，模仿西方自上而下的模式很有可能遭致失败。加纳的案例表明，将交通体系正规发展和非正规发展融合起来，可以在不完全破坏现存体系的基础上，充分发挥既有资源的价值，从而为后续发展铺平道路。阿克拉和库马西在处理交通领域非正规发展的问题时都没有采取一刀切的改革方式，彻底摧毁现有的交通体系，而是采取了实事求是的方法，将正式体系和非正式体系进行过渡、融合，从而避免了肯尼亚曾出现的非正式体系运营者因为担心生活受到影响而激烈反抗的现象。

### 三、中国的实践与经验

以机动车增长为主要表现的移动性已成为城市的核心特征。随着经济增长和人口可支配收入的增加，中国的汽车拥有量急剧增加。1984年，中国的注册汽车有17.5万辆。到1995年，这个数字上升到250万辆，到2008年已超过2 440万辆（Boquet，2010）。其中70%的私家车位于大城市，这表明汽车拥有量的增加和城镇化相关联。中国城市对汽车拥有量激增的第一反应是顺其自然，并制定了相应的支持政策（Barter，2004）。但机动车和城镇化的无节制发展对经济、社会和环境的可持续发展带来了严峻挑战，交通拥堵现象严重，进而带来生产力下降、贸易活动开支增加、空气污染和公共交通时间紊乱等负面影响（Boquet，2010）。中国采取了相应的解决措施，包括转向更绿色的公共交通形式，大规模投资发展高铁和地铁服务。

一是通过投资高速公路、港口和机场，提高城市之间的连通性，取得良好的经济效益，并改善交通建设的包容性。由于许多城市在空间上分布分散，缺乏连通性可能会让郊区市民难以享受到城市生活的福利。提高公共交通占比的关键策略是加强公交线路的建设，尤其是快速公交系统（BRT）的建设。BRT已被许多发展中国家的城市采用，因为与地铁和轻轨相比，其需要投入的资本更少。中国于1999年开始发展 BRT，现已扩散到全国多个城市。需要注意的是，由于城市最贫困的社区道路稀少狭窄，在这些地方修建 BRT 面临连续性和可及性的问题。因此，必须在不损害弱势群体利益的情况下合理发展 BRT。

二是发展更加绿色、便利的私营自行车租赁系统，加强人行道建设。随着中国城镇化发展和城市规模的扩大，多地政府越来越重视行人的出行需求。自行车租赁系统的规范化发展有利于减少城市交通的碳排放。同时，政府对城市道路进行行人友好型规划，加强人行道建设，不仅有利于群众健康和环境保护，还能照顾到贫困人口的需求，这些人口通常由于缺少私人交通工具或是负担不起公共交通而选择步行。

三是依靠小规模的非正式交通方式，为城市低收入居民提供包容性的交通服务。虽然这些交通方式通常无法获得政府的认可，但可以为需要的人提供出行便利，并为一些低技能打工者尤其是一些外来人口提供就业机会。在中国，非正式的交通方式在城中村扮演着重要角色，因为城中村的道路结构往往无法容纳大规模的公共交通。中国的这类交通工具包括具有载客功能的电动自行车，它可以提供低成本的出行服务。虽然地方政府应该继续对大规模快速交通体系建设加大投资，但在一些区域尤其是外来人口多的区域，也有必要为城中村居民建立最后一公里的道路连接（Cervero et al.，2007）。

## 第五节　本章小结

城市可以成为经济增长和包容性发展的引擎，那么，就需要利用城镇化来发挥城市的潜力。如果任由城市在不合理的权力结构和不平等的状况下发展，不平等和社会排斥的现象将更加严重。因此，随着贫民区和非正式住宅区人口的不断增加以及治理系统功能的失灵，发展中的非洲城市正在努力寻找一条包容性发展的道路。其中最重要的是，要学会与城镇化过程中自然而然兴起的非正规因素和谐共存。

要认识到非正规因素产生的必然性及其相互之间的密切关联。可以发现，城市发展形成了反馈循环：人口增长推动了建筑业的发展，由此产生了对廉价劳动力的需求，从而吸引人口向城市迁移；在经济领域，这些人口会在缺少足够正式工作机会的情况下选择非正式的新型雇佣关系来谋生，包括建筑、非正式交通服务；在住宅方面，由于政府规划能力不足、管理部门重叠，出现了大规模的非正式住宅；非正式住宅和人口增长导致交通拥堵越来越严重，人们更多地依赖非正式的交通工具；这些非正式从业者形成一个固定的利益群体，反对对交通基础设施进行重大变革。

因此，实现包容性发展，最根本的是要接纳非正规发展的必然性，在此基础上实现转型，建设新的城市格局。现存的非正式结构体系应该得到正视和尊重，因为它本身也是城市发展的产物。非正规发展并非一种反常现象，而是城市实际运行的一个组成部分。政府不应将非正规发展视为阻碍城市发展的因素，相反，应该努力探索如何利用这种复杂性来促进城市包容性发展。诚然，如果缺乏正式的规划，城市将缺少秩序、效率低下，对后续发展造成阻碍。然而，要把当今城市面貌变得完全符合正式规划绝非易事。在此过程中，有必要学会与不规范因素共存，因为不规范因素也在发展进化，可以推动城市有效运转。

## 参考文献

吴要武，蔡昉，2006. 中国城镇非正规就业：规模与特征 [J]. 中国劳动经济学，3（02）：67-84.

薛德升，黄耿志，2008. 管制之外的"管制"：城中村非正规部门的空间集聚与生存状态——以广州市下渡村为例 [J]. 地理研究（06）：1390-1398＋1484.

Abass K, Afriyie K, Gyasi R M, 2018. From Green to Grey: The Dynamics of Land Use/Land Cover Change in Urban Ghana [J]. Landscape Research, 44 (8): 909-921.

Barter P, 2004. Transport, Urban Structure and "Kock-in" in the Kuala Lumpur Metropolitan Area [J]. International Development Planning Review, 26 (1): 1-24.

Boquet Y, 2010. Changing Mobilities in Asian Cities [C]. Paper Presented at the 2010 Southeast Asian Geography Conference (SEAGA), Hanoi, Vietnam.

Cervero R, Golub A, 2007. Informal Transport: A Global Perspective [J]. Transport Policy, 14 (6): 445-457.

Chen C, Fan C C, 2016. China's Hukou Puzzle: Why Don't Rural Migrants Want Urban Hukou [J]. The China Review, 16 (3): 9-39.

China Development Bank, 2015. Experience Gained in the Development of China's Special-Economic Zones [J]. Investing in Africa Forum, Washington DC: World Bank Group.

Dovey K, Kamalipour H, 2017. Informal/Formal Morphologies [M] // Dovey K, Pafka E, Ristic M (eds). Mapping Urbanities: Morphologies, Flows, Possibilities. Abingdon: Routledge.

Ghana Statistical Service, 2016. 2015 Labour Force Report [R]. Accra: Ghana Statistical Service.

Government of Ghana, 2016. Land Use and Spatial Planning Bill 2016 [R]. Accra: Government of Ghana.

Hedidor D, Bondinuba F K, 2017. Exploring Concrete Materials Batching Behaviour of Artisans in Ghana's Informal Construction Sector [J]. Journal of Civil Engineering and Construction Technology, 8 (5): 35-52.

Hu A, 2004. Economic Growth and Employment Growth in China (1978—2001) [J]. Asian Economic Papers, 3 (2): 166-176.

Kamal-Chaoui L, Leman E, Rufei Z, 2009. Urban Trends and Policy in China [Z]. OECD Regional Development Working Paper 2009/1. Paris: Organisation for Economic Cooperation and Development.

Kasper E, 2016. Nurturing Emergent Agency: Networks and Dynamics of Complex Social Change Processes in Raipur, India [D]. Brighton: University of Sussex.

Kasper E, et al., 2017. Inclusive Urbanisation and Cities in the Twenty-First Century [R]. IDS Evidence Report 220. Brighton: Institute of Development Studies.

Kenya National Bureau of Statistics, 2020. Informal Sectors Skills and Occupations Survey [R]. ISSOS Basic Report. Nairobi: Kenya National Bureau of Statistics.

Kibera UK, 2015. Some Facts and Stats about Kibera [M]. Nairobi: Kibera UK.

Loo B, Law W, 2009. Commuting Cost in Hong Kong: A Multi-group Comparison [C] // Wang D, Li S (eds). Transportation and Geography, Proceedings of the 14th HKSTS Conference. Hong Kong: Hong Kong Baptist University.

Mastercard Foundation, 2020. An Audacious Strategy to Ensure Young Africa Works [R]. Toronto: Mastercard Foundation.

Mateo-Babiano I, Ieda H, 2005. Street Space Renaissance: A Spatio-Historical Survey of Two Asian Cities [J]. Journal of the Eastern Asia Society for Transportation Studies, 6: 4317-4332.

McGranahan G, Kasper E, Maestre M, 2017. Market Systems Development in the Cities of Rapidly Urbanising Countries [R]. London: The BEAM Exchange.

Mitullah W V, Wachira I N, 2003. Informal Labour in the Construction Industry in Kenya: A Case Study of Nairobi [Z]. Working Paper No. 204, Geneva: Sectoral Activities Programme, International Labour Office.

Muggah R, Hill K, 2018. African Cities will Double in Population by 2050. Here are 4 Ways to Make Sure they Thrive [EB/OL]. (2018-06-27) [2022-09-25]. https://www.weforum.org/agenda/2018/06/Africa-urbanization-cities-double-population-2050-4％20ways-thrive/.

Mweta T, Kipronoh P, 2018. Effect of Working Capital Management on the Financial Performance: Evidence of Construction and Allied Sector Firms Listed at Nairobi Securities Exchange [J]. Research Journal of Finance and Accounting, 9 (5): 38-49.

Otsuki K, 2016. Infrastructure in Informal Settlements: Co-production of Public Services for Inclusive Governance [J]. Local Environment, 21 (12): 1557-1572.

Overå R, 2004. The Creation of African Urban Livelihoods in Between the Formal and Informal City [J]. Forum for Development Studies, 31 (2): 423-429.

Owoo N S, Lambon-Quayefio M P, 2018. The Role of the Construction Sector in Ghana [Z]. WIDER Working Paper 2018/119. Helsinki: United Nations University World Institute for Development Economics Research (UNU-WIDER).

Oxford Business Group, 2017. Ghana's Construction Sector Continues to Be a Major Engine for Growth [M]. Oxford: Oxford Business Group.

Park A, Cai F, 2011. The Informalization of the Chinese Labor Market [M] // Kuruvilla S, Lee C K, Gallagher M E (eds). From Iron Rice Bowl to Informalization: Markets, Workers, and the State in a Changing China. New York, NY: Cornell University Press.

Prudhomme R, 1990. Nouvelles Perceptions et Nouvelles Politiques de Transport Urbain dans les Pays en Développement [M]. Caen: éditions Paradigme.

Wachira-Towey I, 2015. Informal Skilling in the Construction Sector of Nairobi, Kenya [M] // Arogundade E (ed). USHEPiA Crossing Boundaries: Knowledges from the Continent. Cape Town: Siber Ink.

Wairimu A, 2019. Nairobi Ranked World's 4th Most Congested City [N]. The Kenyan Wall Street, 25 September.

Webster C, Wu F, Zhang F, et al., 2016. Informality, Property Rights, and Poverty in China's "Favelas" [J]. World Development, 78: 461-476.

Wells J, Jason A, 2010. Employment Relationships and Organizing Strategies in the Informal Construction Sector [J]. African Studies Quarterly, 11 (2/3): 107-124.

Wetangula J, Mazurewicz M, 2017. Market Research Preliminary Report: The Construction Market in Kenya [R]. Nairobi: Polish Investment & Trade Agency—Nairobi Office.

Wong T C, Liu R, 2017. Developmental Urbanism, City Image Branding and the "Right to the City" in Transitional China [J]. Urban Policy and Research 35 (2): 210-223.

World Bank Group, 2016. Republic of Kenya: Kenya Urbanization Review [R]. Washington DC: World Bank Group.

World Bank Group, 2017. Special Economic Zones: An Operational Review of Their Impacts [R]. Washington DC: World Bank Group.

Zeng D Z, 2015. Global Experiences with Special Economic Zones: Focus on China and Africa [Z]. Policy Research Working Paper 7240, Washington DC: World Bank Group.

Zhan Y, 2018. The Urbanisation of Rural Migrants and the Making of Urban Villages in Contemporary China [J]. Urban Studies, 55 (7): 1525-1540.

# 第七章　非洲城镇化进程中的科技创新

## 第一节　城镇化进程中的科技创新

科技创新与城镇化有着密不可分的关系，是城镇化过程中不可忽略的因素，这既在于它是城镇化发展的必然结果，也在于它是实现包容性城镇化的重要驱动因素和有效方式。

其一，科技进步可以推动数字经济、自主创业、包容性金融的发展，由此创造新的就业机会。科技和资本是城市变革的引擎。它们不仅和经济增长挂钩，还会受制度的影响，再反作用于制度（Lea，2017）。因此，在推动工业化发展或利用城市劳动力促进经济增长的过程中，必须考虑技术对社会的影响作用。如果不主动拥抱科技，那么城市的经济发展就会被甩在后面。

其二，科技可以缓解资源需求，提高公共服务效率，从而帮助提高居民生活质量,因此被看作解决城市问题的良药(Yigitcanlar et al.,2018)。与科技或科技驱动相关的发展举措形式多样,包括"智慧能源管理、基础设施建设、垃圾和环境管理、公私伙伴关系、经济发展规划、智慧保健和智慧教育项目"(Goi,2017)。智慧城市的概念也经常与这些科技概念交叉使用,形成科技生态体系,也就是将不同的科技形式结合起来,为解决复杂的城市问题提供创新方案。这些倡议和智慧城市概念的提出通常都是为了解决具体问题,满足人们在建筑、交通、能源、健康以及卫生等方面的实际需求,并提高生产力,激励创新,最终促进城市可持续发展,提高人们的生活水平。

其三,建设智慧城市的科技也会带来技术鸿沟,阻碍城市的包容性发展。一方面,由科技创新带来的新的就业机会主要被白领和高技能人群占据,进而形成新的特权阶层,将大部分低技能工人排除在外,加剧社会不平等现象。另一方面,新冠肺炎疫情凸显了信息通信技术在应对突发事件中在组织、交流和回应等方面的优势,同时也暴露出很多非洲城市所面临的技术鸿沟和不平等问题,包括人口连通程度有限、线上教育资源覆盖不均,等等(OECD,2020)。

## 第二节 非洲国家科技创新的发展现状

出于对科技创新好处的认识,非洲国家领导人迅速利用科学技术助力非洲城镇化发展,自 2021 年以来颁布了不少于 20 个技术驱动的国家战略,其中典型的例子包括尼日利亚的"国家综合基础设施总体规划"和卢旺达的"基加利城市总体规划"。这些规划通常涵盖三个方面:加强投资,推动信息通信和数字化基础设施发展;鼓励企业家创建高科技企业;发展信息通信技术私营产业。

除非洲国家的自我规划与推动外,非洲国家的科技发展战略还得到了那些致力于推动非洲科技发展和数字化进程的国际组织的重视和支持。一些项目得到广泛非组织的支持，例如非洲联盟的"非洲数字登月计划"和《非洲数字化转型战略（2020—2030）》，还有一些项目得到外部的国际组织的支持，如世界银行集团的"非洲数字经济倡议"。这些项目通常旨在改善组织机构，促进私营部门的参与，并为青年提供信息通信技能和赋权途径（IFC，2020）。

国内和国际的共同努力增强了非洲的数字连接性，加强了基础设施建设和消费者数字化。以加强的数字接入指数（EDAI）为该地区数字化的衡量标准，2010年到2017年，由于数字基础设施建设的显著加强，撒哈拉以南非洲在数字化的各个方面都取得了进步（Alper et al.，2019）。由于撒哈拉以南非洲移动数据和设施覆盖率的提高以及可负担性的提升，移动网络覆盖人数稳步增长（GSMA，2019），年复合增长率为12.1%。下面我们详细介绍肯尼亚的内罗毕和蒙巴萨以及加纳的阿克拉和库马西这4座城市的科技创新发展现状。

## 一、肯尼亚科技创新发展现状

### （一）内罗毕科技创新发展现状

内罗毕被寄希望于成为"非洲的硅谷"，是东非科技增长和创新的中心枢纽。政府部门、私营企业、国际组织等积极采取措施致力于推动内罗毕科技创新和数字化的快速发展，这是肯尼亚被评为撒哈拉以南非洲第二大创新中心的关键原因（WIPO，2019）。

第一，公共部门颁布了一系列政策，以期将城市打造成领先的技术中心。《肯尼亚2030年愿景》提出"到2030年，将肯尼亚发展成为新兴工业化的中等收入国家，为所有公民提供高质量的生活和清洁安全的生活环境"。该规划包括三个主要支柱：《内罗毕地铁2030规划》《城市发展总体规划》和《信息通信技术转型路线图》。这些倡议相互补充，在信息通信、城市流动、公共服务提供等方面都引入了新技术，以期共同推动实现可持续发展目标。

**第二，私营部门的发展发挥了重要的孵化和加速作用。** 截至2019年年初，内罗毕创建了超过38个企业孵化器和加速器（World Bank Group，2019a）。一是很多领域进行数字创新，以期促进信息流动、便捷支付和提高服务可及性。例如，Twiga移动应用程序能够加强信息流动，将供应商与卖家联系起来，从而改善当地蔬菜和水果价值链。鉴于农业对肯尼亚经济发展的重要性，提高农业生产效率可以显著增强发展潜力。二是信息技术的创新还在改善公共服务方面发挥作用。例如，基贝拉贫民窟的居民缺少干净的饮用水，M-Maji应用程序提供当地最新的购水信息；M-Kopa应用程序为用户使用太阳能供电提供即用即付的订阅服务，由于入门价格较低、定价灵活，M-Kopa可以为低收入家庭提供更容易获得的能源解决方案。三是注重环境可持续性的企业正在崛起。例如，Ecobodaa等初创企业旨在为内罗毕提供更可持续的交通发展模式，通过推动当地电动出租车的电气化，来减少污染物排放。类似的现代技术正越来越多地用于解决城镇化发展带来的环境问题。与其他绿色解决方案不同的是，这些初创企业是由个体司机发起的，而不是由政府创办的，它们可能为交通绿色发展提供有价值的多样性方案。

**第三，全球投资者包括谷歌、华为等科技巨头的加入，加速了内罗毕科技发展的步伐。** 内罗毕吸引众多全球投资者的一个关键机构是iHub，这个技术中心得到了包括脸书、甲骨文和世界银行的支持。它汇集了企业家、投资者和研究人员，共同致力于打造未来的技术企业。其中一个正在孵化的项目"AI肯尼亚"旨在通过加强与民间社会、政府和企业合作，在肯尼亚甚至更广泛的东非地区创建机器学习利益相关者的合作联盟，从而推动自动化领域的创新。包括"AI肯尼亚"在内的项目已经吸引了微软等合作伙伴，凸显了此类合作倡议的潜力。

尽管内罗毕的数字行业取得了长足发展，在肯尼亚经营一家科技公司仍与在欧洲或美国等成熟市场开展业务大不相同。由于各个经济部门发展速度不同，企业在利用薄弱基础设施、弥合信息鸿沟和体制机制运行等方面面临很多问题。与此同时，城市也面临着技术进步带来的不平等现象加剧的挑战。大多数意在促进科技包容性发展的项目都主要有益于那些地位较高的个人或企业。因此，当地人力资本水平较低或从事灵活性较低工作的人群常常被排斥在外（Guma et al.，2020）。要应对这种排斥现象，充分发挥技术进步的潜力，关键是要不断吸纳那些受到技术发展负面影响的利益相关者参与进来，共同制定未来的城市规划政策。

### （二）蒙巴萨科技创新发展现状

蒙巴萨的目标也是成为东非重要的智慧城市，并开发一系列数字解决方案。蒙巴萨实施的"综合发展计划（2018—2022）"，旨在将城市发展成为"一个充满活力的现代区域商业中心，为居民提供高质量的生活水平"（County Government of Mombasa，2018）。为了达成这一目标，该计划试图整合社会流动、基础设施建设和信息通信等领域的技术，将蒙巴萨发展为商业和创新中心。城市政府制定了发展重点清单和预算，内容包括建立创新中心、电子垃圾和水资源管理、数字化教育和港口基础设施升级等。蒙巴萨通过科技创新促进发展主要表现在以下几个方面。

**一是基于城市区位优势，通过科技创新促进区域物流中心发展，重点放在交通基础设施建设上。**蒙巴萨坐拥广泛的交通网络，对整个地区的发展都有战略意义，并因此吸引了对物流行业的大量投资。蒙巴萨注重技术迭代，对于技术进步的投资主要围绕如何将蒙巴萨打造为区域物流枢纽，目前的投资重点是海上和陆上的物流网络。这些举措提高了运输效率，巩固了蒙巴萨作为区域物流中心的地位，进而提升了肯尼亚在东非物流系统中的关键地位（Kinyua，2020）。

**二是以科技创新打造更具包容性的学习环境，培养数字企业家精神。** 例如，包括 Swahilipot Hub 在内的技术孵化器，专门为那些想要利用科技发展业务的企业家提供支持。Swahilipot Hub 扮演联盟发起者的角色，通过加强创业者、政府和教育机构间的联系，推动了地方和国家层面问题的协调解决。另一个位于蒙巴萨的技术中心是 Swahili Box，这是一个科技开放空间，得到了美国国家航空航天局、IBM 和微软等合作伙伴和赞助商的支持。Swahili Box 提供技术培训，并为个人提供与其他技术爱好者交流的机会，所涉重点领域是与物联网相关的技术创新。迄今为止，该中心已经培训了 500 多人。Swahili Box 等机构在现有的教育结构之外，提供了另一种教育选择，为那些经常被边缘化的年轻人提供了另外一种利用科技来拓宽发展机遇、提高人力资本的选择。

**三是利用科技创新改善公共服务。** 除本地性举措外，蒙巴萨还搭建了一些全国性平台，如 M-PESA 的金融服务以及优步（Uber）等具有国际代表性的应用程序。数字平台在日常生活中的普及推动了当地政府在提供公共服务时的大规模技术创新，例如通过信息通信技术告知当地的政策流程。因此，数字化有利于提高政府服务的可及性，如电子政务让公民更有效地接受教育和卫生服务。面对新冠肺炎疫情，技术在提供服务中变得至关重要。美国国际开发署最近的一份报告提出了心理健康问题远程咨询的指导方针。但同时，那些无法使用数字化技术的边缘人群也会被排除在这些服务之外。

总之，虽然数字化已经渗透到社会生活的各个方面，并且许多人已经从数字化带来的高效、便利的服务中受益，但是数字化优势的合理分配依然存在许多障碍。一种解决方案是多种举措并行，关注那些因为数字化跨越式发展而被边缘化的潜在群体，政府可以为这些群体提供额外帮助，确保不让一个人掉队。

## 二、加纳科技创新发展现状

### （一）阿克拉科技创新发展现状

作为加纳首都，阿克拉在国内和国际都有较高的知名度。加纳的目标定位是成为西非的区域科技中心，而阿克拉处于这一定位的中心位置。地方政府积极进行数字基础设施建设，国际组织和发展伙伴通过支持各类科技项目助力当地发展，私营部门也认识到发展科技的好处，积极加大投资。因此，阿克拉需要处理不同利益相关者之间的关系，解决数字不平等的问题。

**一是政府大力投资基础设施建设。** 为了增强阿克拉的科技创新能力，政府对信息通信技术相关基础设施进行了多项投资，包括高速互联网连接、建立数字中心等项目。阿克拉数字中心通过多种项目推动地方经济发展，包括传播基于技术的商业理念、向潜在投资者推介发展机会等等，从而孵化新兴技术；此外还与当地政府建立联系，帮助简化政府职能。除了投资必需的基础设施，阿克拉也创建了一些关键机构来推动技术主导的就业增长。例如，在通信部的支持下，阿克拉创建了3个技术中心，鼓励技术相关的技能建设和能力建设，大力向公众推广科技知识。这一举措得到广泛推广，尤其能让那些缺少信息通信技术的社区居民受益。

**二是国际组织和发展伙伴积极助力。** 除当地政府外，洛克菲勒基金会、世界银行等机构也支持阿克拉数字中心建设，这凸显了多方发展伙伴在构建数字体系中的相互关系。例如，联合国儿童基金会资助建立了"初创实验室"的创业项目，从而"让年轻人积极参与创业，发展创新的、开放的、市场驱动的产品和解决方案，推动解决影响儿童和青少年尤其是弱势群体福祉的复杂问题"；此外，联合国儿童基金会初创实验室还关注数字不平等问题，通过提供就业培训等其他支持机制，在更广泛的层面与社区尤其是年轻女性合作（UNICEF，2021）。

**三是科技在日常生活中得到广泛应用，同时表现出不平等特征。**日常科技应用的不平等加剧了数字鸿沟。数字化交流技术是阿克拉居民日常生活的重要组成部分，诸如推特、脸书和WhatsApp等主流社交平台得到了广泛使用。新冠肺炎疫情期间，包括加纳大学在内的主要高校都采取了线上教学的形式。但是，由于整个国家互联网服务质量各异，该校鼓励学生返校进行线上学习，从而享受校园里相对稳定的网络服务；同时，由于校园计算机基础设施有限，这一倡议分批进行。该举措显示出整个加纳不同区域间存在的数字鸿沟。

### （二）库马西科技创新发展现状

库马西同样重视公共部门、私人和民间社会团体之间的合作。比如，为了满足加纳未来的劳动力需求，库马西有三所以技术为重点的大学，分别是库马西技术大学、库马西理工大学和夸梅·恩克鲁玛科技大学。其中，夸梅·恩克鲁玛科技大学在国家数据中心领域积极与阿尔卡特—朗讯、华为等私营企业及国家信息技术局等各类利益相关者展开合作。库马西在科技创新领域的进展包括以下几个方面。

**一是利用新技术提供更好的公共服务。**比如，加纳铁路发展部等不同利益相关者以及私营企业都强调对拟建的轻轨体系加强评估，从而帮助库马西缓解空气污染、交通堵塞等问题（Intelligent Transport，2019）。

**二是利用新科技为政府决策提供参考。**比如，使用地理信息系统和无人机来告知公共政策信息，能够帮助政府更好地进行资源管理。运用这些新技术可以为决策制定者在政策执行效果方面提供参考（Africa Goes Digital，2020）。

**三是利用新科技提升地方发展能力。**库马西坐拥一系列技术中心，其中最典型的是 Faith Tech Ghana 公司，该中心目前已和 906 个初创企业展开合作，在内罗毕和阿克拉等城市为初创者提供孵化器服务，以及为软件开发领域外的贸易行业提供支持。Faith Tech Ghana 公司开发了一个低成本的地方性灌溉系统，能够缓解旱季生产力不足的问题。

**四是注重解决科技产业中的不平等问题。** 比如，Faith Tech Ghana 公司关注解决科技产业中性别不平等和女性边缘化的问题；在"消除差距"倡议下，Kumasi Hive 已为超过 600 名女性提供相关培训，使其参与到数字经济当中；Farmerline 则主要关注解决地方性问题，通过应用信息通信技术，为农民提供相关培训、资金投入、分销以及市场准入方面的支持。

## 第三节　非洲城镇化进程中的科技创新与就业

### 一、科技创新与就业

城镇化过程中，越来越多的技术应用给正在经历大规模转型的各国带来了机遇和挑战。科技创新对就业的总体影响往往并不明确，既有可能因为技术鸿沟扩大而加剧失业和收入不平等问题，又可能通过创业和包容性金融创造新的就业机会。

一方面，技术进步可能加剧群体间和城市间的不平等。技术对就业最明显的影响之一是技术失业，该现象是指"节约劳动力的速度超过了为劳动力找到新工作的速度"（Peters，2020）。很明显，技术进步将导致对劳动力需求的变化，拉大在就业率和工资上的差距（Arocena et al.，2003）。由于技术发展和城镇化的共同作用创造了一种新型的以"信息生产模式"为优先的信息经济，这些影响在城镇化背景下被进一步放大。具体而言，随着科技、金融服务等高薪行业的兴起，受过高等教育的新兴劳动力作为信息经济建设的重要基石逐渐受到青睐，形成新的社会阶层，而大多数低技能工人群体被边缘化。由于知识转移和网络体系建设具有空间集中的特点，越来越多的技术应用也会加剧城市之间和城市内部的不平等现象。全球范围内形成了赢者通吃的城市发展现象，各类投资和外国直接投资优先向市场规模大、开放度高和人力资源丰富的地方倾斜（Kumari et al.，2017），从而推动形成了大型密集的城市群。因此，投资越来越多地聚集到少数中心，推动了当地高度发达的产业和技术的增长。由于巨大的技术鸿沟限制了吸收技术的能力，这些发展成果难以转移或溢出到其他地区和城市（Girma，2005）。

另一方面，科技的大量使用也可以通过创业和包容性金融的发展来创造新的机会，进而促进经济和就业增长。一是技术的涌入可能会刺激创业，打工者可以利用这些新技术进行创业，从而推动创新，增强发展中国家的实力，使其跟上全球发展趋势。二是金融包容性的增强也能创造新的就业机会。金融包容性可以被定义为"确保一个经济体的所有成员都能轻松获得、使用正规金融体系的过程"（Sarma，2012）。包容性金融可以通过改善储蓄、信贷和借贷等金融管理方式，使得之前被排除在外的个人建立微型和小型企业，从而创造更多就业岗位（Atiase et al.，2019）。从宏观经济层面看，加强金融包容性可以减少发展中国家的不平等，从而促进经济的整体增长（Kim，2016）。下面将分别剖析肯尼亚、加纳和中国在这方面的实践。

## 二、肯尼亚城镇化过程中技术进步对就业的影响

随着移动电话、网络和数字贸易的使用，数字化经济成为促进肯尼亚经济发展的重要因素（World Bank Group，2019a）。然而，这种快速发展同时加剧了肯尼亚的不平等程度，这在城市层面表现得尤为明显。

## （一）技术发展导致财富集聚，加剧了城市内部和城市间的不平等

按照多维贫困指数（MPI）衡量，肯尼亚贫困发生率较高的城市主要集中在城镇化程度较高的卫星城市，包括蒙巴萨（44%）、基苏木（46%）和埃尔多雷特（39%）。虽然内罗毕等非洲最富裕的城市贫困率较低，但是城市内部不平等率高，这意味着，城镇化发展和新技术的引入更多惠及某些特权群体（Shifa et al.，2017）。越来越多从事专业、技术和管理职业的人获得更多财富。在这些白领阶层中，最高收入者的比例从 2003 年的 14.1%（女性）和 18%（男性）提高到 2014 年的 27.1%（女性）和 26.6%（男性）（Kenya National Bureau of Statistics，2015）。这也凸显了从微观层面分析不平等问题的重要性，因为不平等现象呈空间分布，所以从城市整体层面分析往往会忽略不平等现象。

相反，边缘弱势群体却可能受到多方面冲击。例如，内罗毕快速公交系统的实施预计将导致现有的 Matatu 交通系统非正式工作人员失业。该公交系统的实施预计将使大约 35 000 个工作岗位消失，同时只能创造大约 5 000 个新岗位；其中消失的大部分工作岗位可能是低收入工作岗位，进而可能导致该地区的贫困状况恶化（GLI，2019）。这说明，新的系统性举措具有潜在的负面影响。

## （二）新技术可以通过增强金融包容性减少贫困

新科技的出现促进了金融企业的创新。在创业中最引人注目的技术是移动服务，该产业被视为"社会转型的引擎……为金字塔底层提供了可持续的商业解决方案"（Linna，2013）。典型的例子是 M-PESA，M-PESA 是一家领先的移动货币服务提供商，其金融服务已经拓展到国际收支领域，可以帮助贫困家庭改善财务管理、增加储蓄、从

农业部门转向商业领域或进行创业。该提供商显著降低了贫困率，共帮助2%的肯尼亚家庭（约194 000户）脱贫，女户主家庭受益尤其明显（Suri et al.，2016）。M-PESA为超过80 000人创造了额外收入（World Bank Group，2019c）。

### （三）新的创业平台反过来又会刺激创新

M-PESA在肯尼亚得到广泛使用，进一步促进了新产品和服务如M-KESHO的产生（Linna，2013）。M-KESHO为农民提供保险、储蓄和信贷服务以及小额保险，有助于显著降低突发风险的影响。同时，M-PESA的引入具有直接示范效应，推动了类似移动服务提供商的兴起（World Bank Group，2019a），如Virtual City和M-FARM等，为整个价值链中的农民和其他参与者提供解决方案，提高他们的运营能力和竞争力。Virtual City的移动分销服务帮助肯尼亚快速消费品企业打通了联系分销商和零售商的下游供应链，对扩大中小型企业利益产生了特殊作用（Linna，2013）。简而言之，这些移动科技通过提高金融资源可及性，以及促进企业家和创新精神，显著改善了民生福利。

### （四）政府通过推动数字创业来创造工作岗位、减少不平等

面对上述风险和挑战，政府的行动至关重要。肯尼亚政府推出了一系列的大规模项目发展创业，提升劳动者技能，利用数字金融化最大限度地减少不平等，从而推动可持续发展。肯尼亚推动数字创业的努力包括之前提到的"2030年愿景"，其目的是通过实施肯尼亚工业转型计划，推动创新和创业，将肯尼亚建设成为新兴工业化国家（World Bank Group，2019c）。长期以来，数字技能培养一直是肯尼亚政府的重点，《国家信息通信技术总体规划》倡导普遍提高数字素养，同时增强高科技产业领域从业人员的就业技能（Ministry of Information Communications and Technology，2014）。其他举措还有"国民教育计

划和数字素养计划",旨在"加强普惠和公平,提高教育质量和相关性,建立教育治理和问责制"(Ministry of Education,2018)。

## 三、加纳城镇化过程中技术进步对就业的影响

### (一) 城市间和城市内部不平等问题突出

加纳一直存在南北差距,北方的经济发展远远落后于南方,加纳两个最大的城市阿克拉和库马西就位于南方。这种南北差距导致了包括卫生、教育、水资源和技术等方面基础设施发展的差异(Poku-Boansi et al.,2015)。在收入不平等方面,虽然加纳的基尼系数在2012年稳定在0.40,但是受到富裕阶层消费扩张的影响,阿克拉的不平等程度已经超过加纳其他地区(World Bank Group,2015)。事实上,2012年阿克拉居民的平均消费与1991年相比翻了一番,比其他城市高出36%,这表明加纳存在城市间的不平等现象,并进一步导致了就业、培训、人力资源和资产向阿克拉聚集(World Bank Group,2015)。

虽然城市间的不平等很明显,但仅占加纳收入不平等的20%,其余不平等现象主要是城市内部的不平等。这归因于劳动力市场的快速转型,新增工作岗位主要集中在阿克拉,而其他地区仅占约20%(World Bank Group,2015),在阿克拉最高收入水平可能被低估的情况下,除1998年外,其基尼系数一直高于加纳其他城市。

### (二) 创业中心普及性提升,但发展基础薄弱,区域差别较大

数字创业在加纳的普遍率大幅上升,自2016年以来,创业中心数量增加了50%(World Bank Group,2019b)。风险投资资金从2014—2015年的6300万美元增加到2016—2017年的2.66亿美元,增长了3倍,也显示出创业的快速增长(McGinnis,2018)。尽管如此,创业中

心的质量良莠不齐，一些中心仅作为联合办公空间，并没有为企业家提供指导建议和社交网络（World Bank Group，2019a）。在地域上，除阿克拉表现良好外（比如 Meltwater 创业技术学院为学员提供为期 12 个月的指导和创业项目），其他地区鲜有活跃开展的项目，再加上初创企业的人员流动率高，创业中心对工作岗位和就业机会带来的影响仍然有限（World Bank Group，2019b）。此外，这些生态建设体系几乎集中于阿克拉，而库马西等其他城市的服务水平较低，导致技术水平方面存在巨大的空间差异，加剧了就业机会的不平等。

**（三）政府大力投资数字化人力资本，但人力资本仍是关键障碍**

加纳政府深刻意识到培养数字技能的重要性，迄今已推行了"加纳国家信息通信技术教育"和"加纳信息通信技术加速发展"等关键政策（World Bank Group，2019b）。这些政策的主要目标是促进信息通信技术在教育中的应用，将其作为在各阶段教育中的基本技能，从而使人们具备"推动加纳信息经济和知识经济发展以及社会进步所需的技能和价值"（Republic of Ghana，2003）。由于年轻人是加纳人力资源的有生力量，政府部门采取了专门针对年轻人的举措，包括于 2006 年成立的技术和职业教育培训委员会，负责监督和管理各种学徒计划和发展计划。政府为创新创业投入了大量资源，在 2017 年推出了"国家创业与创新计划"，旨在支持加纳的初创企业，为超过 45 000 名创业者提供了培训，为加纳新增了 90 000 个工作岗位（Government of Ghana，2020）。尽管做出了这些努力，加纳的劳动力质量依然不高，并且经常成为公司扩大其在阿克拉高科技业务的主要障碍（World Bank Group，2019b）。

**（四）私营企业和国际组织等积极参与，但规模和影响力有限**

私营企业、非政府组织和民间社会等参与者也在加纳推出技能提升项目，努力完善教育设施（World Bank Group，2019b）。典型例子是阿什西大学，这是一所聚焦于培养创业技能的私立非营利大学，在加纳排名第一，并在泰晤士全球高等教育大学影响力排名中位列前400名。另一个例子是成立于2019年的联合国儿童基金会创业实验室，该项目为期6个月，旨在增强技能，提供指导，并通过与学术界、私人参与者和民间社会合作建立创业网络（UNICEF，2021）。然而，这些投入往往规模较小，对整个劳动力市场影响有限（World Bank Group，2019b）。

### （五）新冠肺炎疫情一定程度上加快了数字技术的应用步伐

加纳利用数字技术抗击新冠肺炎疫情，政府推出了一个疫情追踪应用程序，并开通了免费热线。疫情也间接推动了无接触交易和无接触商品配送的发展。移动货币服务凭借较低的准入门槛迅速取代了e-zwitch借记卡的位置。乐观者认为，移动货币会在未来的无接触交易中扮演重要角色，中间商负责从商人那里收集食物和商品，商人们不再需要将商品拉到库马西市中心的Kejetia市场，从而减轻未来可能的封城带来的影响。此外，由于疫情，家庭食物配送服务大量涌现，尤其在阿克拉，越来越多的饭店转向外送业务。

总体而言，非洲的发展经验证明，如果不能有意识地加强公平和包容性发展，那么在大规模数字化的背景下，技术将会加剧结构性不平等。技术主要能帮助高技能人才提升业务水平，同时替代低薪工作。虽然一些初创企业孵化器和倡议试图提高包容性并打破旧的不平等结构，但是这些举措的广度和深度都有待提升。非洲作为最年轻、发展最快以及人口增长速度最快的大陆，需要全社会参与和政府领导，采取有针对性的举措来弥合差距，在全社会创造合适的工作岗位，让每个人都能享受数字技术所带来的发展红利。

## 四、中国的实践与经验

回顾中国城镇化过程中科技发展的历程,可以发现中国也在空间层面存在技术和收入不平等,东部沿海地区技术发展水平最高,而欠发达的西部省份技术发展水平较低。在以高科技为导向的快速结构化转型过程中,对高技术水平劳动者的需求迅速增加,加剧了收入和发展方面的不平等(Liu,2009)。但最近的实践数据表明,中国的不平等现象已经得到改善。根据Liu et al. (2017) 的信息通信技术发展指数,中国在缓解技术不平等方面的做法是相对成功的,该指数包含10项与信息通信技术相关的指标,中国的数据从2010的0.30下降到2015年的0.18,同期收入不平等程度也略有下降。Jain-Chandra et al. (2018) 的研究还发现,不同就业部门间的收入差距也显著下降,行业间收入不平等对于收入不平等的贡献率从1995年的32%下降至2013年的8%。

与此同时,中国也是世界上推动数字创新和创业的领头羊之一,主要的企业巨头包括阿里巴巴等金融科技公司。阿里巴巴创建于1999年,如今已成长为一家国际科技巨头企业。虽然阿里巴巴涉及众多业务领域,但其关键经营领域是B2B(商对商)和B2C(商对客)电子商务平台、云计算服务和在线支付体系(支付宝)。这顺应了中国金融科技和风险投资市场大规模增长的潮流。据统计,从2013年至2016年,借贷平台的贷款余额增长了27.7倍,风险资本投资年增长率达到了300%(Sheng et al.,2017)。此外,中国的高科技产业也在专业人员规模和水平上成长为世界上规模最大的产业之一,极大促进了中国的经济增长(Fan,2015)。具体来看,中国的经验包括以下几个方面。

**一是将信息通信技术和科技融入教育领域。**自1999年颁布第一个全国性倡议"现代远程教育扶贫示范工程"以来,中国政府一直将把信息通信技术和科技发展融入教育领域作为发展议程的一部分。近年来，中国政府推出了几项重要举措，以期缩小日益扩大的技术能力鸿沟，包括在全国建立超过 64 000 个配备数字教育资源的教学中心，以及加强各类学校的教育基础设施建设（Bajpai et al.，2019）。21 世纪初，这些项目在推广中遭遇挫折，此后政府调整方法，逐步采取协同合作和利益相关者主导的方式，关注贫困人口和边缘群体的教育需求（Bajpai et al.，2019）。在相关政策的影响下，小学互联网接入率提高到 90%，其中 83% 的教室能够使用多媒体，使用者的技术熟练度大大提高，教育资源向弱势群体倾斜方面取得显著成就（Wang et al.，2018）。为应对经济发展新形势对职业技能提出的新需求，中国也大力将信息通信技术和科技纳入职业技术教育与培训，大大增强了教师和培训师对新技术的认可和采纳（Bin et al.，2020）。

**二是多管齐下弥合城乡在数字教育方面的差距，增加高科技人才供给。** 2018 年，政府在"十三五"规划下开始实施新战略，多管齐下，以"加强信息密集型基础设施建设，通过更有效的分配和资源管理弥合城乡差距"。这包含多个支柱性举措，例如通过培训教师、校长和职业院校教师加强数字素养教育；加大数字教育资源补贴；建设远程学习的商业支持生态系统等等。这表明，任何强有力的举措都需要包含教育生态体系的所有主要参与者，而不是简单地推动技术的使用（Bajpai et al.，2019）。同时，政府推行了一些项目，例如，引进一批能够突破关键技术、发展高新产业、带动新兴学科的战略科学家和科技领军人才，鼓励领先技术研究人员在中国本土开展工作，中国在能力建设方面的实力因此得到进一步加强。

**三是广泛利用科技园区和经济特区吸引外国直接投资，发展高科技产业。** 这构成了中国经济发展的主要驱动力（Liu et al.，2018）。这些区域在技术和工资方面具有溢出效应，可以改善周边地区的福祉（Alder et al.，2016）。此外，研究发现，拥有特别经济区或技术开发区的城市"与其他城市相比，收入水平更高，收入不平等程度更低"；高新技术产业开发区能够促进国内产业的发展，提高区域基础设施建设水平，从而推动经济发展（Valerio，2014）。需要强调的是，虽然这种措施前景广阔，但现实情况是，许多非洲特别经济区迄今为止的表现差于其他地区的特别经济区，因此必须考虑采用这种方法带来的独特挑战，并考虑到非洲的实际发展背景。

**四是通过加大对金融基础设施的扶持力度，促进金融包容性发展。**普惠性金融建设也是中国政府的一项重点工作，政府通过采取各种举措以扩大支付渠道、加强对服务提供商的监管以及开发基于代理形式的服务基础设施（Jain-Chandra et al.，2018）。中国采取多管齐下的方式，通过传统银行、新型提供商（例如小额信贷公司）和金融科技初创公司，扩大金融服务渠道，有效覆盖更多人口，并由政府推出法律法规、监督框架和基础设施建设，促进包容性发展；很多新型服务与金融科技提供商推出互联网和移动平台服务，如支付宝、财付通等顶级支付平台在2010年的累计用户接近10亿（People's Bank of China and World Bank Group，2018）。这些平台需要一套强有力的法规体系和基础设施，从而增强金融包容性（Sarma et al.，2008）。肯尼亚和加纳需要平衡人口需求和监管对金融公司增长的潜在抑制作用，循序渐进地推动数字化金融的发展。

# 第四节　非洲城镇化进程中的科技创新与社会排斥

### 一、科技创新与社会包容

信息通信技术的应用可能会在城市发展过程和实践中加剧城市两极分化。城市两极分化的关键驱动因素是技术鸿沟，指的是"在获取新形式的信息技术方面不同群体间存在的差距"(Srinuan et al.，2011)。

技术鸿沟的存在会让弱势人群在享受发展成果的过程中利益受损，面临诸如缺乏参与电子政务的途径、技能水平差距扩大以及教育方面的差距等困境。

一方面，建立在科学技术基础上的智慧城市能够更好地解决城镇化中的问题。智慧城市可以被看作一种"让城市在各个方面更加智能"的方式，可以通过使用各种工业和信息通信技术来提高城市发展的"效率、效果、生产力、透明度和可持续性"（Gil-Garcia et al.，2015）。智慧城市通常由政府采取多种创新举措，帮助解决城镇化带来的问题，涉及关键基础设施（例如通信、给排水、电力、移动网络）的发展等，同时最大限度地为城市人口提供公共服务。目前，发展中国家已经采取了以加强信息通信技术联通建设、电子政务和城市智慧交通为核心的各种智慧城市举措，来缓解城市面临的许多严峻问题。

另一方面，技术发展过程中的五个"A"可能极大影响社会包容性。第一个"A"是技术的可获得性（Availability），指的是相关基础设施和服务对人口的连通程度和可用性。在智慧城市背景下，这包括各类通信、给排水和移动网络基础设施，其中最重要的是互联网和移动网络连接的可用性。因此，那些无法接触到互联网或移动网络连接的人无法获得智慧城市提供的服务，导致相应的利益剥夺。

第二个"A"是技术的可负担性（Affordability）。收入水平与技术利用之间联系紧密，一些技术可能因为价格高昂只能由特权阶层使用和受益。新兴技术和尖端技术往往更加昂贵，这可能会阻碍欠发达城市及其公民使用这些技术（OECD，2020）。虽然硬件和联通设施市场的激烈竞争可以帮助降低价格，但是解决家庭间的不平等和贫困问题仍然是提高技术可负担性的关键（Van Dijk et al.，2003）。

第三个"A"是运用技术的意识（Awareness）。意识的缺乏可能成为关键障碍，在许多推行数字治理的国家内部，公众还对这些倡议缺乏足够的认识。技术意识也指对技术的功能和影响的了解，这方面的欠缺可能导致技术使用率较低，或因为技术使用不当而破坏现有运行良好的体系（Warschauer，2003）。

第四个"A"是运用技术的能力（Ability）。它关乎人们是否能有效地利用信息通信技术。这就要求人们具备足够的数字技能、文化程度和相关知识储备。由于教育基础设施薄弱，发展中国家在这方面比较落后。此外，有学者认为，能力提升既包括培养所有人的基本数字技能，也包括提高信息通信专业人士的高级技能，从而实现包容性可持续发展（Dimaggio et al.，2004）。

第五个"A"指的是运用技术的能动性（Agency）。它指的是一个人对其能力所能带来改变的态度。由于边缘化群体倾向于固守已有的社会结构规范，缺乏抱负或改变意识，现有的社会经济、文化和性别规范可能会对能动性造成负面影响。由于长期不关心决策、教育缺失，再加上繁重的家庭责任，人民参与建设的能动性不足，这一现象在新兴市场国家很普遍（Roberts et al.，2019）。

下面我们将基于五个"A"的分析框架，阐释肯尼亚和加纳的科技创新对社会排斥的影响。

## 二、肯尼亚城镇化进程中的科技创新与社会排斥

### （一）信息通信的连通程度大大提高，但可得性和居民使用能力依然不足

肯尼亚政府在信息通信技术连接基础设施建设方面进行了大量投资，宽带服务的可得性大大改善。主要措施包括推动电信市场的自由化、改善基础设施和建设配套法规，由此在区域内建立了比较强大的电信基础设施（World Bank Group，2019c）。肯尼亚信息通信的连通性大大提高，宽带用户总数从2015年的530万增加到2020年的2 460万，年复合增长率为36%，相当于每百人订阅宽带的用户达到约46人（Communications Authority of Kenya，2020）。

尽管取得了这些进展，但信息通信的可负担性仍然是一个关键问题。近一半（48%）的非手机用户表示，使用手机的成本对他们而言是比较大的障碍（GSMA，2020）。流量的使用成本也很高，相当于月收入的4%，比全球预计的2%高出一倍，对边缘化群体而言是较大负担（World Bank Group，2019c）。

此外，虽然肯尼亚人普遍了解如何使用移动互联网（覆盖面约80%），但数字素养的缺乏仍然是一个主要问题，55%的非移动互联网用户认为缺乏相关的数字素养和技能是互联网使用的障碍（GSMA，2020）。除去能力方面的担忧外，教育领域数字技能培训方面还存在巨大差距，数字普及计划（Digital Literacy Programme，DLP）侧重小学阶段的信息通信技术教育，而忽视了中学阶段的培训——肯尼亚只有12%的中学可获得互联网连接（World Bank Group，2019c）。这些差距将加大数字鸿沟，将那些没有接受过正规教育的人排除在数字技能培训之外。新冠肺炎疫情更凸显了这一挑战，例如，学校关闭近一学年，许多学生因为无法上网耽误了学业。虽然手机普及率很高，但能保证学生访问在线材料并进行高效学习的可用设备却不多。因此，学校不得不采用广播等门槛较低的技术来给学生播报课程。

**（二）包容性电子政务取得了成效，但也面临一系列阻碍**

肯尼亚政府于2004年启动了第一个电子政务计划，旨在"打造一个结果导向、更有效率和以公民为中心的政府，并使公民和企业能够更好地享受政府提供的服务"（Republic of Kenya，2004）。多年来，肯尼亚扩大了这些电子政务平台，成为非洲地区电子政务方面的佼佼者之一（World Bank Group，2019c）。数字平台降低了公民与政府的沟通和交易成本，从而为经济社会地位较低的人群提供了更多机会（Imbamba et al.，2017）。一个典型例子是，国民医疗保险基金（NHIF）与M-PESA合作，推出移动支付购买保险服务，国民医疗保险基金得以将保险服务扩展到非正式产业的工人群体。然而，这些项目存在缺乏信息通信技术连接、基础设施不足导致服务范围有限以及缺乏透明度带来的民众认识不足等问题（Wachira et al.，2010），阻碍了项目推广。

### （三）智能交通能够减少拥堵，但受数据质量和分析能力限制，收效不大

通过闭路电视摄像机或其他数据收集方式来对城市交通进行感应和监控录像，是建设智慧城市的重要内容。这些技术可以进行实时监测，提出替代路线建议，从而减少交通拥堵，对可持续发展具有显著的积极影响；同时也可以通过疏通交通流量、加强对行人和车辆的监控，减少交通事故。尽管肯尼亚政府致力于发展智能交通系统，但这一努力受到数据质量和分析能力的制约，无法根据数据做出精准分析和预测以采取有效的干预措施（Paiva et al.，2020）。目前肯尼亚政府已经进行了一些试点来应对这些挑战，其中包括内罗毕的 SmartTrans 计划，但是这些试点的规模仍然相对较小，并且缺少卫星定位系统数据的欠发达地区往往难以收集数据，导致该项目成效有限。这表明，在那些基础设施建设薄弱的地区，边缘化群体难以享受到交通技术带来的好处，这将进一步加大对边缘化群体的排斥。

## 三、加纳城镇化进程中的科技创新与社会排斥

### （一）信息通信的连通性成果斐然，但也存在可负担性低、稳定性差、使用能力弱等诸多问题

加纳的移动和互联网连接在过去 20 年中迅速扩张，订阅移动电话服务的人口占比从 2005 年的 10% 增长至 2017 年的 67%，同期，订阅移动互联网服务的人口占比从 2% 增长至 45%（GSMA，2017）。同时，移动数据用户数量也很高，截至 2018 年年底，3G 和 4G 用户数量分别

达到1 400万和100万（World Bank Group，2019b）。虽然用户数量在增加，但服务仍然不稳定。电话和电力供应不稳，导致网络连接时常中断。烦琐的随用随付服务占主导地位，即使某些政府机构也需要定期进行手动充值。由于订阅费用高昂，与移动服务相比，宽带互联网用户没有出现类似增长，2017年每100人中只有0.2个宽带用户；连接速度也是一个主要问题，加纳的平均宽带速度在12个非洲主要国家中仅排名第10位（在全球189个被测评国家中排名第110位）（ITU，2017）。较低的网络速度和可负担性意味着大多数人只能通过移动互联网服务参与数字社会建设，较低的服务水平影响了包容性发展。

此外，人们对互联网的认识水平呈现很强的空间差异，大阿克拉城市地区的认知度最高，北部农村地区的认知度较低（USAID，2013）。由于缺乏如何使用互联网的相关知识，超过一半的人表示听说过互联网，但并没有使用过，这表明文化程度和技能仍然是互联网发展的主要障碍（USAID，2013）。鉴于目前信息通信技术设备高度集中分布在少数学校，这种技能差距在未来很可能会持续存在（World Bank Group，2019b）。很大一部分人口尤其是女性和农村人口还未使用手机，缺乏访问互联网的主要工具。

### （二）电子政务发展有利于改善公共服务，但受到民众数字化能力的影响

加纳政府通过外包和数字化合同，致力于推动信息通信技术电子政务平台建设，使其在2018年成为联合国电子政务指数从中等迈向高水平的唯一非洲国家（World Bank Group，2019b）。国家信息技术局（NITA）开发了电子政务门户网站，这是一个向公众开放的政府服务一站式平台；国家信息技术局还推出了加纳开放数据倡议，增加了包括能源委员会、统计局和财政部等25个政府机构中央数据库的访问权限（World Bank Group，2019b）。经过这些努力，获取所有政府机构

信息和服务的渠道更加畅通，可以进一步促进公民对数据的访问和使用。

尽管如此，技术利用的主要障碍仍然存在。一方面，公共部门工作者和民众获取这些服务的数字能力仍然不足，就公众而言，年轻人的数字能力较强，而老年人的数字能力则较差。另一方面，和肯尼亚一样，出于对公共部门腐败的高度怀疑，加纳下层民众对信息通信技术和政府的信任度较低（Tchao et al.，2018）。这些障碍限制了这些服务的利用，社会群体的分层使得数字服务的优势难以充分发挥。此外，在加纳，面对面交流、集会和社区会议依然是行使民主权利的重要方式，虽然民众可以通过社交媒体和电子平台与政府当局和政客们直接沟通，但是实际决策和审批流程必须在线下办理才具有合法性。

## （三）城市交通的改善进程受到公众意识、数据收集和分析能力的影响

为了推行快速公交系统，阿克拉政府注重建立智能交通系统（ITS）和相关数据体系，以便增强实时数据的可用性，例如，通过收集运输数据来跟踪车辆的移动、不同运输方式的人均出行次数、出行目的等。尽管付出了诸多努力，但这些系统从根本上缺乏跨领域的数据，由于对出行的需求、供应、模式和特定数据缺乏了解，交通和基础设施规划就会出现问题（SSATP and Ministry of Transport Ghana，2018）。虽然政府已经推出了 Accra Mobile 等倡议，旨在绘制阿克拉所有 tro-tro 的路线并收集运营数据，但是这些倡议规模较小，需要大量投资才能将这些举措扩展到整个大阿克拉地区。此外，各级别的交通系统都明显缺乏分性别的数据，决策者很容易忽视交通方面的性别划分（SSATP and Ministry of Transport Ghana，2018）。这很可能会导致交通方面的性别排斥现象长期存在，女性往往难以接触很多形式的交通技术，这种现象在加纳非常普遍（Njenga et al.，2020）。

非洲国家的实践表明，要超越狭隘地将智慧城市发展作为最佳模式的乌托邦理念，要改变科学技术的发展和使用理念，因地制宜地利用技术，尤其关注基础设施薄弱和低收入地区（Numminen et al.，2017）。典型例子是"适用技术"（AT）理念的推行，"适用"指的是技术与环境和气候相适宜，符合资本或劳动的密集程度，符合当地的资源状况和节能特性（Pattnaik et al.，2015）。这一概念提倡将小规模、低成本的技术广泛部署在一个广阔的区域，而不是利用高度复杂、资本高度集中的密集型技术。同时，政府可以通过实施小规模项目，以及将技术和地方实际与需要相结合而显著增强技术的包容性。这些项目并不引入新技术，而是经常利用现有技术，加强其在决策过程中的应用，同时降低投资者的投资风险。此外，公民、公共部门和私营部门之间的广泛合作和参与可以让城市更好地利用有限的资源进行创新，在国际贸易合作中采取更灵活的商业模式，拓宽技术的包容性获取渠道。

## 四、中国的实践与经验

### （一）将自上而下和自下而上的方式相结合，引导公民运用信息通信技术

为推动公民对信息通信技术的应用，中央为地方政府提供了相关资源和政策指导，引导它们更好地和当地民众展开合作。例如，《国务院办公厅关于进一步加强政府信息公开回应社会关切提升政府公信力的意见》中强调，各地区各部门可以通过微博等社交媒体平台与公众进行互动交流，并通过网上调查、网上访谈和问答环节回应公众关切。通过这些信息渠道，公众可以为城市决策提供意见建议。除了公民参与，《关于促进智慧城市健康发展的指导意见》概述了数据共享的重要性，提倡通过开启具有包容性的电子政务平台让公众有机会表达观点。中国自下而上公民主导的方式也可以有效推动公民使用信息通信技术

来获取信息和进行交流。村干部在促进公民使用信息通信技术中发挥了独特的作用,负责带头向村民宣传这些技术,评估利用这些技术的可行性,并向民众普及信息通信技术的使用方法,达到传播知识的目的(Ye et al.,2021)。

### (二)多种途径增强公民意识,改善城市交通的流动性和包容性

中国的快速公交项目一直以惊人的速度扩张,在服务车道总距离方面已经位列世界第二位,仅次于巴西。自 2004 年开通第一条快速公交线路起,到 2015 年年底,中国已有超过 24 个城市实施了快速公交项目。中国在快速公交项目的推广过程中也面临着与肯尼亚和加纳类似的认知问题,一些决策者和公众对快速公交的概念不熟悉,招来了对项目的负面看法和抵制,尤其是私家车主认为快速公交占据了道路空间并导致更严重的交通拥堵。为了解决这一问题,政府采取了一项关键举措,即通过包容性规划来提高服务标准。这一举措得到了包括市长在内的关键人物和社区的支持,他们在预算和规划决策方面有广泛的自由裁量权,这是确保项目取得成效的关键因素(Matsumoto,2004)。这些改进措施有助于人们认识快速公交的好处,提高对项目的满意度和接受程度。

### (三)采取分阶段措施发展智能交通系统,促进项目实施

中国政府采取了相对积极但分阶段的发展方法。在第一阶段即"十五"计划期间(2001—2005),重点提高大学和专门研究中心的研究能力,并在国内各地展开试点。该阶段是了解计划实施和工程发展中潜在问题的关键,包括"基于代理和基于视觉的技术;交通建模、控制和模拟;通信和基于位置的服务;以及驾驶安全和辅助技术等"(Yan et al.,2012)。之后,在这些经验和知识的基础上,迅速扩大规

模并进一步完善项目体系，这些项目获得了大量投资，其中大部分投资产生于 2008 年北京奥运会期间。

### （四）通过政府主导、企业参与的方式加大投资，发展科技基础设施

中国政府长期以来一直倡导基础设施和教育优先发展，在科技基础设施和教育方面进行了大量投资（Constant et al.，2012）。在"宽带中国"战略（2013—2020）下，中国最近采取了相关措施推进电信基础设施建设，旨在提高宽带网络的速度和互联网的覆盖率，这也是提高整体连通性的有效方式。国家广泛参与电信行业建设，电信市场主要由国有企业和合资企业主导（World Bank Group，2020）。同时，由于政府依然鼓励市场竞争和相关的产业政策，国家并未对电信市场形成垄断，企业仍然有充分的动力加强管理、创新发展。因此，中国既在发展现代通信基础设施方面取得了积极成果，同时也保持了市场的高效运作（World Bank Group，2020）。

## 第五节　本章小结

在肯尼亚和加纳的城镇化过程中，科技对包容性就业和工作岗位带来了双重影响，一方面加剧了劳动力市场的不平等，另一方面也为促进边缘化群体的数字创业和增强金融包容性带来了一线希望。目前，两国的技术和数字鸿沟也带来了重大挑战，信息通信技术在可及性、可用性、可负担性等方面都面临问题。中国在城镇化中推动科技发展方面提供了一些经验，由于中国高度关注教育、基础设施建设和政策完善，科技发展在过去 30 年里取得了斐然成就。

当今世界各国越来越重视城市中心的可持续发展，强调利用信息通信技术和其他技术实现可持续和公平发展。因此，肯尼亚和加纳的

城市有必要利用科技发展的大趋势加速推动经济增长，同时确保处于不利地位和边缘化的群体不掉队。因此，对发展经验教训进行分析总结能够为决策者和学者提供有用的参考，为城镇化中科技发展带来的机遇和挑战的有关讨论贡献新思路。

## 参考文献

Africa Goes Digital, 2020. Tapping the Potential of Drones for Urban Development [Z]. Africa Goes Digital Blog, 1 June.

Alder S, Shao L, Zilibotti F, 2016. Economic Reforms and Industrial Policy in a Panel of Chinese Cities [J]. Journal of Economic Growth, 21: 305-349.

Alper M E, Miktus M, 2019. Digital Connectivity in Sub-Saharan Africa: A Comparative Perspective [M]. Washington DC: International Monetary Fund.

Arocena R, Senker P, 2003. Technology, Inequality, and Underdevelopment: The Case of Latin America [J]. Science Technology and Human Values, 28 (1): 15-33.

Atiase V Y, Wang Y, Mahmood S, 2019. FNGOs and Financial Inclusion: Investigating the Impact of Microcredit on Employment Growth in Ghana [J]. International Journal of Entrepreneurship and Innovation, 2 (1): 90-100.

Bajpai N, Biberman J, Ye Y Y, 2019. ICT for Education: Lessons from China [Z]. ICT India Working Paper 20. New York, NY: Centre for Sustainable Development, Colombia University.

Bin E, Islam A Y M A, Gu X, et al., 2020. A Study of Chinese Technical and Vocational College Teachers' Adoption and Gratification in New Technologies [J]. British Journal of Educational Technology, 51 (6): 2359-2375.

Communications Authority of Kenya, 2020. Sector Statistics Report Q1 2020—2021 [R]. Nairobi: Communications Authority of Kenya.

Constant A, Tien B, Zimmermann K F, et al., 2012. China's Overt Economic Rise and Latent Human Capital Investment: Achieving Milestones and Competing for the Top [Z]. DIW Berlin Discussion Paper 1062.

County Government of Mombasa, 2018. Second County Integrated Development Plan (2018—2022) [R]. Mombasa: County Government of Mombasa.

Dimaggio P, Hargittai E, Celeste C, et al., 2004. Digital Inequality: From Unequal Access to Differentiated Use [M] //Neckerman K (ed). Social Inequality. New York: Russell Sage Foundation: 335-400.

Fan P, 2015. Innovation in China [M] //Claus I, Ozley L (eds). China's Economy: A Collection of Surveys. Hoboken, NJ: John Wiley & Sons, Inc.

Gil-Garcia J R, Pardo T A, Nam T, 2015. What Makes a City Smart? Identifying Core Components and Proposing an Integrative and Comprehensive Conceptualization [J]. Information Polity, 20 (1): 61-87.

Girma S, 2005. Absorptive Capacity and Productivity Spillovers from FDI: A Threshold Regression Analysis [J]. Oxford Bulletin of Economics and Statistics, 67 (3): 281-306.

GLI, 2019. Nairobi Bus Rapid Transit: Labour Impact Assessment Research Report [R]. Manchester: Global Labour Institute.

Goi C-L, 2017. The Impact of Technological Innovation on Building a Sustainable City [J]. International Journal of Quality Innovation, 3 (6): 1-13.

Government of Ghana, 2020. National Entrepreneurship and Innovation Programme [R].

GSMA, 2017. Country Overview: Ghana Driving Mobile-enabled Digital Transformation [R]. London: GSMA.

GSMA, 2019. Mobile Internet Connectivity 2019 Sub-Saharan Africa Factsheet [R]. London: GSMA.

GSMA, 2020. The State of Mobile Internet Connectivity 2020 [R]. London: GSMA.

Guma P, Monstadt J, 2020. Smart City Making? The Spread of ICT-Driven Plans and Infrastructures in Nairobi [J]. Urban Geography 42 (03): 360-381.

IFC, 2020. E-Conomy Africa 2020: Africa's $180 Billion Internet Economy Future [R]. Washington DCL International Finance Corporation, World Bank

Group.

Imbamba E N, Kimile N, 2017. A Review of the Status of E-government Implementation in Kenya [J]. Regional Journal of Information and Knowledge Management, 2 (2): 14-28.

Intelligent Transport, 2019. Potential for Light-Rail System in Kumasi, Ghana [EB/OL]. (2019-09-04) [2023-04-05]. https://www.intelligenttransport.com/transport-news/86973/potential-for-light-rail-system-in-kumasi-ghana/.

ITU, 2017. ICT Development Index 2017 [R]. Geneva: International Telecommunication Union.

Jain-Chandra S, et al., 2018. Inequality in China—Trends, Drivers and Policy Remedies [Z]. IMF Working Papers 2018/127. Washington DC: International Monetary Fund.

Kenya National Bureau of Statistics, 2015. Kenya Demographic and Health Survey 2014 [R]. Nairobi: Kenya National Bureau of Statistics.

Kim J H, 2016. A Study on the Effect of Financial Inclusion on the Relationship between Income Inequality and Economic Growth [J]. Emerging Markets Finance and Trade, 52 (2): 498-512.

Kinyua B G, 2020. Modernization Milestones at Mombasa Port, East Africa's Regional Hub [N]. Maritime Executive, 8 March.

Kumari R, Sharma A K, 2017. Determinants of Foreign Direct Investment in Developing Countries: A Panel Data Study [J]. International Journal of Emerging Markets, 12 (4): 658-682.

Lea R, 2017. Smart Cities: An Overview of the Technology Trends Driving Smart Cities [R]. New York, NY: Institute of Electrical and Electronics Engineers.

Linna P, 2013. Base of the Pyramid (BOP) as a Source of Innovation: Experiences of Companies in the Kenyan Mobile Sector [J]. International Journal of Technology Management and Sustainable Development, 11 (2): 113-137.

Liu H, Fang C, Sun S, 2017. Digital Inequality in Provincial China [J]. Environment and Planning A 49 (10): 2179-2182.

Liu L, 2009. Skill Premium and Wage Differences: The Case of China [C]. 2nd International Symposium on Knowledge Acquisition and Modeling.

Liu W, et al., 2018. The Development Evaluation of Economic Zones in China [J]. International Journal of Environmental Research and Public Health, 15 (1): 56.

Matsumoto N, 2004. Analysis of Policy Processes to Introduce Bus Rapid Transit Systems in Asian Cities from the Perspective of Cases of Jakarta, Seoul, and Beijing [M] //Matsumoto N (ed), Air Pollution Control in the Transportation Sector: Third Phase Research Report of the Urban Environmental Management Project. Hayama: Institute for Global Environmental Strategies.

McGinnis P, 2018. The Ghana VCPE Market: A Potential Role for the Venture Capital Trust Fund [M]. Accra: Venture Capital Trust Fund.

Ministry of Education, 2018. Kenya National Education Sector Strategic Plan 2018—2022 [M]. Nairobi: Ministry of Education.

Ministry of Information Communications and Technology, 2014. The Kenya National ICT Masterplan [R]. Nairobi: Ministry of Information Communications and Technology.

Njenga P, Tanzarn N, 2020. Scaling up Gender Mainstreaming in Transport: Policies, Practices and Monitoring Processes [J]. Institution of Civil Engineers: Transport, 173 (2): 64-75.

Numminen S, Lund P D, 2017. Frugal Energy Innovations for Developing Countries: A Framework [J]. Global Challenges, 1 (1): 9-19.

OECD, 2020. Smart Cities and Inclusive Growth [M]. Paris: Organisation for Economic Co-operation and Development.

Paiva S, et al., 2020. Privacy and Security Challenges in Smart and Sustainable Mobility [J]. SN Applied Sciences, 2 (7): 1175.

Pattnaik B K, Dhal D, 2015. Mobilizing from Appropriate Technologies to Sustainable Technologies Based on Grassroots Innovations [J]. Technology in Society, 40: 93-110.

People's Bank of China and World Bank Group, 2018. Toward Universal Financial Inclusion in China: Models, Challenges, and Global Lessons [M]. Washington DC: World Bank Group.

Peters M A, 2020. Beyond Technological Unemployment: The Future of Work [J]. Educational Philosophy and Theory, 52 (5): 485-491.

Poku-Boansi M, Amoako C, 2015. Dimensions of Spatial Inequalities in Ghanaian Cities [J]. Journal of Geography and Regional Planning, 8 (5): 131-142.

Republic of Ghana, 2003. The Ghana ICT For Accelerated Development (ICT4AD) Policy [M]. Accra: Republic of Ghana.

Republic of Kenya, 2004. E-Government Strategy: The Strategic Framework, Administrative Structure, Training Requirements and Standardization Framework [M]. Nairobi: Republic of Kenya.

Roberts T, Hernandez K, 2019. Digital Access is not Binary: The 5′A′s of Technology Access in the Philippines [J]. Electronic Journal of Information Systems in Developing Countries, 85 (4): e12084.

Sarma M, 2012. Index of Financial Inclusion: A Measure of Financial Sector Inclusiveness [Z]. Berlin Working Papers on Money, Finance and Trade Development 07/2012. Bonn: Deutscher Akademischer Austauschdienst (DAAD).

Sarma M, Pais J, 2008. Financial Inclusion and Development: A Cross Country Analysis [C]. Annual Conference of the Human Development and Capability Association, New Delhi, September.

Sheng C, Yip J, Cheng J, 2017. Fintech In China: Hitting The Moving Target [R]. New York, NY: Oliver Wyman.

Shifa M, Leibbrandt M, 2017. Urban Poverty and Inequality in Kenya [J]. Urban Forum 28: 363-185.

Srinuan C, Bohlin E, 2011. Understanding the Digital Divide: A Literature Survey and Ways Forward [C]. 22nd European Regional Conference of the International Telecommunications Society (ITS2011). Budapest, 18-21 September.

SSATP and Ministry of Transport Ghana, 2018. Policies for Sustainable Accessibility and Mobility in Urban Areas of Ghana [R]. Accra: Ministry of Transport Ghana.

Suri T, Jack W, 2016. The Long-run Poverty and Gender Impacts of Mobile Money [J]. Science, 354 (6317): 1288-1292.

Tchao E T, Keelson E, Aggor C, et al., 2018. E-Government Services in Ghana—Current State and Future Perspective [C]. Proceedings—2017 International Conference on Computational Science and Computational Intelligence (CSCI), Las Vegas, 14-16 December.

UNICEF, 2021. UNICEF Start-up Laboratory [EB/OL]. (2021-04-12) [2022-09-25]. https: //www.unicef.org/ghana/unicef-startup-laboratory.

USAID, 2013. Global Broadband and Innovations Program—Study of the Digital Divide in Ghana: Analysis and Recommendations [R]. Washington DC: United States Agency for International Development (USAID).

Valerio M O M, 2014. Income Inequality in China's Economic and Technological Development Zones and High-Tech Industrial Development Zones, 1995—2002 [J]. China Economic Policy Review, 3 (2): 1450012.

Van Dijk J, Hacker K, 2003. The Digital Divide as a Complex and Dynamic Phenomenon [J]. Information Society, 18 (4): 315-326.

Wachira D, Arlikatti S, 2010. Challenges of Effective E-governance: Problems of Transparency, Infrastructure, and Connectivity in Kenya [M] //Reddick C (ed), Comparative E-Government. New York, NY: Springer.

Wang Y, Liu X, Zhang Z, 2018. An Overview of E-learning in China: History, Challenges and Opportunities [J]. Research in Comparative and International Education 13 (1): 195-210.

Warschauer M, 2003. Technology and Social Inclusion: Rethinking the Digital Divide [M]. Cambridge, MA: MIT Press.

WIPO, 2019. The Global Innovation Index 2019: Creating Healthy Lives—The Future of Medical Innovation [R]. Geneva: World Intellectual Property Organization (WIPO).

World Bank Group, 2015. Ghana Poverty and Inequality Profile [R]. Washington DC: World Bank Group.

World Bank Group, 2019a. Kenya Economic Update, October 2019: Securing Future Growth—Policies to Support Kenya's Digital Transformation [R]. Washington DC: World Bank Group.

World Bank Group, 2019b. Ghana Digital Economy Diagnostic [R]. Washington DC: World Bank Group.

World Bank Group, 2019c. Kenya Digital Economy Assessment [R]. Washington DC: World Bank Group.

World Bank Group, 2020. Innovative China: New Drivers of Growth [R]. Washington DC: World Bank Group.

Yan X, Zhang H, Wu C, 2012. Research and Development of Intelligent Transportation Systems [C]. 11th International Symposium on Distributed Computing and Applications to Business, Engineering Science. Guilin, 19-22 October.

Ye L, Pan S L, Li M, et al., 2021. The Citizen-led Information Practices of ICT4D in Rural Communities of China: A Mixed-method Study [J]. International Journal of Information Management, 56: 102248.

Yigitcanlar T, et al., 2018. Understanding "Smart Cities": Intertwining Development Drivers with Desired Outcomes in a Multidimensional Framework [J]. Cities, 81: 145-160.

# 结语　中国助推非洲城镇化：贡献与经验借鉴

本章旨在探讨中国对非洲城镇化的贡献，分析中国城镇化实践经验对非洲的借鉴意义，并就加强中非城镇化合作提供建议。

## 第一节　中非经贸合作为非洲城镇化注入强劲动力

近年来，中非经贸合作加速发展，深度广度不断拓展，为非洲城镇化注入强大动力。中非合作论坛2015年约翰内斯堡峰会、2018年北京峰会和2021年达喀尔部长级会议分别宣布实施"十大合作计划""八大行动"和"九项工程"，将中非经济贸易合作水平推向历史新高。共建"一带一路"倡议自提出以来，得到非洲国家的积极支持和踊跃参与。截至目前，几乎所有同中国建交的非洲国家都已经同中国签署共建"一带一路"合作文件，非盟委员会还与中国签署了共同推进"一带一路"建设的合作规划，成为中国同区域性国际组织签署的第一份共建"一带一路"规划类合作文件。非洲成为参与"一带一路"合作最积极的地区之一，中非共建"一带一路"合作前景广阔。

### 一、加大对非发展援助

中国近年来在力所能及的范围内不断加大对非援助。2013 年至 2018 年，中国对非洲国家的援助为 1 206 亿元人民币，占比为 44.65%，包括无偿援助、无息贷款和优惠贷款。2000 年至 2020 年，中国帮助非洲建成的公路铁路超过 13 000 公里，建设了 80 多个大型电力设施，援建了 130 多个医疗设施、45 个体育馆、170 多所学校，为非洲培训各领域人才共计 16 万余名。中国已宣布免除与中国有外交关系的非洲最不发达国家、重债穷国、内陆发展中国家、小岛屿发展中国家截至 2018 年年底到期未偿还政府间无息贷款。新冠肺炎疫情发生后，中国宣布免除 15 个非洲国家 2020 年年底到期的无息贷款债务（国务院新闻办公室，2021）。2022 年 8 月在中非合作论坛第八届部长级会议成果落实协调人会议上，中方宣布免除非洲 17 国截至 2021 年年底到期的对华 23 笔无息贷款债务。

### 二、中非贸易加速发展

中国自 2009 年起连续 12 年稳居非洲第一大贸易伙伴国地位，中非贸易额占非洲整体外贸总额比重连年上升，2020 年超过 21%。中非贸易结构持续优化，中国对非出口技术含量显著提高，2020 年机电产品、高新技术产品对非出口额占比超过 50%。中国主动扩大自非洲非资源类产品进口，对非洲 33 个最不发达国家 97% 税目输华产品提供零关税待遇，帮助更多非洲农业、制造业产品进入中国市场。据统计，2017 年以来，中国从非洲进口年均增长 20%，每年为非洲创造近 40

万个就业岗位。中非电子商务等贸易新业态蓬勃发展,"丝路电商"合作不断推进,中国已与卢旺达建立电子商务合作机制,中国企业积极投资海外仓建设,非洲优质特色产品通过电子商务直接对接中国市场。中国—毛里求斯自由贸易协定于2021年1月1日正式生效,成为中非间首个自贸协定,为中非经贸合作注入新动力。

## 三、扩大投融资合作

近年来,投融资合作成为中非合作的亮点,为非洲经济社会发展注入"血液"。中国基于非洲需要和自身优势,鼓励和支持中国企业扩大和优化对非投资,为符合条件的项目提供融资及出口信用保险支持。例如,2014年,中国人民银行与非洲开发银行建立了规模20亿美元的非洲共同增长基金。截至2021年10月,该基金共投资36个项目,承诺资金额达11.4亿美元,涉及供水卫生、交通运输、电力等领域,覆盖坦桑尼亚、赞比亚、突尼斯、肯尼亚等19个非洲国家。截至2021年6月,中非发展基金累计对37个非洲国家投资超过55亿美元,带动中国企业对非投资260亿美元,直接或间接为当地增加就业岗位27万个。截至2020年年底,中国企业累计对非直接投资超过430亿美元,中国在非洲设立各类企业超过3500家,聘用非洲本地员工比例超过80%,直接和间接创造了数百万个就业机会。

## 四、助力非洲工业化

工业化是实现包容性可持续发展的前提,是创造就业、消除贫困、提高生活水平的关键。中国支持非洲国家根据自身国情和发展需求,改善投资软硬环境,以产业对接和产能合作为龙头,助力非洲工业化和经济多元化进程。截至2021年,中国与15个非洲国家建立产能合作机制。中国与非洲国家合作建设经贸合作区、经济特区、工业园区、科技园区,吸引中国等各国企业赴非投资,建立生产和加工基地并开展本土化经营,增加了当地就业和税收,促进了产业升级和技术合作。中非产能合作基金围绕非洲"三网一化"(高速铁路网、高速公路网、区域航空网和工业化)建设战略开发业务,截至2021年3月,累计投资21个项目,涉及能源、资源、制造业等多个领域,有力带动了非洲国家产业发展。数十家中资企业与非洲企业合作建设光伏电站,累计装机容量超过1.5吉瓦(GW),填补了非洲光伏产业链空白,有效缓解了当地用电紧缺问题并促进低碳减排。

## 五、深化基础设施合作

中国在非洲最明显的"足迹"是基础设施建设。中非基础设施合作具有较长的历史,最著名的如1976年完成并交付给赞比亚政府的坦赞铁路。中国的非洲政策文件将基础设施作为经济合作的四大重点行业之一,支持非洲将基础设施建设作为经济振兴的优先发展方向,鼓励和支持中国企业采取多种模式参与非洲基础设施建设、投资、运营和管理,为非洲城市发展注入活力。中国是非洲基础设施建设的主力军,中资企业占据非洲工程总承包(EPC)市场近50%的份额,超过3 800家中国企业在非洲投资兴业。2016年至2020年,非洲开工建设的基础设施项目总额近2 000亿美元,2020年中国企业实施的项目占比已达31.4%。中非合作论坛成立以来,中国企业利用各类资金帮助非洲国家新增和升级铁路超过1万公里、公路近10万公里、桥梁近千座、港口近百个、输变电线路6.6万公里、电力装机容量1.2亿千瓦、通信骨干网15万公里,网络服务覆盖近7亿用户终端(国务院新闻办公室,2021)。有研究指出,过去二十年来,中国在非洲提供了五分之一基础设施项目的融资,建造了三分之一的项目。在中国融资的项目中,超过一半是交通行业(包括航运和港口),其次是能源和电力行业(Marais et al.,2019)。中国建造了数十座机场和航站楼、桥梁、港口、电站、议会和其他政府大楼。中国公司作为建造者、融资方、所有方或运营者，参与了非洲商业港口、铁路、信息通信技术等建设。

近年来，在"一带一路"倡议的带动下，中非互联互通合作加快推进，亚的斯亚贝巴—吉布提铁路（亚吉铁路）、肯尼亚蒙巴萨—内罗毕铁路（蒙内铁路）、刚果（布）国家1号公路、塞内加尔捷斯—图巴高速公路、加蓬让蒂尔港—翁布埃沿海路及博韦大桥、尼日利亚铁路现代化一期二期项目相继完工通车，吉布提多哈雷多功能港、多哥洛美集装箱码头等有效提升了当地转口贸易能力，为地区互联互通和一体化进程发挥了重要作用。中国企业承建和运营的肯尼亚蒙内铁路是肯尼亚百年来第一条现代化铁路，全部采用中国标准、中国技术、中国装备，被誉为新时期中非"友谊之路""合作之路""共赢之路"，累计直接和间接创造就业4.6万个。特别是，新冠肺炎疫情发生后，蒙内铁路和亚吉铁路运力逆势上涨，发挥了地区交通大动脉作用，为当地抗疫、民生保障和经济恢复做出重要贡献。中国还帮助非洲国家建设了一大批清洁能源项目。在肯尼亚建设的加里萨光伏发电项目是目前东非最大的光伏电站，年均发电量超过7600万千瓦时，每年帮助减少6.4万吨二氧化碳排放。中国引导企业采用BOT（建设—经营—转让）、BOO（建设—拥有—经营）、PPP（政府与社会资本合作）等多种模式，推动中非基础设施合作向投资—建设—运营一体化模式转型，促进基础设施项目可持续发展。

一批中非合作的工业园区在非洲各国纷纷建立，吸引了大量中国企业投资和入驻园区。中国企业在非洲建设了不同性质的经贸合作园区，并充分结合园区所在国家产业优势、市场条件和资源禀赋，建设了加工制造、农业开发、资源利用、综合发展等不同类型的工业园区。中国还将各类园区规划和管理经验同时带到了非洲，倡导双赢合作模式，通过资金、技术和人才等方面的合作，帮助赞比亚、尼日利亚、埃塞俄比亚、埃及等多个国家进行工业园区规划和建设。埃塞俄比亚东方工业园和阿瓦萨工业园、中埃苏伊士经贸合作区、尼日利亚莱基自贸区等在促进当地就业、增加工业产值等方面取得了初步成效。中非合作工业园区选取优越地理位置，集中配置水电、修建道路和港口等必要基础设施，为工业化发展创造局部小环境，也为实现上下游产业集群打下了基础。工业园区周边的基础设施质量大大提升，现代化工业园区井然有序。投资带动了工业园区周边区域的人口就业，促进了城镇化，带动了劳动力市场中人才素质的不断提升。园区还带动了周边人口聚集，逐步形成了城镇化雏形。

### 六、拓展数字合作

近年来，中非数字经济合作快速发展，在数字基础设施建设、数字化转型、物联网、移动金融等领域取得丰硕的合作成果。中国企业参与了多条连接非洲和欧洲、亚洲、美洲大陆的海缆工程，与非洲主流运营商合作基本实现非洲电信服务全覆盖；建设了非洲一半以上的无线站点及高速移动宽带网络，累计铺设超过 20 万公里光纤，帮助 600 万家庭实现宽带上网，服务超过 9 亿非洲人民。截至目前，超过 15 个非洲国家的 17 个城市、1500 多家企业选择中国企业作为数字化转型合作伙伴，29 个国家选择中国企业提供的智慧政务服务方案；中非共同在南非建立了服务整个非洲区域的公有"云"，以及非洲首个 5G 独立组网商用网络。中国企业也积极参与非洲电子支付、智慧物流等公共服务平台建设，双方在互联互通中实现合作共赢。2021 年 8 月，中非互联网发展与合作论坛成功举办，中国宣布愿同非洲共同制定和实施"中非数字创新伙伴计划"。

### 七、支持教育发展和知识共享

非洲城市化发展需要完善配套的基础设施，也需要优质人力资本投入生产，两者缺一不可。中国早在 20 世纪 80 年代就在苏丹援建了职业教育中心，目前已为当地培养了数以千计的技术人才。21 世纪以来，中国大力支持非洲教育发展，根据非洲国家的经济社会发展需要，帮助非洲培养急需人才，通过设立多个专项奖学金，支持非洲优秀青年来华学习，职业教育也成为中国开展对非教育援助与合作的主要领域。

2018年以来，中国在埃及、南非、吉布提、肯尼亚等非洲国家与当地院校共建"鲁班工坊"，同非洲分享中国优质职业教育，为非洲培养适应经济社会发展需要的高素质技术人才。中国积极同非洲加强科技创新战略沟通与对接，分享科技发展经验与成果，推动双方科技人才交流与培养、技术转移与创新创业。中国与非洲国家建设了一批高水平联合实验室，创建了中非联合研究中心、中非创新合作中心。中方还积极开展应对气候变化的南南合作，目前已和14个非洲国家签署15份合作文件，通过实施减缓和适应气候变化项目、共同建设低碳示范区、开展能力建设培训等方式为非洲应对气候变化提供支持。其中，中国向埃塞俄比亚援助的对地观测遥感卫星是中国同非洲合作的第一颗遥感卫星。

## 第二节 中国城镇化的实践经验为非洲提供有益借鉴

中国和非洲城市化进程的一个主要区别是，非洲目前的生产力发展和减贫成果并没有与城市化发展同步。相反，非洲的城市化带来了诸多挑战，例如贫民窟的出现、失业问题和政治的不稳定。因此，非洲各国政府在制定公共政策时应眼光更加长远，提高公共政策的执行力，从而逆转这种趋势，使非洲城市化朝着可持续和包容性的方向发展。

### 一、明确土地所有权，提高城市土地利用效率

由于非洲传统管理习惯和正规土地使用制度的冲突，再加上管理

不力，非洲国家很多与土地相关的机构的结构十分混乱。土地权属的重叠和土地权利的不安全性是非洲城市普遍面临的问题。很多非洲城市发展的标志都是城市规模的扩大，而不是城市密度的增加。中心城市缺少家庭可负担得起的住房，在这样的房地产市场条件下，城市家庭要么选择挤在城市中心就业场所附近的贫民区里，要么选择在城郊边缘自建房屋。随着人口压力的不断增加，这些问题只会继续恶化。根据最近对来自 70 个不同国家的 265 个城市的研究，与亚洲城市相比，非洲城市的碎片化程度高出 20%，生活成本高出 29%，但人际交往和工作接触机会减少了 37%（Lall et al.，2017）。接触少意味着人们无法与其他公民进行联系和互动，而碎片化意味着在特定区域内，人口密度差异很大，限制了集聚可以带来的潜在生产力收益。接触少和高碎片化现象叠加在一起，增加了基础设施成本和出行成本，阻碍了私人投资和有效的土地融资，限制了城市发展生产的潜力（Lall et al.，2017）。因此，为了实现城市可持续发展，有必要制定合理的公共政策，鼓励土地集中和高效开发，从而充分释放城市土地潜力。

1978 年前，中国几乎所有的土地都归国家或集体所有。土地私有财产权消亡，土地交易也被禁止。中国政府在认识到土地是释放城市潜力的基石后，对土地所有权进行了渐进但重大的改革。例如，1988 年《宪法》修正案将土地所有权和使用权分开，以官方出让土地为基础，向城镇居民提供使用权。这意味着政府继续拥有土地，但使用权可以在指定的时间段（通常在第 40~70 年）内出售。通过两种公共拍卖机制，使用权也可以进一步依法进行交易，这改变了中国的城市化进程（Ding et al.，2003）。同时，《中华人民共和国土地管理法（1998 年修订）》等法律法规也赋予了地方政府基于公共利益可以使用和征收土地的权力，但政府必须予以适当补偿。在相关改革实施后，土地使用安全性大大提高，社会矛盾和政治冲突相应减少。特别是，由于政府拥有城市土地的最终所有权，土地利用的许可、监督和证明都会由政府登记在册。土地也越来越融入市场机制，土地交易的活力和效益大大提高，刺激了房地产的快速建设。

鉴于中国独特的土地使用制度，其经验教训可能对大部分土地为公有制的非洲国家更有参考价值。除土地使用和分配外，中国的经验还可以给非洲国家带来其他方面的借鉴，比如通过提高土地登记的准确性和及时性，建立更简洁直接的行政管理体系。此外，在涉及规范土地使用权、改进法律和行政体系等更复杂的问题上，非洲国家也可以借鉴中国经验。

## 二、制定现实而积极的城市规划

许多非洲城市对接下来的几十年里预计将面临的人口涌入保持警惕，因此这些城市经常对人口迁入和土地使用施加限制，试图遏制其增长。然而，限制人口迁徙可能会带来不良后果。同样，最近研究表明，限制建筑发展的政策规划通常难以遏制城市的过度扩张，相反还会带来市中心租金上涨等其他不利影响（Angel et al.，2016）。糟糕的规划决策可能代价高昂，且造成长期性的持续影响。出现这种情况有两个主要原因。首先，大规模的城市扩张已经存在，糟糕的规划会抬高基础设施和服务的成本；其次，如果在定居点建立后再进行基础设施改造，那么成本要高得多。

在过去的半个世纪里，原则上来讲中国大多数城市都依据严格的总体规划建造，根据城市的人口规模、空间分布和消费水平确定其经济功能（Song et al.，2009）。地方政府在中央政府领导下按要求提交这些计划，且每个计划都要遵循国家关于保护生态系统、有效利用资源、促进可持续发展和公益事业建设等方面的政策指导（Song et al.，2009）。一些中国城市已经在城市规划协调方面取得了卓越进步，确保了在土地成为定居点之前进行关键基础设施的建设。这些基础设施特别是交通基础设施，可以有效塑造城市发展的空间定位和形态。

城市户籍制度是规划中国城乡迁移的重要政策工具。户口决定了公民的居住地，以及在养老、医疗和教育等方面能够获得怎样的公共服务（Fudla，2017）。从这个意义上说，户口是疏导城市人口迁移的工具，避免人口过度流动引起的社会动荡。不同地区为不同户籍的公民提供的公共服务有所差异，城市往往能获得更大的利益，而农村往往处于相对劣势地位。在城市内部，不同户籍人口所获得的公共服务也有所不同。近年来，广州、武汉和重庆等城市纷纷放宽户籍制度，并努力缩小不同身份群体所获得公共服务的实质差异，从而吸引更多劳动力。

中国的经验证明，与其限制人员流动，不如主动对人口迁入进行规划，从而产生更理想的结果。这一条经验已经从非洲发展过程中得到证实，从一开始就规划得更好的定居点很可能在未来几年内保持这种状态。例如，对坦桑尼亚贫民区改造以及场所服务项目的研究表明，那些在定居点建立前就进行了关键基础设施建设的地区最终享受到了更好的规划和服务，这一红利可以持续 30 年之久（Michaels et al.，2017）。相比那些投资规模相近，但先定居再改进规划的区域，这些定居点由于规划良好，土地价值要高出五倍。

非洲城市有必要更好地了解中国城市的规划历程，并制定符合地方政府能力和期待的规划，突出规划的主动性和现实性。一旦城市的道路动脉和基础设施到位，就可促进正式房地产市场的蓬勃发展。在这方面，政府要发挥关键作用，从一开始就要制定结构合理、规划有度的政策，为城市的发展提供必备的核心基础设施，同时充分考虑公平问题，兼顾弱势群体的利益，避免不平等的扩大。

### 三、动员私营部门力量，提供可负担的住房

宜居性是城市必须具备的属性。对于多数非洲城市来说，涌入城市的人口通常居住在低成本的简陋的棚（户）屋里，为他们提供充足

的经济适用房仍是一项大挑战。住房问题与前述问题息息相关：土地市场的所有权制度不明确，抑制了房地产市场的发展；低效监管造成了漫天要价，导致低收入家庭脱离房地产市场，遏制了正规私人建筑的发展；定居前规划的缺失，无法保证在公共基础设施完善的前提下由政府或是私人开发商提供住房。多数非洲城市也缺乏进行大规模的正规廉租房投资的财政能力。另外，许多非洲城市还沿袭了殖民时代的住房制度和相关规定，在墙壁厚度、房间大小、基础深度和最小地块大小等方面有一些不切实际的标准，许多非洲城市对房产开发也实行了过高的标准，导致房屋价格的上升。

在中国，土地交易制度刺激了房地产的发展，充足的房产提供了容纳向城市迁移的大量人口的巨大空间。中国的经验表明，需要制定限制土地使用形式的法规来把控城市发展，例如追求最大容积率（Glaeser et al., 2017）。中国经验可能具有指导意义的另一个方面是如何刺激私人房地产市场的发展。监管环境发挥着关键作用。虽然高标准对保证城市建筑的质量和安全性很重要，但是建筑标准也有必要反映城市的需求。这才能确保合理成本支出既不会阻碍城市的发展，也不会将公民推向非正规住房。

## 四、加强基础设施建设和完善公共服务

随着城市的发展，政府必须进行大量投资。较大的城市自然需要更高效的公共服务和基础设施，例如住房、交通、能源和用水，因此大城市往往生活水平较高，工业生产水平较高。这些公共投资可以协调发展，并鼓励城市家庭和企业进行补充性投资。虽然过去几十年来非洲各地的基础设施有了显著改善，但许多城市仍然存在重大缺陷。在交通方面，据估计，撒哈拉以南非洲地区的道路密度不到其他低收入地区的四分之一（Vivien et al., 2010）。鉴于道路的不可预测性和不可靠性，高运输成本降低了企业的生产率和贸易竞争力（Donaldson et al. , 2017)。电力是另一个例子，非洲每年的人均发电能力只有南亚的一半左右（Collier et al. , 2017）。没有可靠的能源，大公司能依靠自己的备用发电机，而其他公司则运营维艰。

中国早期发展与城市转型的关键步骤是对工业和基础设施的固定资本进行了大量投资。根据世界银行的"世界发展指标"，1980年，非洲与中国全社会固定资产投资在GDP中的份额大致相同；但之后中国全社会固定资产投资在GDP中的份额不断上升，收入水平也不断提高；而非洲在同一时期的投资份额却在下降，GDP增长也陷入停滞。中国较高的投资水平推动了过去四十年的大规模基础设施建设。例如，中国在1999年还没有高铁，但到了2010年，中国的高铁里程数已经达到了8 358公里，居世界第一（Gardner，2017）。道路建设也经历了类似发展：到2010年年底，中国公路里程数为7.4万公里，仅次于美国（Gardner，2017）。中国也成为世界领先的电力生产国，年发电量在2011年超过美国。当前，中国正在实施生态文明建设，有望以更可持续的方式推动城市化进程。

非洲国家可重点关注如何在重大基础设施投资方面进行规划、融资和协调。此外，鉴于目前非洲很多基础设施投资由中国政府资助并委托中国企业建设，了解中国在非洲城市化中的作用也十分关键。非洲国家应借鉴中国经验，了解如何进行大规模投资，以及如何协调气候和环境因素，从一开始就确保投资的可持续性和发展韧性。

## 五、提高城市的治理水平

随着城市规模的扩张，地方政府在经济发展、城市规划和土地使用等方面的重要性与日俱增。地方政府对本地情况熟悉，因此能够制定更多符合当地需求的政策。地方政府也直接对当地百姓负责，因此在提升城市的表现方面具有更强的动力。行政体系的主要特征可以从广义上归纳为三方面：责任、能力和合法性（Haas et al. , 2019）。责任指的是需要有某个特定机构做具体的政策决定。从本质上讲，这反映了能否选择好决策权威机构，以及是否存在指令重叠或指挥体系复杂的现象。能力反映了管理当局是否有能力建立良好的管理方式和治理体系，并为达到目标提供足够的动力，从而履行职责。这些职责包括人力资源（人数、技能、经验）；材料或物质资源（资本、资产）；金融资源（现金流、信贷、融资渠道和发行债务的能力）；信息（知识、数据库和咨询服务）。合法性反映了政府基于社会发展、机构发展或其他描述性需求进行治理的权力。公民很少会自动地接受政府的治理，相反，需要制定积极的公共政策来确保公众参与，从而提高政府治理的公信力。中国在城市治理方面有以下几条经验。

### （一）中央赋予地方政府以自主性，并从地方层面探索汲取政策经验

中国的发展方式是快速而富有创新性的，同时也是富于弹性的。中国发展历程可以用"摸着石头过河"来概括。改革开放前，政府治理能力相对有限，再加上国家规模庞大以及固有的区域差异，需要考虑到地方的特殊情况，灵活制定相关政策（Florini et al.，2012）。地方政府在三个方面被赋予了权力：(1) 试验不同的发展方式，汲取发展经验；(2) 实行有效的财政和行政职能下放；(3) 积极执行相关政策。这并不是否认中央政府的职责结构，相反，在这种环境下，中央可以"自上而下"地对政策进行监督，同时也动员地方"自下而上"地进行当地试验（Heilmann，2008）。地方政府可以对根据当地发展需要量身定制的相关政策进行试点，同时不同国家层面的目标仍然发挥着指导作用。

政策试验促成了中国城市化和工业发展互动中的关键创新。其中一个创新例子是深圳经济特区的建立。深圳经济特区是将中国城市规划模式与地方分权、地方创新相结合的集中体现。在中国，许多其他

城市也进行了各自的政策试验，中央政府经常在这一过程中发挥重要指导作用。某些情况下，中央政府实际上已经开始推动实施城市政策试验，例如政府在20世纪80年代后期和90年代就实施了几次城市住房改革。中央政府决定进行什么项目试点、在哪个城市进行试点，以及试点是否值得推广。住房政策试点中的发现对中国城市房地产行业的生产和消费方式有重要影响（Mei et al.，2014）。

### （二）中央通过绩效考核对地方政府进行评估，从而刺激创新和发展的动力

对于超出国家发展目标的优异表现，地方领导人会得到奖励或晋升。这是中央政府引导地方的重要手段。例如，为了吸引投资，必须充分利用地方政府机构的制度体系，并调动起没有明确经济职能的机构的积极性。这种制度体系的建立，再加上财政职权的下放，为地方政策制定者提供了促进地方经济发展的手段和激励措施。此外，新的良性循环也由此出现，城市财政收入的提高进一步支持了对基础设施的投资，由此刺激出的进一步经济活动也可以增加财政收入。

### （三）地方政府要有效开发土地价值，从而增加财政收入和发展资源

土地租赁制度的出现为中国地方政府提供了重要的收入来源，并以此来推动城市投资。地方政府能够充分发挥城市土地的增值空间，并合理配置公共资源的使用方式。地方政府可以利用城市化过程中的土地增值对城市进行再投资，以此形成良性循环，确保有充足的资源支持城市发展的需要。鉴于非洲目前城市化的快速发展，土地租赁制度是一种可供政府进一步开发的融资工具。中国提供了迄今为止最成功的以土地为基础的融资方式，其发展经验值得借鉴。

必须强调的是，非洲幅员辽阔且极其多样化。也就是说，每个非洲国家甚至是每个非洲城市都需要制定个性化的解决方案，并以此来

动员相关的政策和资源。中国经验展示了如何鼓励政策互鉴，并在随后赋权和激励地方政府，将政策进行推广，这一点十分重要。同样重要的是对地方官员进行激励的方式，需要让他们在政策试验过程中将公共利益而不是私人利益最大化。对于那些公认成功的政策试验，通过中国经验我们也可以深入了解如何将这些政策从地方层面推广到国家层面。从城市融资的角度来看，在其他地方完全效仿中国模式存在挑战，特别是在任期制度复杂的非洲更是如此。中国基于土地的融资模式需要政府施行严格的土地管理和土地公有制。许多非洲国家需要首先进行土地制度改革，随后才能进行基于土地的融资。

## 六、优化投资环境，促进企业发展

以下三种联系行为对于经济活动最为重要：劳动者和企业的联系、城市家庭与地方消费品销售商之间的联系、生产商与全球贸易市场之间的联系。提高连通性可以通过密度和运输两种渠道来实现。有效的空间政策对于中国、其他中等收入国家与高收入国家的经济成功发展发挥了关键作用。合理的城市密度再加上完善的交通基础设施让中国政府得以建设起高度互联的城市，降低企业和劳动力的相关成本，同时促进城市化和工业化发展。成本竞争力的提高也意味着城市的企业可以在国际市场上获得更好的竞争前景，为企业的发展壮大提供了新的机遇。在此过程中，中国政府的有效规划和强大的实施能力十分重要。具体来说，政府能够在规划过程中对政策进行灵活调整，以适应短期变化。这意味着政府可以通过合理应对发展过程中的变化来帮助企业发展。

经济特区是政府发展工业化可以利用的主要空间性政策工具之一。经济特区是一个划定的地理区域，在这里进行适配的基础设施建设，并实施差异化的监管制度，以此吸引专门类型的投资。中国是世界经济发展背景下大规模建设开发经济特区的排头兵，是发展经济特区最具典型性的国家，并激发了许多发展中国家将经济特区作为一种政策工具来促进工业化发展。中国经济特区模式的出现和成功很大程度上归功于中国政策流程的优势。事实上，所有工业区都必须解决诸如如何提供土地和基础设施、如何获取更合适的劳动力、如何加强和国际市场的联系、如何改善环境等类似问题。中国的不同地区在不同阶段解决问题的途径是不同的。不同的经济特区进行了不同的空间和非空间政策组合。这种多样性凸显了地区特点对于塑造经济特区具体发展模式的作用。例如，最初设置的深圳、珠海、汕头、厦门四个所谓的"综合经济特区"，再加上后来的海南、上海浦东和天津滨海新区，均将全部城市区域作为特殊监管制度的实施范围，促进了城市规划与经济规划的结合。

一些非洲国家已经开始尝试进行经济特区建设。然而，对这些经济特区项目的评估大多数都是悲观的。评估指出，非洲国家的投资、出口和就业水平较低，而且存在规划薄弱、政治经济刺激措施不到位等制度问题。鉴于此，学习中国在该领域的经验与教训尤其具有指导意义。

## 七、充分把握新技术革命带来的难得机遇

技术革命是城市化的原始推动力，新技术催生新的产业，促进生产力提高，对生产要素提出新的需求。在新技术革命的背景下，如果城市和政府能够推动体制改革和政策创新，推动劳动力、资本等要素向城市聚集并形成产业集群，就能推动城市发展和壮大。作为知识、消费和创新中心的城市进一步孕育新技术，便可以实现城市化发展的良性循环。

同时，技术革命也能够深刻重塑城乡之间的关系，使生产要素从农村流入城市。值得注意的是，只有顺应技术革命和城市化进程调整

基础设施投资重点，进行城市群协调治理，实施有效的教育政策、研发支持政策、现代企业制度、财政制度，以及建立包容性的市场准入与监管体系等，才能确保城市化给国家和人民带来持续、稳定和共享的经济社会效益。

当前，新一轮科技革命带来的数字技术、智能技术、绿色技术等领域的技术变革，以及各类新技术的融合创新催生了新的产业形态，改变了价值链和产业链在全球的分布，带来了新的生产模式和生活方式，创造了新的就业岗位和就业模式，促进了全球城市化水平进一步提高和城市体系加快调整，但同时也可能会带来短期的"技术性失业"和数字鸿沟，扩大不同群体间的机会和收入差距。

中国正在努力把握和积极利用新一轮科技革命的机遇，并对其可能带来的问题保持高度警惕。目前，新一轮科技革命不仅推动了中国城市产业升级和竞争力提升，推动了城市服务业的数字化转型升级，增强了城市治理现代化能力，也进一步降低了中国城乡人口等资源流动的成本，提高了城市的承载能力。另外，中国将人力、财力和物力资源向贫困和边远地区倾斜，促进政府、企业、社会合作，大力推动这些地区的互联网基础设施建设，努力缓解新一轮科技革命可能带来的技术鸿沟问题，使其成为缩小中国区域间和城乡间城市化水平差距的良机，让全体人民共享新技术带来的发展红利。

面向未来，新一轮科技革命必将成为新阶段城市发展的新引擎，为治理交通拥堵、污染等大城市病提供全新解决方案。非洲城市应关注学习中国已经积累的经验和正在开展的探索，利用数字技术提高城市创新能力，优化城市空间格局，完善城市治理体系，推动城市化走向创新、协调、绿色、开放、共享的高质量发展道路。

## 第三节　充分考虑中国的特殊国情与制度条件

中国的发展规模从国家体量而言是前所未有的，中国与非洲各国在经济、地理、历史和组织机构构成等方面的国情也大相径庭。很多情况下，如果非洲国家选择盲目地效仿中国的城镇化政策，可能是既不可行也不可取的。对于像非洲这样多样性的大陆，不存在"一刀切"的单一发展方式。非洲国家在借鉴中国城镇化的有益经验时，还要特别注意中国国情和制度的特殊性。

第一，由于中国共产党的长期执政基础，中国政府有强大的资源动员和整合能力。从 1949 年以来，中国共产党一直是中国的执政党，在调整政府与市场关系的过程中，不会因为执政党地位的变化而发生不必要的摇摆，政府特别是中央政府制定的各项重大城镇化战略和政策，往往能够通过强有力的党政组织体系层层下达，通过地方政府的力量撬动市场力量。在特定的转轨时期，地方政府甚至也作为特殊的市场主体，参与和主导了城镇化进程，这极大地提高了城镇化的速度和效率。相比之下，非洲不少国家政权更迭频繁，执政党和政府无法长期专注于经济发展，城镇化重大战略和政策举措无法一以贯之，国内外企业投资的预期不稳定，城市化所需的基础设施建设缺乏相应的稳定资金。城市扩张过度依赖于非正规经济，如多哥、贝宁等非洲国家 80% 以上的非农就业集中在非正规部门。由于非正规部门低生产率、低附加值的典型特征，城市的规模经济效应难以发挥。

第二，中国土地制度是公有的，通过土地要素的导向性配置，能够积极撬动城镇化与经济增长。土地是承载城镇化各类活动的主体。在城镇化进程中，土地实际上是调整政府与市场关系的最重要工具，政府的城镇化政策可以通过土地要素的配置而得到较好施行。例如，20 世纪 90 年代中国地方政府通过低价出让基础设施完善的工业用地，极大促进了招商引资，带来制造业繁荣与服务业发展，又通过垄断性配置房地产用地而回笼了推进城镇化需要的巨额资金，并实现了城市与产业基础设施的滚动开发。非洲国家的土地制度多为私有制，政府在城镇化进程中可能缺乏有力的土地要素资源调动和使用能力，难以快速撬动市场力量。

第三，地方政府扮演了市场行动者的独特角色。在中国告别短缺经济、地方竞争加剧后，地方政府作为市场行动者，以土地谋发展，在中国的城镇化进程中发挥了重要作用。如果说中央政府在政府与市场关系调整中具有主导权，那么地方政府则是具体的执行者、行动者。改革开放后，中央和地方的财政体制调整为"分灶吃饭"，地方政府为了扩大收入来源，除继续支持本地国有企业外，还有很强的激励创办新的国有企业与乡镇企业。在短缺经济背景下，产品只要生产出来就有销路，地方政府新办的国有企业、乡镇企业实际上加速了产能扩张，客观上加速了中国告别短缺经济的进程。1994年中央政府推行分税制改革后，地方政府开启园区工业化道路，通过提供廉价的工业用地与完善的基础设施招商引资，促进了中国制造业的大发展、大繁荣，中国的地方政府也因此被称为"发展型政府"，甚至有学者认为"地方政府公司化"，这恰恰是中国地方政府作为城镇化进程中的市场行动者的典型表现。

第四，超大国土和人口规模的优势。正如习近平总书记于2018年在首届中国国际进口博览会开幕式上指出的，"中国经济是一片大海，而不是一个小池塘"。中国的超大规模市场优势为城镇化提供了强大的内需潜力。超大国土与人口规模基础上的地方政府在招商引资中的竞争，极大降低了企业投资与制造业发展的基础设施建设成本，推动了城镇化进程。中国的庞大国内市场和内部需求的优势是大多数非洲国家所不具备的，非洲国家的国内产业结构普遍较为单一，主要是出口特定原材料或产品。如果上述原材料或产品的国际价格发生剧烈波动，就会对其国内经济、社会造成较大冲击，甚至引发社会动荡与政权更迭，难以为持续的城镇化进程提供稳定的发展环境。

## 参考文献

国务院新闻办公室，2021. 新时代的中非合作（白皮书）[R/OL]. [2023-04-05]. http：//www.scio.gov.cn/ztk/dtzt/44689/47462/index.htm.

Angel S，Blei A M，Parent J，et al.，2016. Atlas of Urban Expansion—2016 edition [M] //Areas and Densities. Cambridge，MA：NYU Urban Expansion Program at New York University，UN-Habitat，and the Lincoln Institute of Land Policy.

Collier P，Venables A J，2017. Urbanisation in Developing Economies：The Assessment [J]. Oxford Review of Economic Policy 33 (3)：355-372.

Ding C，Knapp G，2003. Urban Land Policy Reform in China [EB/OL]. (2022-09-25) [2023-04-05]. https：//www.lincolninst.edu/publications/articles/urban-land-policy-reform-china.

Donaldson D，Jinhage A，Verhoogen E，2017. Beyond Borders：Making Transport Work for African Trade [R]. IGC Growth Brief.

Florini A M，Lai H，Tan Y，2012. China Experiments：From Local Innovations to National Reform [M]. Washington DC：Brookings Institution Press.

Fudla A，2017. Outdated 'Urban Passports' Still Rule the Lives of China's Rural Citizens [EB/OL]. (2017-01-06) [2022-09-25]. https：//www.independent.co.uk/news/world/politics/outdated-urban-passports-still-rule-the-lives-of-china-s-rural-citizens-a7517181.html.

Gardner T，2017. 'Addis has Run Out of Space'：Ethiopia's Radical Redesign [EB/OL]. (2017-12-04) [2022-09-25]. https：//www.theguardian.com/cities/2017/dec/04/addis-ababa-ethiopia-redesign-housing-project.

Glaeser E，Huang W，Ma Y，et al.，2017. A Real Estate Boom with Chinese Characteristics [J]. Journal of Economic Perspectives，31 (1)：93-116.

Haas A R N，Wani S，2019. Urban Governance Institutions：Policy Options for Fast Growing Cities [EB/OL]. [2019-04-30] (2022-09-25). https://un-habitat. org/governance/.

Heilmann S, 2008. Policy Experimentation in China's Economic Rise [J]. Studies in Comparative International Development, 43 (1): 1-26.

Lall S V, Henderson J V, Venables A J, 2017. Africa's Cities: Opening Doors to the World [M]. Washington DC: World Bank Group.

Marais H, Labuschagne J-P, 2019. China's Role in African Infrastructure and Capital Projects [EB/OL]. (2019-03-22) [2022-09-25]. https://www2. deloitte. com/us/en/insights/industry/public-sector/china-investment-africa-infrastructure-development. html.

Mei C, Liu Z, 2014. Experiment-based Policy Making or Conscious Policy Design? The Case of Urban Housing Reform in China [J]. Policy Sciences, 47 (3): 321-337.

Michaels G, Nigmatulina D, Rauch F, et al., 2017. Planning Ahead for Better Neighborhoods: Long Run Evidence from Tanzania [J]. Journal of Political Economy, 129 (07): 1-37.

Song Y, Pan X, 2009. Toward Better Plans to Guide Smart Development in Chinese Cities [M] // Song Y, Ding C. Smart Urban Growth for China, Cambridge, Mass. : Lincoln Institute of Land Policy.

Vivien F, Briceño-Garmendia C, 2010. Africa's Infrastructure: A Time for Transformation [M]. Washington DC: World Bank Group.